本书受2021年度贵州财经大学校级项目（项目编号：2021KYZD04）、贵州财经大学学术专著出版资助基金资助

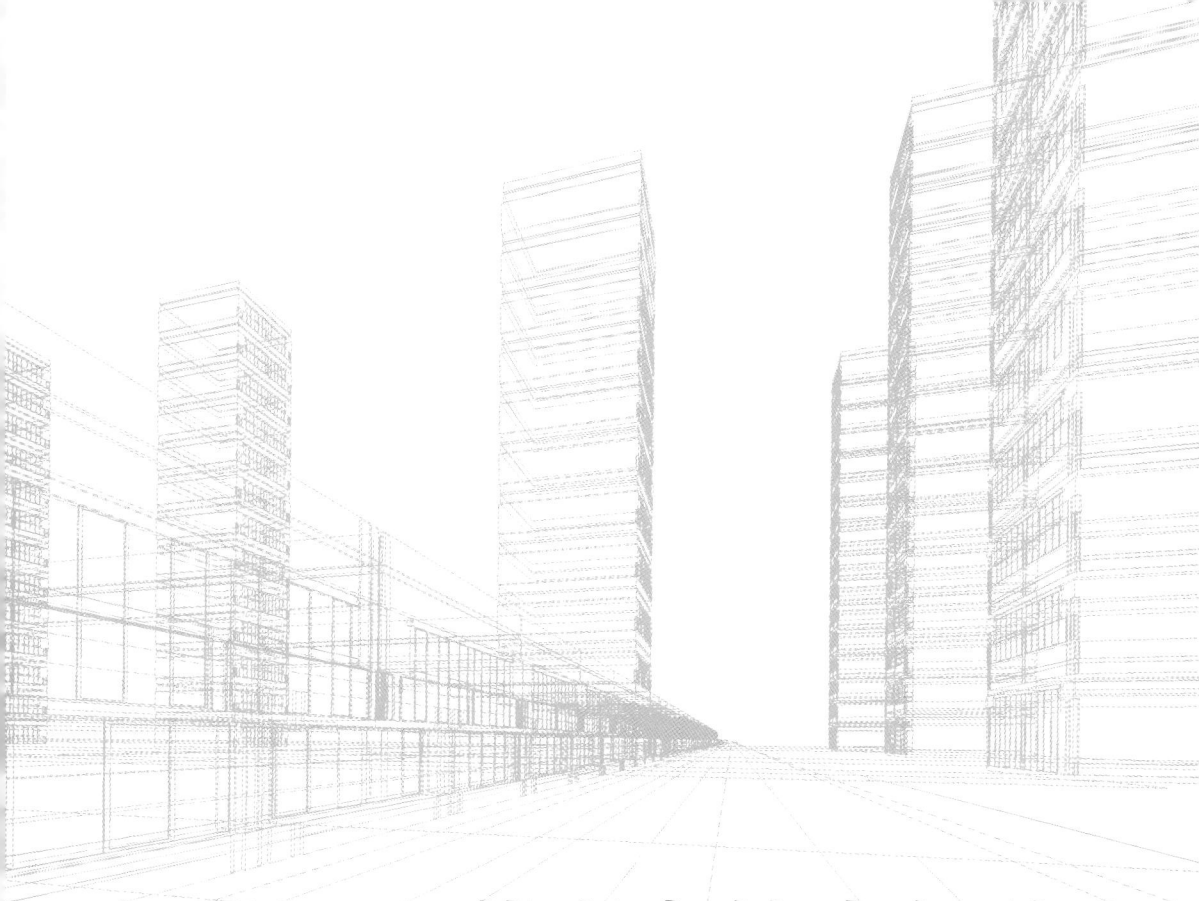

董事高管责任险
与公司利益相关者行为

王 玉 著

中国社会科学出版社

图书在版编目（CIP）数据

董事高管责任险与公司利益相关者行为/王玉著.—北京：中国社会科学出版社，2022.5
ISBN 978-7-5227-0034-2

Ⅰ.①董… Ⅱ.①王… Ⅲ.①上市公司—职业责任保险—研究—中国 Ⅳ.①F279.246

中国版本图书馆 CIP 数据核字（2022）第 059682 号

出 版 人	赵剑英
责任编辑	刘晓红
责任校对	周晓东
责任印制	戴　宽
出　　版	中国社会科学出版社
社　　址	北京鼓楼西大街甲 158 号
邮　　编	100720
网　　址	http：//www.csspw.cn
发 行 部	010-84083685
门 市 部	010-84029450
经　　销	新华书店及其他书店
印刷装订	北京君升印刷有限公司
版　　次	2022 年 5 月第 1 版
印　　次	2022 年 5 月第 1 次印刷
开　　本	710×1000　1/16
印　　张	15.5
插　　页	2
字　　数	232 千字
定　　价	86.00 元

凡购买中国社会科学出版社图书，如有质量问题请与本社营销中心联系调换
电话：010-84083683
版权所有　侵权必究

前　言

公司治理行为研究的重要目标是通过探索个体认知和个人行为以打开公司治理运作的"黑箱"。利益相关者在公司治理领域中扮演着重要的角色，但是相关研究还不足，存在诸多问题亟待解决，比如，利益相关者如何看待以及应对公司治理中存在的问题？对待同一问题，不同利益相关者之间是否存在差异？利益相关者参与公司治理能否提升公司价值？董事高管责任险（以下简称 D&O 责任险）作为一种风险管理工具引入上市公司以来，其作用效应一直存在"公司治理效应"和"道德风险效应"之争，即 D&O 责任险通过发挥监督效应，提高公司治理效率？还是会强化高管机会主义行为，引发道德风险问题？现有文献没有得出一致的结论。另外，由于数据获取问题，D&O 责任险的研究相对较少，并且主要以规范研究为主。利益相关者怎么看待 D&O 责任险？他们会做出怎样的行为反应？不同的利益相关者对 D&O 责任险的反应是否存在差异？D&O 责任险对利益相关者行为的影响会产生怎样的经济后果？这些问题需要进一步的探索与验证，以改善公司治理效率，提高公司价值，保护利益相关者。因此，本书认为 D&O 责任险对利益相关者行为的影响研究是重要的研究话题，并且存在很大的研究空间。

从 D&O 责任险契约方利益视角，本书将利益相关者行为分为 D&O 责任险主体利益行为和 D&O 责任险第三方利益行为，其中，D&O 责任险主体利益行为是指企业委托理财行为，D&O 责任险第三方利益行为是指银行限制性贷款行为和股东积极主义行为。

为了研究 D&O 责任险对利益相关者行为的影响，本书首先剖析并检验了 D&O 责任险是否影响利益相关者行为，继而从 D&O 责任险契约内容视角分析并验证了 D&O 责任险作用于利益相关者行为的影响机制;其次分析并检验了 D&O 责任险契约环境差异是否会使 D&O 责任险与利益相关者行为之间的关系有所不同;最后从公司治理效应视角分析并检验了 D&O 责任险对利益相关者行为影响产生的经济后果。

本书的主要研究内容和研究发现如下:

第一,本书分析并检验了 D&O 责任险对企业委托理财行为的推动效应。基于委托理财数据,本书研究了 D&O 责任险购买对企业委托理财行为倾向性、企业委托理财产品结构配置行为的影响,并从金融关联度视角进行了分组检验。进一步分析中,①在影响机制分析及检验部分,本书基于 D&O 责任险契约内容中的 D&O 责任险覆盖率条款、D&O 责任险告知义务条款、D&O 责任险除外责任条款分析并检验了 D&O 责任险对企业委托理财行为的影响;②在调节机制分析及检验部分,从制度环境、金融环境、信息环境三个角度分析并检验了 D&O 责任险契约环境对 D&O 责任险与企业委托理财行为之间关系的差异化影响;③在经济后果分析及检验部分,从公司治理效应视角剖析并验证了 D&O 责任险对企业委托理财行为影响产生的经济后果。

D&O 责任险与企业委托理财行为的实证检验发现,购买了 D&O 责任险的公司更倾向于采取委托理财行为,并偏好配置高风险理财产品。金融关联度越高,D&O 责任险的"关系效应"越强,企业采取委托理财行为的倾向性越高,并偏好配置高风险理财产品。进一步分析中,①在影响机制分析及检验部分,通过实证检验 D&O 责任险契约内容对企业委托理财行为的影响,本书发现 D&O 责任险覆盖率通过强化其激励效应使企业采取委托理财行为的倾向性更高,并偏好于配置高风险理财产品。D&O 责任险告知义务通过强化其监督效应,一定程度上遏制了高管的私利动机,企业采取委托理财行为的倾向性降低,配置高风险理财产品的可能性降低。D&O 责任险除外责任虽同时弱化了其监督效应和激励效应,由于此时其激励效应仍大于监督效应,使企业更倾向于采取委托理财行为。②在调节机制分析及检验部分,通过实证检验 D&O 责任险契约环境对企业委托理财行为的影响，本书发现国有企业中，D&O责任险的激励效应更强，企业采取委托理财行为的倾向性更高，并偏好于配置高风险理财产品。优质金融环境下，购买了D&O责任险的公司对企业委托理财行为有着更高的期望值与效价，采取委托理财行为的倾向性更高，并偏好于配置高风险理财产品。高质量信息环境下，D&O责任险更会增强企业购买理财产品的期望值和效价，企业采取委托理财行为的倾向性更大。低质量信息环境下，D&O责任险更可能会促进高管的机会主义行为，高管更倾向于配置高风险的理财产品，以谋求个人私利。③在经济后果分析及检验部分，通过研究D&O责任险对企业委托理财行为影响产生的经济后果，本书发现在购买了D&O责任险的公司中，企业委托理财行为倾向性有利于提升公司业绩，然而企业高风险的理财产品配置行为却会提高代理成本，有损于公司业绩，因此本书认为，D&O责任险通过影响企业委托理财行为倾向性发挥了公司治理效应，但是D&O责任险通过影响企业委托理财产品结构配置行为引发了道德风险问题。

第二，本书分析并检验了D&O责任险对银行限制性贷款行为的影响效应。基于担保、抵质押贷款、贷款成本和贷款期限等数据，本书研究了D&O责任险购买对银行限制性贷款行为的影响，并分别从关联担保、分析师关注的视角进行了分组检验。进一步分析中，①在影响机制分析及检验部分，基于D&O责任险契约内容中的D&O责任险覆盖率条款、D&O责任险告知义务条款、D&O责任险除外责任条款分析并检验了D&O责任险对银行限制性贷款行为的影响；②在调节机制分析及检验部分，从制度环境、金融环境、信息环境三个角度分析并检验了D&O责任险契约环境对D&O责任险与银行限制性贷款行为之间关系的差异化影响；③在经济后果分析及检验部分，本书从公司治理效应视角剖析并验证了D&O责任险对银行限制性贷款行为影响产生的经济后果。

D&O责任险与银行限制性贷款行为的实证检验发现，D&O责任险的购买会使银行放松对上市公司的贷款限制。分析师关注度越高，D&O责任险越会发挥公司治理效应，使银行风险感知度降低，谨慎度下降，继而银行会放松对上市公司的贷款限制。然而，公司关联担保程度越高，D&O责任险越会引发道德风险问题，使银行风险感知度上升，谨慎度提高，继而银行会增加对上市公司的贷款限制。进一步分析中，①在影响机制分析及检验部分，通过实证检验D&O责任险契约内容对银行限制性贷款行为的影响，本书发现，D&O责任险覆盖率通过强化其激励效应使得其激励效应大于监督效应，银行的风险感知度提升，谨慎度提高，继而会增强对上市公司的贷款限制。D&O责任险告知义务通过强化其监督效应，会使D&O责任险的监督效应大于激励效应，加之保险机构的担保效应，银行的风险感知度降低，谨慎度下降，继而会放松对公司的贷款限制。D&O责任险除外责任虽同时弱化了其监督效应和激励效应，但此时激励效应仍大于监督效应，使银行的风险感知相对较高，进而会增加对上市公司的贷款限制。②在调节机制分析及检验部分，通过实证检验D&O责任险契约环境对银行限制性贷款行为的影响，本书发现与双重担保的国有企业相比，没有政府隐性担保的民营企业中，D&O责任险的激励效应对银行等债权人的损害性更大，使银行的风险感知相对较高，进而银行会增加对上市公司的贷款限制。劣质金融环境下，D&O责任险的监督效应相对较小，使银行的风险感知相对较高，进而银行会增加对上市公司的贷款限制。高质量信息环境下，D&O责任险的监督效应相对较大，银行的风险感知度降低，银行可能会放松对企业的贷款限制。③在经济后果分析及检验部分，通过研究D&O责任险对银行限制性贷款行为影响产生的经济后果，本书发现，在购买了D&O责任险的公司中，银行限制性贷款行为有助于改善上市公司的业绩，这表明D&O责任险通过影响银行限制性贷款行为发挥了公司治理效应。

第三，本书分析并检验了D&O责任险对股东积极主义行为的影响效应。基于信任度、关注度视角，本书研究了D&O责任险购买对股东投票行为、股东沟通行为的影响，并分别从管理层权力和独立董事网络中心度视角进行了分组检验。进一步分析中，①在影响机制分析及检验部分，基于D&O责任险契约内容中的D&O责任险覆盖率条款、D&O责任险告知义务条款、D&O责任险除外责任条款分析并检验了 D&O 责任险对股东积极主义行为的影响；②在调节机制分析及检验部分，从制度环境、金融环境、信息环境三个角度分析并检验了 D&O 责任险契约环境对 D&O 责任险与股东积极主义行为关系的差异化影响；③在经济后果分析及检验部分，本书从公司治理效应视角剖析并验证了 D&O 责任险对股东积极主义行为影响产生的经济后果。

  D&O 责任险与股东积极主义行为的实证检验发现，D&O 责任险的购买会降低股东信任度，增强股东关注度，使股东倾向于采取积极的投票行为和沟通行为。管理层权力越大，D&O 责任险越会引发道德风险问题，损害股东利益，股东越倾向于采取积极的投票行为和沟通行为。独立董事网络中心度越高，D&O 责任险越会发挥公司治理效应，股东采取积极投票行为和积极沟通行为的可能性降低。进一步分析中，①在影响机制分析及检验部分，通过实证检验 D&O 责任险契约内容对股东积极主义行为的影响，本书发现 D&O 责任险覆盖率通过强化其激励效应，会使 D&O 责任险的激励效应大于监督效应，股东信任度降低，股东关注度增强，股东更倾向于采取积极的投票行为和沟通行为。D&O 责任险告知义务通过强化其监督效应，会使 D&O 责任险的监督效应大于激励效应，股东信任度增强，股东关注度降低，股东采取积极投票行为和沟通行为的倾向性降低；D&O 责任险除外责任虽同时弱化了其监督效应和激励效应，但此时激励效应仍大于监督效应，股东信任度降低，股东关注度增强，股东更倾向于采取积极的投票行为和沟通行为。②在调节机制分析及检验部分，通过研究 D&O 责任险契约环境对股东积极主义行为的影响，本书发现在国有企业中，D&O 责任险与公司治理机制形成"恶性循环"的关系，D&O 责任险的激励效应对国有企业股东的损害程度更大，股东信任度降低，关注度增强，更倾向于采取积极的投票行为和沟通行为。优势金融环境和低质量信息环境强化了 D&O 责任险与股东积极主义行为之间的正相关关系。③在经济后果分析及检验部分，通过研究 D&O 责任险对股东积极主义行为影响产生的经济后果，本书发现，在购买了 D&O 责任险的公司中，股东积极主义行为可以降低代理成本，这表明 D&O 责任险通过影响股东积极主义行为发挥了公司治理效应。

本书的创新点主要包括以下三个方面：

其一，本书构建了利益相关者行为分析框架。基于 D&O 责任险契约方的利益关系，本书通过层层剥离的方式，对利益相关者行为进行了分析与界定。本书首先将利益相关者行为分为 D&O 责任险主体利益行为和 D&O 责任险第三方利益行为；继而从利益相关者的风险感知和利益感知度视角，将 D&O 责任险主体利益行为细化为上市公司激进行为，将 D&O 责任险第三方利益行为细化为债权人谨慎行为和股东积极主义行为；接着将上市公司激进行为进一步细化为企业委托理财行为，将债权人谨慎行为进一步细化为银行限制性贷款行为；最后将企业委托理财行为量化为企业委托理财倾向性和企业委托理财产品结构配置行为，将银行限制性贷款行为量化为担保和抵质押行为、贷款成本调整行为、贷款期限调整行为，将股东积极主义行为量化为股东投票行为和股东沟通行为。即利益相关者行为指企业委托理财行为、银行限制性贷款行为和股东积极主义行为，该分析框架为利益相关者行为分析研究提供了新的视角，也拓展了公司治理行为的相关研究。

其二，本书剖析了 D&O 责任险在利益相关者行为中发挥的作用，便于学界和业界深入理解 D&O 责任险影响利益相关者行为的具体机制。从 D&O 责任险契约内容的角度切入，本书分析并检验了 D&O 责任险覆盖率条款、D&O 责任险告知义务条款、D&O 责任险除外责任条款对利益相关者行为的影响，丰富了法与金融的相关文献，提供了 D&O 责任险契约条款规定可以发挥公司治理作用的经验证据，便于学界和业界更全面地理解 D&O 责任险公司治理效应以及差异化的认识利益相关者行为。

其三，本书证实了契约环境的重要性。通过实证检验，本书发现 D&O 责任险会因契约环境差异而发挥不同的作用效应，这警示利益相关者应关注并区别看待上市公司的制度环境、金融环境与信息环境。

Abstract

The important goal of corporate governance behavior research is to open up the "black box" of corporate governance operation by exploring individual cognition and individual behavior. Stakeholders play an important role in the field of corporate governance, but the relevant research is insufficient and there are many problems to be solved. For example, how do stakeholders view and deal with the problems about corporate governance? Can Stakeholder Participation in Corporate Governance Enhance Corporate Value? Since the introduction of D&O liability insurance into listed companies, there has been a controversy over its effect of "corporate governance effect" and "moral hazard effect". That is to say, D&O liability insurance can improve corporate governance efficiency by exerting supervision effect? Or will it strengthen the opportunistic behavior of executives and cause moral hazard? The existing literature has not reached a consistent conclusion. In addition, due to the problem of data acquisition, the research on D&O liability insurance is relatively few, and mainly focuses on normative research. How do stakeholders think of D&O liability insurance and what kind of behavior they will react to need further exploration and verification. The solution of these problems is conducive to improving corporate governance efficiency, improving corporate value and protecting stakeholders. Therefore, this book argues that the research on the impact of D&O liability insurance on stakeholder behavior is an important research topic, and there has large research space.

From the perspective of the interests of the contracting parties of D&O

liability insurance, this book divides stakeholder behavior into the main interest behavior of D&O liability insurance and the third-party interest behavior of D&O liability insurance. Among them, the main interest behavior of D&O liability insurance refers to the entrusted financial management behavior of enterprises, and the third-party interest behavior of D&O liability insurance refers to the restrictive loan behavior of bank and shareholder activism behavior.

In order to study the impact of D&O liability insurance on stakeholder behavior, this paper analyses and tests whether D&O liability insurance affects stakeholder behavior. Then, from the perspective of D&O liability insurance contract content, this book analyses and verifies the mechanism of D&O liability insurance's influence on stakeholders' behavior. Then it analyses and tests whether the difference of D&O liability insurance contract environment will make the relationship between D&O liability insurance and stakeholder behavior different. Finally, from the perspective of corporate governance effect and test the economic consequences of D&O liability insurance on stakeholder behavior influences.

The main contents and findings of this book are as follows.

Firstly, The book analyses and tests the driving effect of directors' and officers' liability insurance on entrusted financial behavior. Based on the data of entrusted financing, this book studies the effect of directors' and officers' liability insurance on the tendency of entrusted financial behavior, the structure of entrusted financial behavior and the moderating effect of financial relevance degree. In further analysis, the part of mechanism analysis and test, the book analyses and tests the mechanism based on D&O liability insurance coverage clause, the D&O liability insurance notification terms, and the D&O liability insurance exclusion clause; The part of moderating effect analysis and test, this book analyzes and tests the differential impact of D&O liability insurance contract environment on the relationship between D&O liability insurance and corporate entrusted financial behavior from the

perspectives of institutional environment, financial environment and information environment; The part of consequences effect analysis and test, the book analyses and tests the economic consequences of D&O liability insurance on entrusted financial behavior from the perspective of corporate governance.

By empirically examining the impact of D&O liability insurance on entrusted financial behavior, we draw the following conclusions. Companies purchasing D&O liability insurance are more inclined to adopt entrusted financial behavior and allocate high – risk financial products. The positive correlation between D&O liability insurance and entrusted financial behavior is more significant in the higher financial correlation samples. By studying the impact of D&O liability insurance contract content on entrusted financial behavior, this book finds that the coverage of D&O liability insurance makes enterprises more inclined to adopt entrusted financial behavior by strengthening its incentive effect, and prefers to allocate high – risk financial products. The notification terms of D&O liability insurance strengthens its supervisory effect, curbs the private interest motivation of executives, reduces the tendency of enterprises to adopt entrusted financial management, but the propensity of allocating high – risk financial products tends to decrease. Although the exclusion terms of D&O liability insurance weakens its supervisory effect and incentive effect at the same time, the incentive effect is still greater than the supervisory effect, which makes enterprises more inclined to adopt entrusted financial behavior, but the propensity of allocating high – risk financial products tends to decrease. By studying the impact of D&O liability insurance contract environment on entrusted financial behavior, this paper finds that in state – owned enterprises, the incentive effect of D&O liability insurance is stronger, the tendency of enterprises to adopt entrusted financial management is higher, and they prefer to allocate high – risk financial products. Under the high – quality financial environment, the purchase of D&O liability insurance makes the company have higher expectation value and price for entrusted financial management, and has a higher tendency to adopt entrusted financial management, preferring to allocate allocate high - risk financial products. Under the high quality information environment, the supervisory effect of D&O liability insurance is stronger, which restrains the private interest motivation of executives. The tendency of enterprises to adopt entrusted financial management behavior decreases, and the propensity of allocating high - risk financial products tends to decrease. By studying the economic consequences of D&O liability insurance on entrusted financial behavior, this book finds that entrusted financial behavior will improve company performance, while the behavior of allocating high - risk financial products will damage company performance in companies that purchase D&O liability insurance. Therefore, we believe that D&O liability insurance exerts corporate governance effect by influencing entrusted financial behavior, contrarily, it can exerts moral hazard effect by influencing the behavior of allocating high - risk financial products.

Secondly, The book analyses and tests the effect of directors' and officers' liability insurance on restrictive loan behavior of bank. Based on the data of guaranteed settlement loan, loan cost and term of loan, the book studies the effects of directors' and officers' liability insurance on restrictive loan behavior of bank and the moderating effects of related guarantee and analyst concern. In further analysis, the part of mechanism analysis and test, the book analyses and tests the mechanism based on D&O liability insurance coverage clause, the D&O liability insurance notification terms, and the D&O liability insurance exclusion clause; The part of moderating effect analysis and test, this book analyzes and tests the differential impact of D&O liability insurance contract environment on the relationship between D&O liability insurance and restrictive loan behavior of bank from the perspectives of institutional environment, financial environment and information environment; The part of consequences effect analysis and test, the book analyses and tests the economic consequences of D&O liability insurance on restrictive

Abstract

loan behavior of bank from the perspective of corporate governance.

By empirically examining the impact of D&O liability insurance on restrictive loan behavior of bank, we draw the following conclusions. Banks will decrease lending restrictions for listed companies that buy D&O liability insurance. When the degree of affiliated guarantee is high, the incentive effect of D&O liability insurance is stronger, the risk perception of banks is higher, and the banks may tighten the loan restrictions on listed companies. When the degree of analyst concern is high, D&O liability insurance more likely to play corporate governance effect, which will reduce the risk perception and prudence of banks, then banks will relax lending restrictions on listed companies. By studying the impact of D&O liability insurance contract content on restrictive loan behavior of bank, this book finds that the coverage of D&O liability insurance makes the incentive effect greater than the supervisory effect. The risk perception of banks is enhanced, and banks may tighten the loan restrictions on listed companies. The notification terms of D&O liability insurance will make the supervisory effect of D&O liability insurance greater than the incentive effect. In addition, the guarantee effect of insurance institutions will reduce the risk perception of banks, and banks may relax the restrictions on corporate loans. Although the exclusion terms of D&O liability insurance weakens its supervisory effect and incentive effect at the same time, the incentive effect is still greater than the supervisory effect, which makes the bank's risk perception relatively high, and then the bank will increases the loan restrictions on listed companies. By studying the impact of D&O liability insurance contract environment on restrictive loan behavior of bank, this book finds that in private enterprises, the lack of implicit guarantee by the government makes the incentive effect of D&O liability insurance more harmful to banks, and the risk perception of banks is relatively high, thus banks will increase the restrictions on loans of listed companies. In the poor financial environment, the supervisory effect of D&O liability insurance is relatively small, which makes banks have a relatively high risk perception, and banks will increase the restrictions on loans to listed companies. Under the environment of high quality information, the supervisory effect of D&O liability insurance is relatively large, the risk perception of banks is reduced, and banks may relax the restrictions on corporate loans. By studying the economic consequences of D&O liability insurance on restrictive loan behavior of bank, this book finds that among the listed companies that have purchased D&O liability insurance, bank restrictive lending behavior helps to improve the performance of listed companies, which indicates that the purchase of D&O liability insurance can increase the supervision of banks on listed companies, and then enhance the value of companies. That is to say, D&O liability insurance exerts corporate governance effect by influencing restrictive loan behavior of bank.

Thirdly, The book analyses and tests the driving effect of directors' and officers' liability insurance on shareholders' activism behavior. Based on the perspective of trust and concern, the book studies the impact of directors' and officers' liability insurance on shareholders' voting behavior, shareholders' communication behavior and the moderating effect of management Power and network centrality of independent directors. In further analysis, the part of mechanism analysis and test, the book analyses and tests the mechanism based on D&O liability insurance coverage clause, the D&O liability insurance notification terms, and the D&O liability insurance exclusion clause; The part of moderating effect analysis and test, this book analyzes and tests the differential impact of D&O liability insurance contract environment on the relationship between D&O liability insurance and shareholders' activism from the perspectives of institutional environment, financial environment and information environment; The part of consequences effect analysis and test, the book analyses and tests the economic consequences of D&O liability insurance on shareholders' activism from the perspective of corporate governance.

By empirically examining the impact of D&O liability insurance on

Abstract

shareholders' activism behavior, we draw the following conclusions. The purchase of D&O liability insurance will reduce shareholders' trust and enhance shareholders' attention. Shareholders are more inclined to adopt positive voting behavior and positive communication behavior. The higher the power of management, the more likely D&O liability insurance will exert moral hazard effect, which will damage the interests of shareholders and make shareholders more inclined to adopt positive voting and communication behavior. The higher the degree of network centrality of independent directors, the more likely D&O liability insurance will exert corporate governance effect, and the less likely shareholders will adopt positive voting behavior and positive communication behavior. By studying the impact of D&O liability insurance contract content on shareholder's activism, this book finds that the coverage rate of D&O liability insurance will make the incentive effect of D&O liability insurance greater than the supervisory effect by strengthening its incentive effect. Shareholders' trust will be reduced, shareholders' attention will be enhanced, and shareholders will be more inclined to adopt positive voting behavior and positive communication behavior. By strengthening its supervisory effect, the disclosure obligation of D&O liability insurance will make the supervisory effect of D&O liability insurance greater than the incentive effect, enhance shareholders' trust, reduce shareholders' attention, and reduce shareholders' inclination to adopt positive voting behavior and positive communication behavior. Although the D&O liability insurance excluding liability weakens its supervisory effect and incentive effect at the same time, the incentive effect is still greater than the supervisory effect at this time. The trust degree of shareholders decreases, the attention of shareholders increases, and shareholders are more inclined to adopt positive voting behavior and positive communication behavior. By studying the impact of D&O liability insurance contract environment on shareholder activism, this paper finds that in state – owned enterprises, D&O liability insurance and corporate governance mechanism form a vicious circle. The incentive effect of D&O liability insurance is more harmful to shareholders of state – owned enterprises, shareholders' trust is reduced, attention is enhanced, and more prone to active voting behavior and communication behaviorin the high quality financial environment and high quality information environment, the incentive effect of D&O liability insurance is stronger, which protects the interests of shareholders and makes it less likely for shareholders to take positive actions. By studying the economic consequences of the impact of D&O liability insurance on shareholder activism, this book finds that the shareholder activism behavior of purchasing D&O liability insurance can improve company performance, which indicates that D&O liability insurance exerts corporate governance effect by influencing shareholder activism.

The innovations of this book are as following:

Firstly, Based on the interest relationship of D&O liability insurance contracting parties, this book divides the stakeholder behavior into the aggressive behavior of the main body of D&O liability insurance, that is, the aggressive behavior of listed companies, the prudent behavior of the third party of D&O liability insurance, that is, the creditor's prudent behavior, and the positive behavior of the third party of D&O liability insurance, that is, the shareholder's activism behavior. This provides a new perspective for the analysis of stakeholder behavior and expands the study of corporate governance behavior.

Secondly, this book analyses the role of D&O liability insurance in stakeholder behavior. This will help academic circle and practical circle to deeply understand the specific mechanism of D&O liability insurance affecting stakeholder behavior. From the perspective of the content of D&O liability insurance contract, this book analyses and tests the impact of coverage terms, notification terms and exclusion terms of D&O liability insurance on stakeholders' behavior. This enriches the relevant literature of law and finance, and provides empirical evidence that the contractual provisions can also play a role in corporate governance. It is convenient for academia and industry to comprehensively understand the incentive effect, supervision effect, moral hazard effect of D&O liability insurance, and differentiated understanding of stakeholder behavior.

Thirdly, from the perspective of the contractual environment of D&O liability insurance, this book studies whether D&O liability insurance exerts different effects because of the different contractual environment. It confirms the importance of contract environment and warns stakeholders to pay attention to the institutional environment, financial environment and information environment of listed companies.

Key Words: Directors' and Officers' Liability Insurance; Entrusted Financial Behavior; Restrictive Loan Behavior of Bank; Shareholders' Activism Behavior

目 录

第一章 绪论 ·· 1
第一节 研究背景 ·· 1
第二节 研究目的 ·· 3
第三节 研究思路 ·· 4
第四节 研究创新 ·· 9

第二章 文献综述 ·· 10
第一节 相关概念分析 ·· 10
第二节 D&O 责任险契约研究 ·· 16
第三节 D&O 责任险需求研究 ·· 23
第四节 利益相关者行为研究 ·· 26
第五节 文献述评 ·· 33

第三章 理论分析 ·· 36
第一节 理论基础 ·· 36
第二节 利益相关者行为分析：D&O 责任险契约方
　　　　利益视角 ·· 41
第三节 D&O 责任险与利益相关者行为 ·································· 45
第四节 D&O 责任险的作用机理 ··· 50
第五节 D&O 责任险的影响效应 ··· 56
第六节 本章小结 ·· 69

第四章　D&O 责任险与企业委托理财行为 …… 70

第一节　问题提出 …… 70
第二节　研究假设 …… 73
第三节　研究设计 …… 77
第四节　实证结果与分析 …… 82
第五节　稳健性检验 …… 88
第六节　进一步分析 …… 96
第七节　本章小结 …… 111

第五章　D&O 责任险与银行限制性贷款行为 …… 114

第一节　问题提出 …… 114
第二节　研究假设 …… 116
第三节　研究设计 …… 121
第四节　实证结果与分析 …… 123
第五节　稳健性检验 …… 131
第六节　进一步分析 …… 137
第七节　本章小结 …… 150

第六章　D&O 责任险与股东积极主义行为 …… 152

第一节　问题提出 …… 152
第二节　研究假设 …… 154
第三节　研究设计 …… 158
第四节　实证结果与分析 …… 161
第五节　稳健性检验 …… 168
第六节　进一步分析 …… 174
第七节　本章小结 …… 185

第七章　研究结论 …… 188

第一节　主要结论 …… 188

第二节　研究展望与不足 ………………………………… 191

　　第三节　政策建议 ………………………………………… 193

参考文献 ……………………………………………………… 197

后　记 ………………………………………………………… 225

第一章

绪 论

第一节 研究背景

2005年《中华人民共和国公司法》的修订实施明确了董事和高级管理人员的尽职勤勉义务,完善了民事赔偿责任制及股东代表诉讼制度[①],可诉性大大增强,诉讼案件数量及索赔金额逐步加大。《中华人民共和国证券法》也对董事、监事、高级管理人员的行为进行了约束并明确了其应承担的责任[②],使董事、监事及高级管理人员的赔偿责任加大。《2016年中国上市公司法律风险指数报告》显示,2015年我国上市公司披露的诉讼案件高达32571次,涉案金额为6018万元,分别较2014年增长了1倍和2倍,其中追究高管责任的案件为493次,是2011年的近5倍(余瀛波,2016)。现行《中华人民共和国企业破产法》第125条规定:企业董事、监事或者高级管理人员违反忠实义务、勤勉义务,致使其所在企业破产的,应依法承担民事责任。随着我国民事赔偿制度的完善,高级管理人员经营责任风险逐步增大,公司通过责任免除激发高级管理人员工作积极性显得尤为重要,董事高管责任险作为一种风险管理工具,其需求不断升温。董事高管

---

① 相关条款:第21条、第113条、第150条、第152条、第153条。
② 相关条款:第63条、第68条、第69条。

责任险（Directors and Officers Liability Insurance，以下简称D&O责任险）指董事和高级管理人员（经理、财务总监、监事、秘书等）在正常履职的过程中，由于不当行为①致使公司或者第三人（股东、债权人等）遭受经济损失，存在依法应承担民事赔偿等经济赔偿责任的风险，依照保险合同条款的相关规定，将该风险转嫁给保险机构，由保险机构按保险合同承担损失赔偿的责任保险（王伟，2016；孙宏涛，2011）。此外，D&O责任险的购买使得保险公司成为上市公司的外部监管机制，这使得其在公司治理领域扮演着重要的角色（Kalelkar and Nwaeze，2015）。

《上市公司治理准则》第39条规定经股东大会批准，上市公司可以为董事和高级管理人员购买D&O责任险。《关于在上市公司建立独立董事制度的指导意见》第7条第6款指出，上市公司可以建立必要的独立董事责任保险制度，以降低独立董事正常履行职责可能引致的风险。2006年与2014年分别发布的《关于保险业改革发展的若干意见》②和《关于加快发展现代保险服务业若干意见》③中，屡屡强调D&O责任险的推进。由此可见，相关政策法规的逐步完善为D&O责任险的推行及作用发挥提供了法律保障。

目前96%的美国公司和90%的欧洲公司都购买了D&O责任险，即使在我国香港地区，D&O责任险的购买率也达到了60%—70%。95%的财富500强公司都购买了D&O责任险（Gische and Werner，2003）。我国于2002年1月引入D&O责任险，即由平安保险公司与美国丘博保险集团联合推出国内第一份D&O责任险合同。我国购买D&O责任险的公司在逐年增多，从2002年的26家上市公司，到2017年上升为213家。虽然总体而言，D&O责任险的购买量还较低，

---

① 不当行为，是指被保险个人事实上或被指称在以其身份执行职务过程中的错误陈述、过失、疏忽、违反其义务或职责等的行为或不作为。其中，违反法律及信息披露中故意的误导性或虚假陈述等行为除外。

② 《关于保险业改革发展的若干意见》第五条、第六条要求大力发展责任保险。

③ 2014年《关于加快发展现代保险服务业若干意见》指出，应充分发挥责任保险在事前风险预防、事中风险控制、事后理赔服务等方面的功能作用，强化政府引导、市场运作、立法保障的责任保险发展模式，积极探索开展责任保险试点。

但是其上升的趋势是不容忽视的。

公司治理问题一直是备受关注的议题，利益相关者行为研究作为公司治理领域的重要研究话题，却还处于初级阶段，存在诸多关键性问题，亟待解决（徐向艺，2012）。比如，利益相关者暂无统一的界定；利益相关者参与公司治理提升公司价值还是降低公司价值？利益相关者如何看待及应对公司中的治理问题。对于同一问题，不同的利益相关者是否有着不同的看法，继而采取不同的应对行为？D&O责任险作为风险管理工具引入上市公司以来，其作用效应一直存在争论。即D&O责任险能否发挥积极的作用，是一种监督机制，发挥公司治理效应，还是会助长高管的机会主义行为？现有文献并没有得出一致的结论（赵扬、John Hu，2014）。公司高级管理人员、债权人、股东作为公司的重要利益相关者，他们如何看待D&O责任险，他们会如何应对D&O责任险的影响效应？需要进一步的探索与验证。这些问题的解决既有利于更好地发挥D&O责任险的公司治理效应，也有利于更有效地保护利益相关者。因此，通过对D&O责任险的政策基础、购买现状、影响效应以及利益相关者行为研究现状的分析，本书认为，D&O责任险对利益相关者行为的影响研究是重要的研究话题，并且存在很大的研究空间。基于此，本书拟研究D&O责任险是否以及怎样影响利益相关者行为？D&O责任险与利益相关者行为之间的关系会受哪些调节因素的影响？D&O责任险对利益相关者行为的影响会产生怎样的经济后果？

第二节　研究目的

本书拟通过研究D&O责任险对利益相关者行为的影响，以达到提高公司治理效率，推进D&O责任险发展的目的。具体研究目的如下：

第一，研究董事、监事及其他高级管理人员、债权人、股东等公司利益相关者是否会关注D&O责任险，他们如何看待及应对公司治理中的问题。利益相关者的相关研究绝大多数仅关注某一个或某两个利益相关方，缺乏对多个利益相关方的系统关注，并且利益相关者并没有统一的界定，本书从D&O责任险契约方利益视角切入分析利益相关者行为，可为打开公司治理运作的"黑箱"提供新思路。另外，利益相关者怎样看待及应对公司治理中的问题，不同的利益相关者是否对公司治理中的问题有不同的看法继而采取不同的应对行为？利益相关者参与公司治理的经济后果是怎样的？这些问题的解决有利于更好地保护利益相关者，提升公司治理效率。D&O责任险发挥公司治理效应，还是引发道德风险问题，现有研究没有得出一致结论。通过研究D&O责任险对利益相关者行为的影响便于解开D&O责任险作用效应的矛盾之争。

第二，剖析D&O责任险影响利益相关者行为的作用机理，便于更好地发挥D&O责任险的公司治理效应，提升公司价值。通过深入细致地研究D&O责任险的契约内容，探寻其对利益相关者行为的影响机制，便于学界和业界更全面地理解D&O责任险。D&O责任险作用的发挥深受其合同内容的影响，然而，关于D&O责任险合同的研究专著相对较少，只有少量论文发表在各类法学杂志上，并且只是对部分条款做了简要介绍与分析。D&O责任险合同的研究是完善董事责任保险制度的重要环节，本书将着眼于我国D&O责任险的实际发展情况，力求全面深入地分析，继而为完善符合我国国情的D&O责任险合同提出建议。

第三，研究D&O责任险对利益相关者行为影响产生的经济后果，分析利益相关者参与公司治理的效果。关于利益相关者是否应该参与公司治理，其参与公司治理的经济后果如何，现有文献并没有得出一致结论。D&O责任险的引入为研究利益相关者行为对公司的影响效应，提供了新的研究契机。

第三节　研究思路

基于D&O责任险契约方的利益关系，本书通过层层剥离的方式，

第一章 绪论

对利益相关者行为进行了分析与界定。本书首先将利益相关者行为分为 D&O 责任险主体利益行为和 D&O 责任险第三方利益行为；继而从利益相关者的风险感知和利益感知度视角，将 D&O 责任险主体利益行为细化为上市公司激进行为，将 D&O 责任险第三方利益行为细化为债权人谨慎行为和股东积极主义行为；其次将上市公司激进行为进一步细化为企业委托理财行为，将债权人谨慎行为进一步细化为银行限制性贷款行为；最后将企业委托理财行为量化为企业委托理财倾向性和企业委托理财产品结构配置行为，将银行限制性贷款行为量化为担保和抵质押行为、贷款成本调整行为、贷款期限调整行为，将股东积极主义行为量化为股东投票行为和股东沟通行为。因此，本书的利益相关者行为是指企业委托理财行为、银行限制性贷款行为和股东积极主义行为。

本书遵循以下研究思路分析 D&O 责任险对利益相关者行为的影响研究。首先，研究 D&O 责任险是否影响利益相关者行为；其次，分析 D&O 责任险具体怎样影响利益相关者行为，接着分析 D&O 责任险与利益相关者行为之间的关系会受到哪些因素的影响；最后，研究 D&O 责任险对利益相关者行为影响产生的经济后果。为了清晰理解本书的研究思路，本书绘制了研究思路图，如图 1-1 所示。

如图 1-1 所示：第一，本书基于契约理论、利益相关者理论、风险感知理论，从激进度、谨慎度、信任度和关注度视角分析 D&O 责任险对利益相关者行为的影响；第二，本书基于 D&O 责任险契约内容中的 D&O 责任险覆盖率条款、D&O 责任险告知义务条款、D&O 责任险除外责任条款分析并检验 D&O 责任险对利益相关者行为的影响；第三，本书从制度环境、金融环境、信息环境三个角度分析并检验 D&O 责任险契约环境对 D&O 责任险与利益相关者行为之间关系的差异化影响；第四，本书从公司治理效应视角剖析并验证 D&O 责任险对利益相关者行为影响产生的经济后果。

基于本书的研究思路，本书的研究框架可以分为以下七个部分：

第一章 绪论。本章介绍了本书的研究背景、研究目的、研究思路以及研究创新。

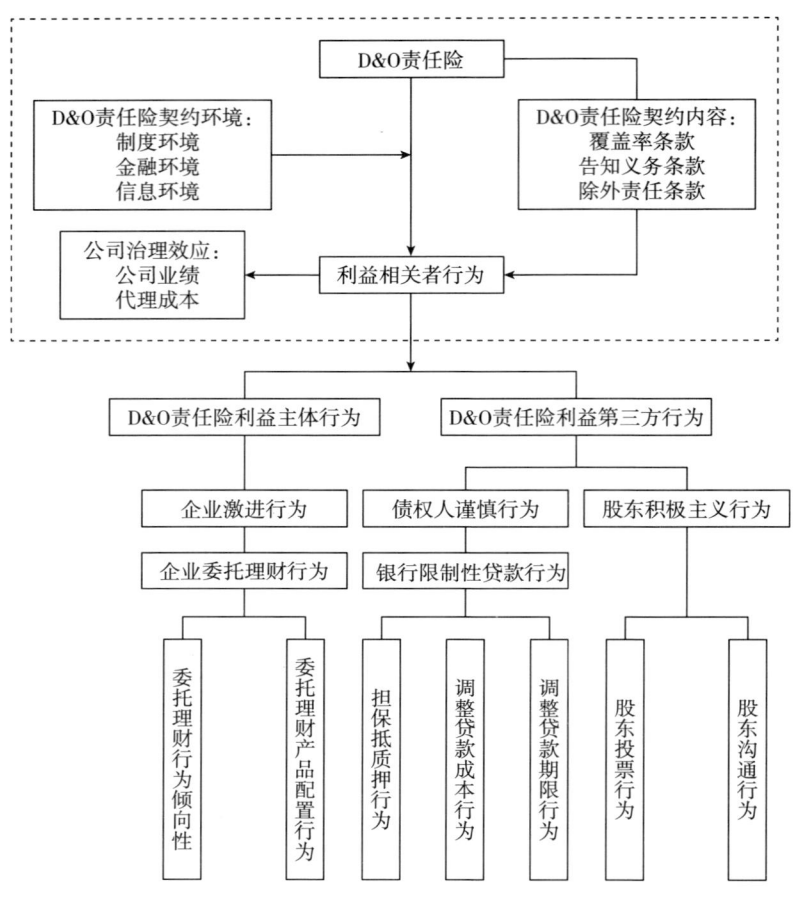

图 1-1 研究思路

第二章 文献综述。本章首先对 D&O 责任险、利益相关者、公司治理效应等相关概念进行了综述;其次综述了 D&O 责任险契约主体、D&O 责任险契约条款、D&O 责任险契约环境的相关研究;然后对 D&O 责任险需求因素与影响效应的相关研究进行了综述;接着从企业激进投资行为、债权人谨慎性行为、股东积极主义行为三个视角综述了利益相关者行为;最后是文献述评。

第三章 理论分析。本章首先介绍了本书的理论基础,即契约理论、利益相关者理论、风险感知理论;其次对利益相关者行为进行了分析；然后分析讨论了 D&O 责任险与利益相关者行为之间的关系；接着剖析了 D&O 责任险的作用机理；最后分析了 D&O 责任险的影响效应。

第四章　D&O 责任险与企业委托理财行为。本章分析并检验了 D&O 责任险对企业委托理财行为的推动效应。基于委托理财数据，本章研究了 D&O 责任险购买对企业委托理财行为倾向性、企业委托理财产品结构配置行为的影响，并从金融关联度视角进行了分组检验。进一步分析中，在影响机制分析及检验部分，基于 D&O 责任险契约内容中的 D&O 责任险覆盖率条款、D&O 责任险告知义务条款、D&O 责任险除外责任条款分析并检验了 D&O 责任险对企业委托理财行为的影响；在调节机制分析及检验部分，从制度环境、金融环境、信息环境三个角度分析并检验了 D&O 责任险契约环境对 D&O 责任险与企业委托理财行为之间关系的差异化影响；在经济后果分析及检验部分，从公司治理效应视角剖析并验证了 D&O 责任险对企业委托理财行为影响产生的经济后果。

第五章　D&O 责任险与银行限制性贷款行为。本章分析并检验了 D&O 责任险对银行限制性贷款行为的影响效应。基于担保、抵质押贷款、贷款成本和贷款期限等数据，本章研究了 D&O 责任险购买对银行限制性贷款行为的影响，并分别从关联担保、分析师关注的视角进行了分组检验。进一步分析中，在影响机制分析及检验部分，基于 D&O 责任险契约内容中的 D&O 责任险覆盖率条款、D&O 责任险告知义务条款、D&O 责任险除外责任条款分析并检验了 D&O 责任险对银行限制性贷款行为的影响；在调节机制分析及检验部分，从制度环境、金融环境、信息环境三个角度分析并检验了 D&O 责任险契约环境对 D&O 责任险与银行限制性贷款行为之间关系的差异化影响；在经济后果分析及检验部分，从公司治理效应视角剖析并验证了 D&O 责任险对银行限制性贷款行为影响产生的经济后果。

第六章　D&O 责任险与股东积极主义行为。本章分析并检验了 D&O 责任险对股东积极主义行为的影响效应。基于信任度、关注度视角，本章研究了 D&O 责任险购买对股东投票行为、股东沟通行为的影响，并分别从管理层权力和独立董事网络中心度视角进行了分组检验。进一步分析中，在影响机制分析及检验部分，基于D&O责任险契约内容中的D&O责任险覆盖率条款、D&O责任险告知义务条款、D&O责任险除外责任条款分析并检验了D&O责任险对股东积极主义行为的影响；在调节机制分析及检验部分，从制度环境、金融环境、信息环境三个角度分析并检验了D&O责任险契约环境对D&O责任险与股东积极主义行为关系的差异化影响；在经济后果分析及检验部分，本章从公司治理效应视角剖析并验证了D&O责任险对股东积极主义行为影响产生的经济后果。

第七章　研究结论。本章对本书的主要研究观点进行了总结，指出了研究展望与不足，并基于本书的研究内容与研究结论提供了可供参考的政策建议。

为了清晰理解本书的框架，本书绘制了研究框架图，如图1-2所示。

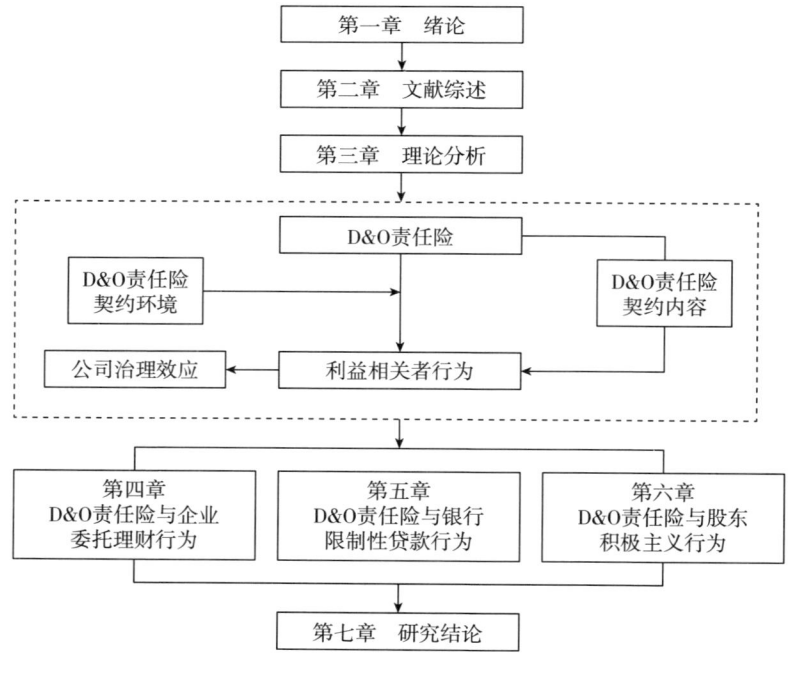

图1-2　研究框架

第四节　研究创新

本书的创新点主要包括以下几个方面：

第一，本书构建了利益相关者行为分析框架。基于D&O责任险契约方的利益关系，本书通过层层剥离的方式，对利益相关者行为进行了分析与界定。本书首先将利益相关者行为分为D&O责任险主体利益行为和D&O责任险第三方利益行为；继而从利益相关者的风险感知和利益感知度视角，将D&O责任险主体利益行为细化为上市公司激进行为，将D&O责任险第三方利益行为细化为债权人谨慎行为和股东积极主义行为；接着将上市公司激进行为进一步细化为企业委托理财行为，将债权人谨慎行为进一步细化为银行限制性贷款行为；最后将企业委托理财行为量化为企业委托理财倾向性和企业委托理财产品结构配置行为，将银行限制性贷款行为量化为担保和抵质押行为、贷款成本调整行为、贷款期限调整行为，将股东积极主义行为量化为股东投票行为和股东沟通行为。即利益相关者行为是指企业委托理财行为、银行限制性贷款和股东积极主义行为，该分析框架为利益相关者行为分析研究提供了新的视角，也拓展了公司治理行为研究。

第二，本书剖析了D&O责任险在利益相关者行为中发挥的作用，便于学界和业界深入理解D&O责任险影响利益相关者行为的具体机制。从D&O责任险契约内容的角度切入，本书分析并检验了D&O责任险覆盖率条款、D&O责任险告知义务条款、D&O责任险除外责任条款对利益相关者行为的影响，丰富了法与金融的相关文献，提供了D&O责任险契约条款规定可以发挥公司治理作用的经验证据，便于学界和业界更全面地理解D&O责任险公司治理效应和道德风险效应以及差异化地认识利益相关者行为。

第三，本书证实了契约环境的重要性。通过实证检验，本书发现D&O责任险会因契约环境差异而发挥不同的作用效应，这警示利益相关者应关注并区别看待上市公司的制度环境、金融环境与信息环境。

第二章

文献综述

本章首先对 D&O 责任险、利益相关者、公司治理效应等相关概念进行了综述;其次综述了 D&O 责任险契约主体、D&O 责任险契约条款、D&O 责任险契约环境的相关研究;然后对 D&O 责任险需求因素与影响效应的相关研究进行了综述;接着从企业激进投资行为、债权人谨慎性行为、股东积极主义行为三个视角综述了利益相关者行为;最后是文献述评。

第一节 相关概念分析

为了研究董事高管责任险对公司利益相关者行为的影响,剖析董事高管责任险到底是发挥公司治理效应,还是诱发道德风险效应,本小节将对 D&O 责任险、利益相关者、公司治理效应等相关概念进行界定与分析。

一 D&O 责任险

董事高管责任险即董事和高级管理人员责任险(Directors and Officers Liability Insurance,以下简称 D&O 责任险),指董事和高级管理人员(经理、财务总监、监事、秘书等)在正常履职的过程中,由于不当行为致使公司或者第三人(股东、债权人等)遭受经济损失,存在依法应承担民事赔偿等经济赔偿责任的风险,依照保险合同条款的相关规定，将该风险转嫁给保险机构，由保险机构按保险合同承担损失赔偿的责任保险（王伟，2016；孙宏涛，2011）。

D&O 责任险从公司责任险演变而来，并逐渐成为公司保险的重要组成部分（Boubakri 和 Bouslimi，2016）。20 世纪 60 年代初到中期，美国上市公司普遍购买了 D&O 责任险（Baker 和 Griffith，2007）。95% 的世界 500 强公司也购买了 D&O 责任险（Gische，2000），由此可见，D&O 责任险的重要性日益凸显。目前，D&O 责任险主要分为以下三种类型。第一种（Coverage A），保护个人（董事、高级职员等）免受股东诉讼风险损害的保险。当公司自身无法赔偿损失时，保险人有义务代表公司为董事和高级职员支付损失。[①] 第二种（Coverage B），补偿公司为高级职员和董事支付赔偿金的保险。保险人将代表公司赔偿公司在法律允许或要求的范围内赔偿董事和高级管理人员的损失，以及董事和高级管理人员因索赔而依法有义务支付的损失。[②] 第三种（Coverage C），保护公司不受公司本身作为当事人的股东诉讼风险的保险。保险人将代表公司赔偿公司因错误行为导致股东向公司提出证券索赔而使公司负有法律责任的损失。[③] 以上提到的保险公司代为支付的损失包括补偿赔偿金、和解金额和因董事和高管不当行为引起的索赔辩护产生的法律费用。

D&O 责任险是一种风险管理工具，它的购买可以使上市公司的部分风险转移给保险机构，而保险机构具有风险管理的专业优势，进而可以使公司风险得以优化。另外，在承保前，保险公司会对上市公司及其高级管理人员进行调查分析，以确保上市公司的风险是可控的，降低其赔偿风险。在承保中，保险公司会与上市公司签订 D&O 责任险契约合同，而这一过程是讨价还价的过程，这使 D&O 责任险契约

---

① Hartford Specimen Policy at §Ⅰ（A）（cited in note 22）；Chubb Specimen Policy at §1（cited in note 22）；AIG Specimen Policy at §1（cited in note 22）.

② Hartford Specimen Policy at §Ⅰ（B）. See also Chubb Specimen Policy at §2；AIG Specimen Policy at §1 Coverage B. Hartford Specimen Policy at §Ⅵ（F）；Chubb Specimen Policy at §14；AIG Specimen Policy at §6.

③ Hartford Specimen Policy at §Ⅰ（C）. See also Chubb Specimen Policy at §3；AIG Specimen Policy at §1 Coverage B（i）.

合同内容存在差异，富有个性化的特征。此外，D&O 责任险契约合同的签订同时兼顾了保险公司和上市公司的利益和风险，比如，D&O 责任险合同中的覆盖率条款在一定程度上可以缓释高管的风险厌恶度，使其能更为果断地决策，但也可能促使其采取机会主义行为，以谋取私利。为此，D&O 责任险合同告知义务条款要求上市公司提前告知重大的高风险项目等相关信息等。在承保后，保险公司可能会对上市公司进行跟踪调查，以约束高管的机会主义行为。因此，D&O 责任险的购买使保险公司成为上市公司的外部治理机制，在公司治理中扮演着重要的角色。

二 利益相关者

利益相关者的界定是利益相关者理论最基本、最核心的部分（邓汉慧，2008）。利益相关者最早是被认为没有组织支持，无法生存的团体（Freeman，1983），自此，许多学者对"谁是利益相关者"产生了广泛的关注，从不同的角度进行了界定（Clarkson et al.，2016；Weiss，2014；Jones et al.，2017）。Mitchell 等（1997，2011）对利益相关者进行了系统的研究，给出了 27 种代表性的定义，并总结到利益相关者应该具备紧迫性、合法性、影响力三个特征。尽管西方学者对利益相关者进行了多维度、多视角的研究（Bryson，2004；Landry et al.，2019），并对利益相关者进行了形式多样的定义，但是目前的研究并没有对利益相关者的定义达成共识。关于利益相关者的定义可以概括为以下三种，其中，宽泛的定义是指凡是能影响组织（企业）或被组织（企业）影响的个体或者团体，在该定义下，利益相关者包括股东、债权人、政府、供应商、客户、员工、社会组织等（Freeman，2010，2016）。较窄些的定义为与企业（组织）有直接联系的个人或团体才被认为是利益相关者，在该定义下政府部门、社会组织等被排除在外（Mikalsen and Jentoft，2001）。最窄的定义是只有向企业（组织）投入了专用性资产的个人或者团体才被认为是利益相关者（Ravenscraft，1996）。我国关于利益相关者理论的研究更是不足，并且主要是借鉴国外的相关研究，杨瑞龙和周业安（1998）的研究区分了潜在利益相关者和真实利益相关者，他们认为，当潜在利益相关者向企业投入专用性资产时，可以转化为真实的利益相关者，并认为真实的利益相关者才是经济学分析的重点。管理者、股东、债权人由于向公司投入了专用性资产，使他们的行为处于企业行为结果的风险之中（王兰，2017；杨畅等，2014；何威风等，2018）。因而，管理者、股东、债权人是需要关注的重要真实利益相关者，也是本书重点研究的利益相关者。①

三　公司治理效应

本书主要研究 D&O 责任险对利益相关者行为的影响研究，而这里的利益相关者行为作为公司治理行为中的重要组成部分，具有多层次性。监督效应、激励效应、道德风险性效应主要是针对高管层面，支持和隧道效应主要是针对股东层面，曝光效应主要针对其他利益相关者层面，因而本书将其全部囊括为公司治理效应。

（一）监督效应

董事会的监督效应在缓解股东与管理层之间代理冲突、解决控股股东与中小股东之间的矛盾中发挥着不可或缺的作用（Fama and Jensen，1983；祝继高等，2015）。董事独立性的提高，有利于提升其监督能力（Hillman and Dalziel，2003；Dalton et al.，2007）。李维安和张耀伟（2005）从董事的权利与义务、董事会运作效率、董事会组织结构、董事薪酬和独立董事制度五个方面对董事会治理水平进行了评价，发现优化董事会结构、合理制衡内部权力，董事会的监督效应会更强。优化董事会结构、合理制衡公司内部权力的有力手段是为企业配备多个具有高监督潜能的独立董事（周建等，2016）。与拥有过多席位的独立董事相比，拥有较少席位的独立董事的监督效率更高。由此可见，独立董事的监督能力与其可支配的工作时间和精力紧密相连（Agarwal et al.，2013）。过低的监督效应会导致更差的治理绩效（Fich and Shivdasani，2006）。全怡和陈冬华（2016）的研究也发现

---

① 不可否认，公司员工也是重要的利益相关者，然而，由于数据获取等问题，本书的研究将不再对此类利益相关者进行详细的阐述与分析。若有了相关数据支撑，笔者会进行探索性分析与研究。

类似的结论。此外，连锁董事源于企业间的监督与控制（Pennings，1980），董事的监督效应还会受到董事网络的影响（Maman，1999）。近年来，一些研究还发现纪委的治理参与（陈仕华等，2014）、媒体监督（翟胜宝等，2015；耿云江和王明晓，2016）、政府审计（褚剑和方军雄，2016）等内外部治理机制在抑制高管机会主义行为中所扮演的重要监督角色。

（二）激励效应

两权分离引发了管理层与股东之间的代理问题（Jensen and Meckling，1976），为使管理层从股东利益出发，提升公司价值，学者们对管理者激励的关注度大大提升，焦点是薪酬激励和股权激励（苏冬蔚和林大庞，2010；吕长江和张海平，2011）。过低的薪酬不能有效激励管理层，过高的薪酬可能会促使管理层采取更多的机会主义行为，只有适度的薪酬才能有效地激励管理层为股东谋福利，继而改善公司业绩（吴育辉和吴世农，2010），此外，薪酬方案的激励效应还会受到管理层权力、管理层持股比例的影响，这是因为拥有过高管理层权力的高管可以操纵其薪酬方案（吕长江和赵宇恒，2008），持股比例高的管理层，可能会利用其控制权提升薪酬水平（王克敏和王志超，2007）。Brick等（2006）发现，董事薪酬激励会弱化其监督效应，此时董事甚至会选择与管理层合谋，导致较差的公司业绩。杨青等（2009）则认为，董事与高管薪酬激励趋同现象，不仅仅是简单的合谋，还可能存在单边激励或共同激励的效应。较好的激励机制应该排除同行业、同市场的潜在影响，即薪酬契约合同中应该加大相对业绩评价的使用程度（胡亚权和周宏，2012）。

（三）曝光效应

信息不对称程度越高，代理问题越严重（慕刘伟等，2001），媒体作为重要的曝光机制、信息传播载体能缓解委托方与代理方之间的信息不对称，媒体曝光会引起相关监管机构和社会公众高度关注公司行为，缓解代理冲突（Dyck et al.，2008）。负面报道的曝光效应更强，使媒体曝光在一定程度上对上市公司产生了监督效应（Core et al.，2008）。薛健等（2017）的研究发现，曝光机制因对高管超额在职消费行为有抑制作用而表现出威慑效应。媒体的充分报道可以降低大股东对中小股东的侵占行为，提高公司治理效率（贺建刚等，2008）。另外，曝光具有"外部性"，企业之间也能够通过报纸等媒体了解彼此的信息（Kedia et al.，2015），通过曝光一部分企业高管的腐败行为，可以实现"惩一儆百"的监督治理目的（薛健等，2017）。以上文献主要解释了媒体曝光的治理效应，然而有些文献则认为，媒体关注确实能起到一定的曝光效应，然而，媒体为追求自身利益的最大化，制造轰动效应（Gentzkow and Shapiro，2006），在进行曝光的过程中可能存在歪曲事实的嫌隙。

（四）支持效应与隧道效应

Friedman 等（2003）提出了"支持效应"（Propping）的概念，并被用到许多规范研究和实证研究中（Riyanto and Toolsema，2008）。大股东通过各种正式、非正式的手段把优质资产和资源输送到上市公司，通常是为了支持上市公司发展或渡过难关（侯晓红，2008）。若上市公司陷入财务困境，大股东会想尽办法"保壳"（李增泉等，2005），比如，申请政府补贴，将私人资源转移到上市公司等。

与"支持效应"相对立的是"隧道效应"（Tunneling）。"隧道效应"的提出溯源于 Johnson 等（2000），它是指上市公司控股股东出于自身利益而转移公司财产和利润的行为。"隧道效应"又称控股股东的掏空行为，主要形式有资产交易、操纵价格、交叉担保、欺诈、偷窃、股份增发等（郑建明等，2007）。此外，控股股东还可能通过过度投资、高位减持等方式侵占中小股东的利益（Villalonga and Amit，2009；黄志忠，2006；王化成等，2015）。Shleifer 和 Vishny（1989）通过构建堑壕效应模型发现，管理层通过增加与其相关的专用性投资，继而掏空上市公司。证监会引入独立董事制度的主要目标之一是为了抑制大股东的恶性资金占用行为，叶康涛等（2007）的研究发现独立董事可以发挥监督作用，抑制大股东的资金侵占行为。制度层面的约束和公共治理对大股东行为也具有重要的影响，罗党论和唐清泉（2007）发现，市场环境显著地影响了控股股东的"掏空"行为。

（五）道德风险效应

道德风险问题源于信息不对称和不确定性的存在（张春霖，1995）。信息不对称程度越高，机会主义行为的识别成本与监控成本越大，致使机会主义行为被抑制的可能性越低（Eisenhardt and Schoonhoven，1990）。高信息不对称意味着信息环境的不透明度较高，不确定性大，私人信息很难获取，此时拥有私人信息的企业的寻租动机更足（Williamson，1985）。林毅夫和李志赟（2004）发现，国有企业管理层的道德风险问题在信息不对称程度高时更严重，若此时政策性负担过重，道德风险问题会更为突出，致使国有企业效率低下。D&O责任险使管理者实施自利行为的成本降低，可能会诱发潜在的道德风险问题（胡国柳和胡珺，2017）。道德风险效应并不局限于管理层，Myers和Majluf（1984）进行了拓展性的分析，发现大股东侵害中小股东利益过程会诱发潜在的道德风险问题。Almeida和Wolfenzon（2006）的分析则发现控股股东诱发的道德风险效应会加剧公司的融资约束程度，罗琦和胡志强（2011）的研究也得出了相似的结论。

第二节　D&O责任险契约研究

D&O责任险契约主体、D&O责任险契约条款、D&O责任险契约环境是D&O责任险契约合同的重要组成部分，并且D&O责任险作用效应的发挥也与这三大组成部分密不可分，因而本小节将从D&O责任险契约主体、D&O责任险契约条款、D&O责任险契约环境三方面进行综述。

一　D&O责任险契约主体

我国《上市公司治理准则》第39条规定，上市公司经股东大会批准后可以为董事、监事及其他高级管理人员购买D&O责任险。保险公司作为D&O责任险的保险人应该向投保人签发保险单及其他保险凭证，并按照D&O责任险的契约规定履行赔偿义务。依据D&O责任险契约合同的规定，被保险人是投保公司的董事、监事及其他高级管理人员。孙宏涛（2011）认为，独立董事存在难独立的风险、权责利不匹配的风险、能力和精力欠缺的风险等，D&O责任险的购买可以减轻独立董事的责任风险，使其提高独立性，更好地发挥建言献策的职能。高级管理人员是一个非常宽泛的概念，D&O责任险中提到的高级管理人员主要包括当不限于以下几种：首席行政执行官（CEO）、首席财务官（CFO）、董事会主席、总裁、副总裁、秘书以及总会计师（苏号朋，2000）。《中华人民共和国公司法》（以下简称《公司法》）规定高级管理人员应当对公司承担注意义务和忠实义务，并对股东、债权人等利益相关主体承担损害赔偿责任。过高的责任风险可能导致高级管理人员的积极性和创造性降低。D&O责任险的购买可以鼓励高级管理人员积极创新，更好地服务于公司（王伟，2016）。随着公司社会责任的理论的兴起，D&O责任险承载了更深层次的理念，即保护利益相关主体的合法权益。D&O责任险的第三方也被称为"利益第三方"，这里的"利益第三方"主要包括股东、债权人等。各国立法都规定高级管理人员实施了虚假陈述、误导性陈述、违规信息披露以及违反注意义务等行为（Johnston，1978），使股东、债权人等利益第三方遭受损害时，可以进行索赔。D&O责任险契约规定董事和高级管理人员在履行职责的过程中，由于不当行为而给公司、股东、债权人等带来的经济损失赔偿责任，保险公司应该予以赔付（Kim，2018）。D&O责任险起到了保护利益相关者的作用。

二 D&O责任险契约条款

（一）D&O责任险覆盖率条款

D&O责任险覆盖率条款主要包括D&O责任险的承保范围和承保期间，其中，D&O责任险的承保范围限于董事、高级管理人员在正常的履职过程中由于不当行为给股东、债权人等带来的损失赔偿责任（王伟，2016；孙宏涛，2011；Chen and Edmund，2018），保险人既要负责偿还抗辩费用（Bake and Griffith，2007），还要赔付其他由于被保险人不当行为产生的相关费用（Kim，2005；Chen and Edmund，2018），但以规定的责任限额为最大赔偿额度（Holderness，1990；O'Sullivan，2002）。D&O责任险的合同规定，董事和高级管理人员是该险种的主要被保险人，他们实施的或者被指控实施的不当行为须发生在其正常履职的过程中（Boyer and Amandine，2009）。D&O责任险中关于被保险人的正常履职的规定与《公司法》和公司章程的相关规定是一致的（孙宏涛，2011），即董事按照《公司法》或者公司章程的相关规定制订公司的经营计划和投资方案等；经理按照《公司法》或者公司章程的相关规定组织实施公司的经营计划和投资方案等；监事按照《公司法》或者公司章程的相关规定对董事和高级管理人员履职行为进行监督。如果董事和高级管理人员在履行上述职责的过程中，出现不当行为，被提起诉讼而给公司、股东、债权人等带来的经济损失赔偿责任，保险公司应该予以赔付（Kim，2015）。D&O责任险覆盖率条款中提到不当行为是指董事和高级管理人员作为被保险人，在公司正常履职的过程中，如果实际上实施了或者是被指控实施了虚假陈述、误导性陈述、违规信息披露以及违反注意义务等行为（Johnston，1978）。董事和高级管理人员作为被保险人，在其他公司正常履职的过程中，如果实际上实施了或者是被指控实施了虚假陈述、误导性陈述、违规信息披露以及违反注意义务等行为（Quinn and Levin，2001）。D&O责任险覆盖率条款中涉及责任赔偿限额是指在保险期间内或扩展期内，由于被保险人的正常履职过程中不当行为，第三方产生损失，促使他们首次提出的所有针对被保险人的赔偿请求，保险公司进行赔付的最高赔偿限额（Klausner et al.，2013；Gillan and Panasian，2015），它不仅是董事和高级管理人员赔偿责任条款和公司补偿条款的共同限额，也是抗辩费用与其他相关赔付费用的共同限额（Holthausen and Leftwich，1983；Kim，2018）。D&O责任险的责任限额的保障程度应同时具备全面性与基本性（宋一欣和孙宏涛，2016），其中，全面性要求责任限额不能过低，应该能使大部分受害人的基本赔偿请求获得赔付；基本性特征是指保障保险公司的正常经营，责任限额也应当适当限制，如果实际需要赔付的费用超过了最高赔偿限额，保险公司将不予赔付（Core，2000）。鉴于此，D&O责任险覆盖率条款中关于赔偿限额的规定，一方面使董事及高级职员本人承担一定的赔偿责任，可以对该保险制度的道德风险起到一定的抑制作用；

另一方面可以保护董事和高级管理人员因频繁发生小额保险金的请求而忧心,可以全身心投入公司事务中(Kalelkar and Nwaeze,2015)。D&O 责任险覆盖率条款还对承保期间进行了扩展,无论 D&O 责任险的合同第三方在保险期内,还是在扩展期内进行索赔,保险公司都应该依据 D&O 责任险覆盖率条款的相关约定给予赔付,这样可以保护离职后的董事和高级管理人员的利益(Isdale,2005),该规定完善了 D&O 责任险的风险分散功能(Gillan and Panasian,2015),提升了对被保险人的保护力度。综上所述,D&O 责任险覆盖率条款是保险合同重要的组成部分,与 D&O 责任险的激励效应密切相关(Romano,1991;彭韶兵等,2018)。

(二) D&O 责任险告知义务条款

D&O 责任险合同的被保险人在投保之前及之后应当将董事和高级管理人员以及公司的重要事项如实告知保险人,以便保险人决定承保与否、测算保险费、商议续保事宜等(Baker and Griffith,2007)。目前,D&O 责任险告知义务主要通过书面询问[①]和自动申告[②]的两种方式实现,我国实务中被保险人通常是采取书面询问的方式进行告知(林勋发,1999;孙宏涛,2011)。D&O 责任险告知义务条款的相关规定旨在为保险人提供风险预测的重要事实,弱化保险责任,因而被告知的重要事项应该与 D&O 责任险标的风险评估有关,即被保险人或者投保人应该就可能影响保险人风险评估的重要事项进行告知,主要包括:董事和高级管理人员的工作情况和个人能力;以前发生的与董事和高级管理人员相关联的诉讼、索赔事宜;董事和高级管理人员的持股比例;以前投保董事高管责任险的详细信息;公司资产、经营情况;公司信息披露情况等(Holderness,1990;樊启荣,2004)。为了更好地监督被保险人,保护保险人的利益,D&O 责任险告知义务要求被保险人或投保人在"签订 D&O 责任险合同时、变更 D&O 责任

---

① 《瑞士保险契约法》第 4 条;我国台湾地区"保险法"第 64 条;《中华人民共和国保险法》第 16 条。

② 《法国保险契约法》;《日本商法典》。

险合同时、续约 D&O 责任险合同时"履行告知义务。如果被保险人或投保人不能如实及时告知，保险公司可能会拒绝赔付（孙宏涛，2016）。

（三）D&O 责任险除外责任条款

保险的目的虽然在于分散、消化风险，但并不是被保险人所有的赔偿责任都可以通过责任保险来转嫁（岳然，2007）。保险人会通过制定各种各样的除外条款和免责事由，对其赔偿责任从诸多方面做出限定。D&O 责任险的除外责任是指按照 D&O 责任险合同条款的规定，保险公司不予赔付的范围，它在董事责任保险制度中扮演着重要的角色，与保险人的保险责任密切相连（宋一欣和孙宏涛，2016）。典型的除外责任 D&O 责任险包括：第一，道德风险的除外责任，比如，董事和高级管理人员作为被保险人故意、恶意犯罪等不诚实行为；董事和高级管理人员作为被保险人进行自我交易、滥用公司财产、竞业竞争等违反忠实义务的行为。第二，被保险人之间互诉的除外责任，比如，公司作为被保险人对同为保险人的董事和高级管理人员提起的诉讼；公司大股东对董事和高级管理人员提起的诉讼；作为被保险人的董事和高级管理人员之间提出的诉讼。第三，应当由其他类型的保险赔付的事项。第四，索赔期外发生的索赔事项（王伟，2006）。除了上述几种典型的 D&O 责任险除外责任之外，保险公司还会根据其被保险人的具体特征制定具有针对性的除外责任条款，比如董事和高级管理人员作为被保险人，其不当得利导致的索赔事项；因董事和高级管理人员对外担保导致的索赔事项，但正常履职过程中的行为，不在此限；公司收购兼并的除外条款及操纵股价的除外条款（马宁，2012）。

三 D&O 责任险契约环境

根据制度经济学相关理论，契约对经济交易结果会产生一定的影响，而契约所在的制度环境又会对契约产生制约作用，影响契约的设计与执行。契约执行环境是公司治理必然面对的外部环境（刘斌等，2015）。考虑到制度环境、金融环境和信息环境对 D&O 责任险作用效应的影响，本小节主要从这三个方面进行综述。

(一) 制度环境

与西方国家不同，中国企业可以分为国有企业和非国有企业两大类。市场化改革虽弱化了政府对国有企业的干预程度，但政府仍然是名副其实的实际控制人（刘芍佳等，2003），国有企业的人事任命会受到税收、就业、社会稳定等非业绩因素的影响（郑志刚，2015；陈丽荣等，2015）。国有控股企业兼有政治目标，承担一定的社会负担，因而会获取更多的优惠政策，比如政府补贴（林毅夫和李志赟，2004）、利率更低的银行贷款（Brandt and Li, 2003）、优先上市权（Aharony et al., 2000）等。来自政府的庇护，使国有企业面临较小的产品竞争压力（张传财和陈汉文，2017），与非国有企业相比，国有企业更容易通过与政府建立关联关系，获取相关资源，进入某些产业。然而，国有企业由于其共有属性，表现为代理关系杂乱、冗长，企业内部信息质量较差（张传财和陈汉文，2017），短视的考核机制限制了国有企业高管的创造能力，另外，国有企业中的一体化决策则会对企业投资行为等产生负面影响（张伟华等，2016）。而非国企的产权较明晰，其高管的任免决策真正属于公司，受政府的影响较少（朱滔和丁友刚，2016）。并且非国有企业中的代理问题与国有企业相比较少，使非国有企业能作出更优的投资决策，投资效率较高（张伟华等，2016）。但是，我国处于转轨期，法律制度不健全，使非国有企业面临较大的风险（罗党论和唐清泉，2009），尤其是处于竞争强度大的行业中的非国有企业（Yang and Zhao, 2014）。

(二) 金融环境

金融环境是资金融通等金融活动正常开展的保证（沈炳熙，2004），对经济增长有重要影响。王永齐（2006）的研究发现，金融环境越发达，对外投资的溢出效应越强，对经济增长的贡献越大。金融市场具有加速资金的流动性、减弱信息不对称程度、分散风险等功能（马微和惠宁，2018），但是其功能的有效发挥还要受制于其所处的法律环境（La Porta et al., 2000）。作为金融环境中的重要主体，投资者可以在金融市场中展开学习，比较常见的学习模式是贝叶斯学习（Veroncsi, 2000）。借助贝叶斯法则，依据公司过去业绩，投资者能对管理者能力进行预测，继而确定如何合理配置资金（王正位等，2016）。我国市场经济发展导致金融环境存在地区差异（马红和王元月，2017）。优质金融环境地区，金融机构之间、金融机构与企业之间的信息不对称程度较低，融资渠道较多；而劣质金融环境地区，金融机构之间、金融机构与企业之间的信息不对称程度较高，融资渠道单一（蔺元，2010；Wendy and Colin，2002）。优质金融环境地区，银行高管素质较高、能力较强，能准确地识别出优质客户，信贷安全指数高；劣质金融环境地区，金融人才匮乏，银行的风险控制能力较弱，信贷安全指数较低（谢德仁和陈运森，2009）。此外，国内金融环境好时，国外资本更容易转化为国内的投资，产业集聚程度增加（Bailliu，2000）。周兵等（2014）的研究也得到了类似的结论。

（三）信息环境

信息作为影响资本市场有效运作的重要因素（Richardson，2000），成为"经久不衰"的研究话题。为了谋取私利等，管理层有着延迟披露坏消息或者隐瞒坏消息的动机，这将会使公司信息透明度降低（Kothari and Wysocki，2009）。信息环境的改善是降低代理成本的重要途径（程博等，2016）。劣质信息环境下，公司的盈余管理程度更高（陈俊和张传明，2010），债权发行后的长期市场业绩也越差（Chang，2007）。信息环境的优劣与主动与被动的信息披露息息相关（李丹和王丹，2016），发达资本市场中信息披露数量更多，质量更高（Bailey et al.，2006），高质量的审计师有助于提升公司信息披露质量（Gul et al.，2010）。优质信息环境下，投资者不仅可以从分析师那里获取行业层面、市场层面和公司层面的信息（Piotroski and Roulstone，2004），还可以关注媒体和微博披露的大量、及时的信息（黄俊和郭照蕊，2014；胡军和王甄，2015）。信息是流动的而非静止的，客户与供应商之间形成的供应链条加速了信息流动性，股价同步性降低（李丹和王丹，2016），此外，信息流动性增加会降低信息不对称程度，分析师预测准确性提升（Guan et al.，2015）。机构投资者和分析师在公司外部的信息环境中扮演着重要角色（王亚平等，2009；潘越等，2011），并且在某种程度上可以作为公司的外部治理机制，抑制公司管理层信息隐藏的行为，提供公司信息透明度，降低股价崩盘风险（吴战篪和李晓龙，2015）。

第三节 D&O责任险需求研究

一 D&O责任险需求因素

欧美、加拿大等西方发达国家中95%以上的上市公司已经购买了D&O责任险（Gische and Werner，2003），发展中国家的很多上市公司也增加了对D&O责任险的购买（Jia and Tang，2016），这一现状引起了诸多学者的关注，涌现出了许多关于D&O责任险需求因素的研究（Core，1997；O'Sullivan，2002；Cao and Narayana - Moorthy，2014），其中较早并且较为全面的研究是Mayers和Smith（1982）的研究，他们基于MM定理，对上市公司为何选择购买D&O责任险给出了以下七种理论解释：①借助保险公司的专业能力帮助上市公司分散风险；②若D&O责任险的购买预期能使上市公司破产成本降低带来的收益高于保费，则上市公司会选择购买D&O责任险；③D&O责任险可以提升公司的索赔效率，降低公司的索赔损失；④D&O责任险的购买可以使上市公司借助保险机构对公司高管的机会主义行为进行监督，以便降低代理成本；⑤D&O责任险可以通过约束公司的高风险投资行为，缓解股东与债权人之间的冲突；⑥D&O责任险可以降低公司税负；⑦某些行业的产品定价可以借助D&O责任险在损失估算方面的优势，继而帮助上市公司降低监管成本。自此，许多学者从不同的视角剖析了D&O责任险的需求因素。概括之，主要包括以下几种观点。第一，上市公司可能出于海外上市的需求或外资需求增加，为满足投资国的法律要求，而购买D&O责任险。第二，为了降低公司的诉讼或业务风险，需要购买D&O责任险（Core，1997；O'Sullivan，2002；Cao and Narayana - Moorthy，2014）。Core（1997）指出，违法行为、自我交易、不公平交易和收益重述公告等引起的诉讼风险以及财务困境是公司购买D&O责任险的重要因素。第三，Mayers

和 Smith（1982，1987，1990）指出，破产风险相对较高的公司、规模较小的公司以及管理层持股比例较高的快速增长公司对 D&O 保险的需求更大。第四，公司治理风险的管理会促使公司购买 D&O 责任险。Redington（2005）分析了 2002 年《萨班斯—奥克斯利法案》第 404 节对 D&O 保险的影响，并指出保险公司在保险政策谈判过程中评估公司治理和风险时更加谨慎。Alles 等（2006）认为，与治理挂钩的 D&O 保险用于基于市场的治理，而基于流程的保险通过激励董事行使其信托责任促进了公司风险管理。第五，Chen 和 Li（2010）研究认为，企业购买 D&O 保险的重要原因是留住高级管理人员和促进公司价值增长。Chen 和 Pang（2008）指出，更高的商业风险导致了更高的董事报酬，这影响了购买 D&O 保险的决定。第六，D&O 责任险的购买决策仅仅是一种习惯（Boyer，2003）。

二　D&O 责任险影响效应

D&O 责任险既可以保护公司的董事和高级管理人员，也可以保护公司本身免受因董事和高级管理人员的不当行为而产生的损失责任。[①] 作为一种风险管理工具，D&O 责任险的作用效应一直存在"公司治理效应"和"道德风险效应"的争论。

公司治理效应的发挥与董事责任制度密切相关（Chiang and Lin，2017），董事责任制度的主旨是使董事勤勉、更好地发挥监督作用，减少高管对股东的损害（Reinier，1994）。D&O 责任险可以发挥董事责任制度的作用（Griffith，2006），弥补我国董事责任制度的不足。D&O 责任险覆盖股东诉讼风险，几乎所有的欧美、加拿大国家的上市公司都购买了 D&O 责任险[②]，以缓释股东诉讼风险。D&O 责任险的购买可以减轻管理层对股东的损害，发挥着公司治理的作用，然而现有的研究却忽视了这一点（Bake and Griffith，2007）。Holderness（1990）指出，与其他企业相比，购买了 D&O 责任险的公司代理冲突

[①] http：//www.hfpinsurance.com/forms/nj8.
[②] See Tillinghast Towers Perrin, 2005 Directors and Officers Liability Survey 20 fig 21 (2006).

较少。D&O 责任险的公司治理效应主要指监督效应，即 D&O 责任险的购买使保险公司发挥着上市公司的外部治理机制（潘晓影和张长海，2016）作用，这是因为 D&O 保险公司可以监控被保险人的治理实践，并通过合同变更来改善这些实践，无论是作为接受保单的条件，还是作为降低保费的交换条件（Bake and Griffith，2007）。D&O 责任险的监督效应具体表现为以下三个方面：其一，承保前，保险公司会详细调查上市公司及其高管的情况，以确保上市公司的风险尽量可控；其二，承保中，保险公司会要求上市公司就重大风险项目进行告知；其三，保险公司会对上市公司进行跟踪调查。此外，D&O 责任险的购买可以吸引优秀人才加入上市公司（施卫忠，2004；胡国柳和李少华，2014），积极履职，降低代理成本，提升公司价值（郑志刚等，2011；许荣和王杰，2012），D&O 责任险的购买使保险公司为上市公司董事和高级管理人员的不当行为兜底，这可以大大降低高管的风险厌恶程度，增加创新投入，弱化投资不足，提升投资效率（彭韶兵等，2018）。综上所述，D&O 责任险会发挥公司治理效应。

D&O 责任险发挥监督作用的重要条件是上市公司拥有完善的公司治理机制（Guang Zheng，2018），然而，我国上市公司的内外部治理机制还不健全，存在诸多缺陷（宋玉华，2005），使 D&O 责任险的购买不仅不会提升公司价值，反而会加剧高管的机会主义行为（Chalmers et al.，2002），公司盈余质量降低（Chung et al.，2013），财务重述行为出现的频率更高（Kim，2018）。D&O 责任险的购买会使管理层行为与股东之间的分歧增加（Chalmers et al.，2002；Baker and Griffith，2007），第一类代理问题增加。D&O 责任险的购买还可能会使大股东实施更多的掏空行为，侵占中小股东的利益，加剧第二类代理问题（Zou et al.，2008）。有些研究则从侧面证实了 D&O 责任险对高管机会主义行为的增加效应。比如，与不购买 D&O 责任险的公司相比，财务分析师对购买 D&O 责任险的公司未来收益的预测更不乐观（Boubakri and Bouslimi，2016）。购买 D&O 责任险的公司更可能采取低溢价的收购方案，收购后的长期市场业绩较差（Chalmers et al.，2002）。Boubakri 等（2011）的研究也得出了类似的结论。Lin 等

（2013）发现，购买了 D&O 责任险的公司违约风险更大，这意味着 D&O 责任险会带来更多的道德风险问题。郝照辉和胡国柳（2014）指出，拥有 D&O 责任险的公司的兼并行为会明显增加，而兼并行为的目的在于获取更多的私有收益。陈险峰等（2014）发现，D&O 责任险与上市公司再融资能力负相关，与权益资本成本显著正相关，即 D&O 责任险庇护了高管的自利行为。这些行为的最终结果必然会对公司绩效产生负面影响（李俊成和唐国梅，2016）。这些研究均发现 D&O 责任险将进一步加剧机会主义行为的负面影响。综上所述，D&O 责任险会引发道德风险问题。

第四节　利益相关者行为研究

结合 D&O 责任险的定义，本书认为，D&O 责任险中的契约各方是利益联系紧密的各方，即上市公司董事、监事和高级管理人员和保险公司是 D&O 责任险的利益主体，债权人和股东是 D&O 责任险的利益第三方，他们是本书定义的利益相关者。基于 D&O 责任险契约方的利益关系，从激进度、谨慎度、信任度与关注度视角，本书将利益相关者行为[①]分为 D&O 责任险利益主体的激进行为——公司激进投资行为、D&O 责任险利益第三方谨慎行为——债权人谨慎行为、D&O 责任险利益第三方积极行为——股东积极主义行为。因此，本小节主要从公司激进投资行为、债权人谨慎行为、股东积极主义行为三方面进行综述。

一　公司激进投资行为研究

（一）投资效率

企业非效率投资问题的研究不胜枚举，最初的研究主要是基于经

---

① 本书将利益相关者行为划分为公司激进投资行为、债权人谨慎行为、股东积极主义行为的详细理由可参见第三章（理论分析）中的"利益相关者行为分析：D&O 责任险契约方利益视角"部分。

典投资理论研究企业非效率投资的成因（Stiglitz，1981），而行为感知理论的兴起和发展为学者们拓展了新的研究空间（Statman，1995；Baker and Nofsinger，2002），使行为因素对企业投资决策产生的影响研究逐步得到重视（卞江和李鑫，2009）。本书拟从行为角度切入，研究D&O责任险对企业激进投资行为的影响，考虑到管理者行为是风险与利益权衡后的结果（Elmiger and Kim，2003；Finucane et al.，2000）。因此，本章将主要从管理层的风险感知和利益感知两方面综述企业激进投资行为。

风险感知在财务决策中扮演着重要的角色，并且其影响效应的发挥与个人特征密切相关（Garling et al.，2009），男性对风险的感知度较低，更可能采取高风险的投资决策（Grable and Roszkowski，2007；Yao et al.，2011），然而，Friedberg和Webb（2006）的研究则认为性别差异并不会导致风险感知差异。Brown和Taylor（2007）指出，管理层的学历因素会影响其风险感知程度继而作用于投资决策，但是Yao等（2011）的研究则认为，管理层的学历因素并非有效的影响因素，另外，一些学者还关注了管理层的年龄（Tamimi and Kalli，2009；姜付秀等，2009）、婚姻状况（Faff et al.，2008）、专业背景（Sjöberg and Engelberg，2009；姜付秀等，2009）、家庭状况（Bucher and Ziegelmeyer，2011）等对风险感知的影响。风险是客观存在的，然而风险的感知度却是主观的因人而异（Garland，2002），Ricciardi（2004）指出，管理层不仅仅关注预期收益，更重视潜在的风险损失，并且在特定情况下，情感、认知能力、个人偏见也会影响其风险感知度，继而作用于其投资选择。此外，管理层的乐观主义（花贵如等，2011）、过度自信（叶玲和王亚星，2013）也会影响管理层的风险感知，进而促使其采取相应的投资项目。

管理层的自利动机使其追求个人利益最大化而不是股东利益最大化，将上市公司视为其实现个人利益，成就自我的平台（Stiglitz，1981）。作为公司内部人，管理层拥有较多的资源，可能会为了构建"帝国大厦"而进行过度投资（Stulz，1990）。为了体现自我的不可替代性，管理层也会选择一些非企业所需的投资项目（Morck，

1989)。管理层之所以通过过度投资行为满足其私利动机的原因是管理层激励不足导致的（刘怀珍和欧阳令南，2004），管理层持股作为管理层激励的一种手段可以降低代理成本，继而抑制管理层的非效率投资行为（唐雪松，2007）。Wu 和 Zheng（2005）研究也发现，适度的管理层激励确实可以抑制高管通过过度投资获取个人私利的行为，但是，李云鹤和李湛（2012）则发现，管理层持股并不能改善投资效率。另外，投资项目的选择实施与管理层的权力联系紧密，这是因为管理层权力影响着董事会、股东大会决策（Finkelstein，1992），使管理者通过非效率投资行为获取隐性收益（谢佩洪和汪春霞，2017），管理层权力越大，收益越大（卢锐，2008），更可能通过影响公司内部自由现金流，进行过度投资（王茂林等，2014）。

（二）投资结构

目前对企业投资行为的研究主要集中于投资效率研究，即主要关注过度投资或者投资不足，而对于企业投资结构的研究相对较少。随着经济泡沫化、脱实向虚问题成为研究热点，投资结构中金融化投资成为学者关注的重要研究话题，本书将研究 D&O 责任险对企业金融化投资的影响，因而主要从企业金融化投资的界定、企业金融化的成因两方面进行综述。

金融化并不仅是一种金融现象，更代表着收入、资本的积累方式的转变（Krippner，2011）。企业金融化是金融化的延伸（蔡明荣和任世驰，2014），表现为上市公司积极参与金融活动（闫海洲和陈百助，2018），企业金融渠道获利占比不断增加（张成思和张步昙，2016），金融资产的配置度增大（Demir，2009；杜勇等，2017），使金融收益成为利润积累的主导渠道（Krippner，2005）。企业金融化具体可表现为其活跃的金融投资活动，比如热衷于委托理财等金融活动，实体企业偏离主业的现象频频出现（宋军和陆旸，2015；王红建等，2017），使资金从实体经济向虚拟经济"空转"（文春晖等，2016）。

相关文献主要从微观层面和宏观层面展开研究企业金融化投资的成因，其中，微观层面因素主要指实体投资收益逐年下降，与金融投资收益的差距逐年加大，使上市公司有充分的动机转向金融投资。惨淡的实体投资收益可能会加剧资金约束，自由现金流无法满足企业发展需求，被迫转向金融市场（朱映惠，2017）。金融投资行为的增加还可能是企业战略调整的结果（杨筝等，2017），由于房地产和金融行业是我国过去15年的暴利行业（宋军和陆旸，2015），上市公司准备进军该行业，共享金融利润。日益饱和的市场需求，实体产业产能过剩问题严重，净投资机会不断减少（张林，2016），促使公司转变了治理理念，从"扩大再生产"转向"资本增值"。宏观层面因素主要是指宏观经济波动风险、利率风险、资金流动性风险等增加了上市公司通过积极配置金融资产进行投机套利的动机（王红建等，2017），当汇兑市场存在巨大不稳定性时，上市公司的投机动机更强烈。另外，国内经济政策的调整、经济增速减缓、货币的经济金融化趋势明显、社会金融资产增加、金融创新的推动、金融市场、金融工具和金融机构的迅猛发展，也是上市公司涉足金融，进行金融化投资的重要影响因素（滑跃，2018）。

二 债权人谨慎行为研究

（一）限制性条款

债务契约研究源于委托代理理论（Jensen and Meckling，1976）。当股东利益与债权利益发生冲突时，借款人作为债务风险承担者，有动机牺牲债权人的利益，以保全股东财富（Smith and Warner，1979）。为了能及时收回款项，有效保护自身利益，债权人在签订借款合同时一般会要求附上诸多限制性条款（Rajan and Winton，1995）。限制性条款又称保护性条款或约束性条款，它可以强化债权人的监督作用，抑制企业的机会主义行为（Rajan，1992；Demiroglu and James，2010），规避违约和破产风险（Harris and Raviv，1990）。限制性条款的签订，可以使债权人与债务人就约定事项进行事后的谈判，减弱由于信息不对称和不确定性引起的契约摩擦（Garleanu and Zwiebel，2009；Demerjian，2017）。限制性条款一般可以分为否定条款和肯定条款，其中，肯定条款主要要求借款人采取一定的行动，而否定条款则是对借款人的行为进行一定程度的限制（Smith and Warner，1979）。

限制性条款还可以分为以会计信息为基础的限制性条款和以非会计信息为基础的限制性条款，其中，财务杠杆、利息保障倍数、流动比率等会计信息常被应用于限制性条款中（Cotter，1998）。Garleanu和Zwiebel（2009）基于委托理论框架研究了以会计信息为基础的限制性条款的设计与应用，发现其作用在债权人与债务人之间的冲突越严重时越大。Demerjian（2017）则发现，在不确定性越高时，以会计信息为基础的限制性条款的使用频率越高。另外，限制性条款的使用强度还会因公司的规模与行业不同而有所差异，大公司较少采用限制性条款，相比其他行业，制造业行业公司较少采用限制性条款（Cotter，2014）。投资政策、股利支付政策、融资限制、偿还方式的调整等是比较常见的非会计信息限制性条款，并且这些限制性条款确实可以发挥监督作用（Ramsay and Sidhu，1998）。我国的国内银行非会计信息限制性条款，多采用标准格式，数量、形式并没有体现出借款人的差异（胡奕明和唐松莲，2007）。

（二）贷款成本

银行作为重要的债权人，及时收回本金和利息是其基本目标，为此，在发放贷款之前、之中、之后银行会采取一系列的措施控制该风险（赵刚等，2014），比如提高贷款成本（Lin et al.，2011）。另外，存贷利差作为贷款成本的重要表现形式，为银行"寻租"提供了可能（王国松，2001），使其可以利用其垄断地位要求企业留存或者预留部分贷款充当存款，这使银行获得了高于名义贷款利率的收益（沈永建等，2018）。然而，当信贷紧缩时，银行风险承担能力会下降，使其在选择贷款对象时，表现出一定的谨慎性，企业贷款的申请获批率会下降（Jiménez et al.，2012），银行可能会提高贷款利率，使企业贷款成本增加（徐明东和陈学彬，2011；宋全云等，2016）。利率市场化改革使贷款利率的上限逐步放开，此时银行可以根据贷款客户具体特征来调整贷款策略（陈胜蓝和马慧，2018），比如根据上市公司的风险状况确定贷款利率，高风险的上市公司若是愿意支付较高的贷款利率，其贷款可得性会增加（Mckinnon，1973；王东静和张祥建，2007）。企业会计稳健性越高，银行的风险感知度会降低，使企业获得的贷款额度增加，贷款成本会降低（赵刚等，2014）。董事会规模较大、独立性较高时，贷款成本较低（Ronald，2004）。

(三) 贷款期限

银行信贷风险影响着金融安全与稳定（祝继高等，2012）。为了使风险控制在可承担的范围内，银行十分关注贷款期限，以便及时收回本金和利息。由于风险收益的非对称性，上市公司在获取贷款后可能会采取高风险的投资项目，为了降低贷款风险，银行有动机提高短期贷款比例（Jensen and Meckling，1976）。若债权人意识到公司可能存在投资不足的情况时，可能会减少长期贷款（Myers，1977）。贷款期限与公司代理成本呈正相关关系，尤其是当公司与银行之间信息不对称程度高时（胡元木和王琳，2007）。当企业大股东持股比例较高时，债权人更可能会提高贷款比例，以降低大股东侵占行为带来的损失（Faccio and Lang，2002），大股东性质、股权集中度（肖作平和廖理，2007）、区域因素、制度因素（肖作平，2007）、行业因素（肖作平，2009）也会影响债务期限结构。贷款期限结构理论支持契约成本理论，即大公司更可能获得长期贷款（Michael and Clifford，1995）。另外，贷前期限与上市公司的财务状况密不可分，企业流动资产负债率与短期贷款规模增长率呈正相关关系，企业长期资产负债率与长期贷款规模增长率呈正相关关系（伍中信等，2013），会计稳健性越高的公司，贷款期限越长（赵刚等，2014）。

三 股东积极主义行为

股东积极主义行为旨在通过影响公司策略改善公司治理，它是一种行为过程，在该过程中，积极的股东向组织或其他机构施加压力，以改变其认为有问题的政策、方案等（Smith，2005）。Denes 等（2017）指出，股东积极主义行为的核心观点是股东介入，表现为股东提案、股东与管理层沟通、对冲基金积极行为、股权争夺等。其中，后两种是西方国家比较普遍的股东积极主义行为，而前两种是我国较为典型的股东积极主义行为，因此，本书主要从股东投票行为和股东沟通行为两方面进行综述。

(一) 股东投票行为

管理层的适度激励可以缓解管理层与股东之间的代理冲突，然而，管理层的过度激励则会加剧管理层与股东之间的矛盾（Edmans et al.，2017），此时股东更倾向于采取干预措施（Keusch，2018）。董事的监督效应可以抑制管理层的机会主义行为（Coles et al.，2014），在公司治理中发挥着重要的作用。当董事监督力度下降时，股东会选择介入，采取积极的投票行为（Keusch，2018），这与Hermalin和Weisbach（1998）的研究是一致的。股东作为公司的所有者更可能会对业绩过差的公司发起提案，以提升公司价值，保护其利益（Burns and Minnick，2013）。股东积极主义行为可称为股东对上市公司不满的反应。因此，在治理水平过低的公司（Morgan et al.，2011）、负债水平过高的公司（De Falco et al.，2016）、内部控制缺陷大的公司（Bordere et al.，2015）中，股东积极主义行为更为频繁。

提交股东议案是最为常见的参与方式，股东能够针对公司的具体问题提出相应的议案（Cai and Walkling，2011）。通过考察议案相关信息和公司特征信息，宋顺林（2016）发现，议案公告的市场反应、议案具体特征、公司投资机会和公司声誉会影响中小股东的表决决策。对于稀释股权的议案或者收到负面建议的议案，股东支持的概率较低（Morgan et al.，2011）。Martin和Thomas（2005）的研究指出，稀释股权的议案通过后的市场反应较差，这表明股东投票行为虽未能最终更改议案的通过情况，但却显示出一定的公司治理作用。对于高管薪酬过高的方案，股东投反对票的概率较高，并要求调整薪酬方案（Ferri and Maber，2013）。Del Guercio等（2008）指出，股东投票行为在CEO变更、公司变革、业绩改善中的影响效应更突出。

(二) 股东沟通行为

股东沟通行为是股东与目标上市公司"对话"的一种积极主义行为过程（Kent and Taylor，1998，2002），在该过程中，股东与公司管理层互动，并借助各种途径、方式、方法改变其认为有问题的公司决策、方案等（Taylor and Kent，2014）。股东有权对公司事宜提出自己的意见（Uysal et al.，2018）。积极的个体会使用多样化的沟通策略影响组织行为（Stokes and Rubin，2010），因此积极的股东更可能会直接参与公司经营活动（Lenox and Eesley，2009）或者利用媒体宣传、公开信件、股东声明等手段，主动沟通公司经营状况和未来发展前景（Den Hond and De Bakker，2007）。除了直接参与、公开沟通方式，股东还可能采取成本较低的沟通方式，即通过电话、邮件、在线会议等方式进行谈判、协商（Logsdon and Van Buren，2009）。

股东沟通行为会提高股东的积极性（Rehbein et al.，2004），正向影响公司的财务业绩（Goranova and Ryan，2014），也会使公司加大社会责任活动的投入（David et al.，2007），积极披露环境信息（Reid and Toffel，2009）。积极的股东沟通行为还有可能会提升公司的政治影响力（Clark et al.，2017）。但是，McDonnell和King（2013）的研究发现，股东沟通行为并不能提高公司业绩，是一种不负责任的行为。

第五节 文献述评

本章首先对D&O责任险、利益相关者、公司治理效应等相关概念进行了综述；其次综述了D&O责任险契约主体、D&O责任险契约条款、D&O责任险契约环境；然后对D&O责任险需求因素与影响效应的相关研究进行了综述；接着从企业激进投资行为、债权人谨慎性行为、股东积极主义行为三个视角综述了利益相关者行为。通过对以上文献的梳理与总结，本章发现以下值得探索的研究空间，需要本书展开进一步的研究工作。

第一，D&O责任险的研究文献。通过对D&O责任险概念、D&O责任险需求因素与影响效应、D&O责任险契约内容、D&O责任险契约环境的综述，本章发现由于D&O责任险数据获取难度较大，我国关于D&O责任险的研究相对较少，以规范研究为主。此外，D&O责任险到底是发挥公司治理效应还是引发道德风险问题，目前的研究并没有得出一致的结论。这为本书的研究提供了契机与空间，本书通过研究 D&O 责任险对利益相关者行为的影响丰富了相应领域的文献，同时也便于进一步检验 D&O 的作用效应，以便实务界和学界更好地认识 D&O 责任险。D&O 责任险契约内容的研究主要是针对契约内容本身的研究，忽略了 D&O 责任险契约内容对 D&O 责任险作用效应的影响。通过文献梳理发现契约环境确实发挥着重要的作用，但是 D&O 责任险契约环境能否发挥作用，发挥怎样的作用还不太清晰。因此，D&O 责任险契约环境在 D&O 责任险影响效应中扮演着怎样的角色，仍待本书展开进一步的探索和检验。

第二，利益相关者行为的文献研究。虽然利益相关者的定义较多，但却没有达成定论，这使现有文献主要研究某一种利益相关者行为，缺乏对利益相关者行为的系统性研究。本书拟基于 D&O 责任险契约方利益视角对利益相关者行为进行分析与界定，将利益相关者行为分为企业激进投资行为、债权人谨慎行为、股东积极主义行为，继而展开了 D&O 责任险对利益相关者行为的系统性研究，完善了利益相关者行为研究。①企业激进投资行为文献研究。该部分综述了投资效率和投资结构（金融化投资）的相关文献，其中，投资效率相关的研究文献十分丰富，而投资结构的文献研究却比较少，近些年，投资结构才得到关注，但是主要是对金融化投资的界定和衡量的关注，关于金融化投资行为的微观证据较少，值得进一步探索。本书拟基于委托理财数据展开分析，这有利于丰富企业采取金融化投资的微观层面影响因素研究。②债权人谨慎行为文献研究。该部分从限制性条款、贷款成本、贷款期限三个方面进行了综述。现有文献是将这三个部分隔离开研究的，三者之间是否存在替代关系或者补充关系呢？目前的文献并没有解决该问题。本书在研究 D&O 责任险对银行限制性贷款行为时，综合考察了这三个方面，有利于检验分析三者之间的关系。另外，关于贷款期限的衡量相对粗糙，一般是利用短期借款占比或者长期借款占比进行计算，本书利用每一笔贷款的期限进行计算，可以提升实证结果的可靠性。③股东积极主义行为文献研究。该部分从股东投票行为和股东沟通行为进行了综述。文献梳理中发现国内研究对股东积极主义行为的重视度不足，相关文献十分匮乏，股东采取积极的投票行为和沟通行为的影响因素和作用效应有待分析研究。

第三，公司治理效应文献研究。该部分综述了监督效应、激励效应、曝光效应、支持效应和隧道效应、道德风险效应，相关研究已然十分丰富，但仍有研究空间，即现有的文献大多会关注某一种公司治理效应，但是实际上监督效应、激励效应、道德风险效应可能会同时存在，D&O责任险的存在为解决这一问题提供了研究契机，需要进一步的研究工作，并有待分析与证实。

通过本章的文献综述，本书认为，D&O责任险对利益相关者行为的影响研究，既有丰富的文献可参考，理论证据殷实，彰显了本书研究的重要理论价值，另外相应研究领域又有许多未解决的问题，这为本书的研究提供了研究契机和空间。综上所述，本书认为，D&O责任险对公司利益相关者行为的影响研究是十分值得深入探讨和分析的研究话题。

第三章

理论分析

本章首先介绍了本书的理论基础,即契约理论、利益相关者理论、风险感知理论;其次对利益相关者行为进行了界定;然后分析讨论了 D&O 责任险与利益相关者行为之间的关系;接着剖析了 D&O 责任险的作用机理;最后分析了 D&O 责任险的影响效应。

第一节 理论基础

一 契约理论

契约理论认为,契约各方因追求其目标函数下的效用最大化而处于动态博弈之中(吴德胜和李维安,2010)。契约具有复杂性、多样性,本书很难也没必要进行全面剖析,本章主要选取与本书研究内容联系紧密的契约理论展开阐述,由于本书拟研究 D&O 责任险对企业的激进投资行为、债权人谨慎行为、股东积极主义行为的影响,因此,本章将从委托代理理论、激励契约理论、债务契约理论展开阐述。

(一)委托代理理论

委托代理理论的分析研究主要有以下两种,其一,管理层与股东之间的第一类代理问题。这一类代理问题主要发生于股权高度分散的上市公司中,相关的研究在 20 世纪 80 年代比较流行。其二,大股东与中小股东之间的第二类代理问题。这一类代理问题在股权高度集中的上市公司尤为突出,并在20世纪90年度开始得到学者的关注。

所有权与经营权的分离使管理者有足够的动机从个人利益出发采取机会主义行为,这将有损于股东利益,出现第一类代理问题。比如管理者可能通过非效率投资、在职消费、盈余管理、融资等方式构建"帝国大厦",最大化其效用而非提高股东财富。Jensen 和 Meckling(1976)在"Theory of the Firm: Managerial Behavior, Agency Costs and Ownership Structure"文中对管理者与股东形成的委托代理关系,以及二者之间代理冲突导致的代理成本进行了详细的描述。该文中的委托代理关系是指一人或多人(委托人)聘请其他人(代理人),代为提供某些服务或者履行某些职责,比如,委托人可能会把部分决策权转交给其代理人代为作出抉择。由于委托双方都会追求其目标函数下的效应最大化,因此他们认为对方极有可能谋取个人私利。鉴于此,双方会采取一定措施抑制对方的机会主义行为,代理成本产生。这里的代理成本是指:①委托人的监督活动支出(监督成本):委托人预期代理人可能会采取机会主义行为,于是,他们会采取适当的方式激励代理人以降低代理人与他本人的利益分歧度,并因此承担的约束代理人越轨行为的监督支出;②代理人支出的签订契约成本(担保支出):代理人需用一定的财产担保不损害委托人的利益,或者承诺对于发生的损害给予一定的补偿;③剩余损失:代理人的决策与追求委托人效用最大化决策之间存在一些偏差。这种偏差将导致委托人遭受与福利减少相等价的货币损失。

大股东会通过各种方式侵占中小股东利益的行为,出现第二类代理问题。该问题的研究始于 Shleifer 和 Vishny(1997),接着 La Porta 等(1999)的研究也发现大股东与中小股东之间的代理冲突是世界上许多大型上市公司面临的代理问题。LLSV 等也从各个不同的视角对这些问题进行了研究。Johnson 等(2000)首次提出"掏空"(Tunneling)的概念,形象地说明了控股股东对中小股东的掠夺行为。目前大股东掏空上市公司的方式主要有关联交易、资产转移、摊薄股东权

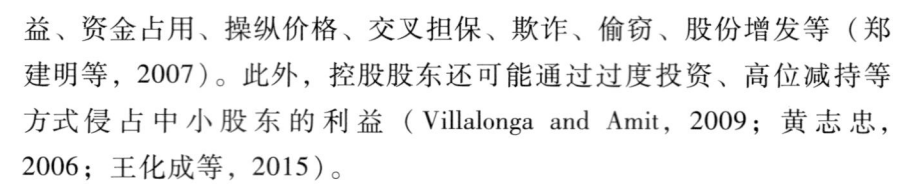

益、资金占用、操纵价格、交叉担保、欺诈、偷窃、股份增发等（郑建明等，2007）。此外，控股股东还可能通过过度投资、高位减持等方式侵占中小股东的利益（Villalonga and Amit，2009；黄志忠，2006；王化成等，2015）。

（二）激励契约理论

传统的激励契约理论是基于委托代理理论，遵循委托代理的框架结构而形成的，即在其他条件（包括信息不对称程度、风险水平、预算约束等）相同时，以签订契约的方式实现委托人的利益最大化或者代理人信息租金的最小化（黄再胜，2008）。由于所有权和经营权的分离，委托代理理论认为管理层有足够的动机去采取机会主义行为，损害股东利益。激励契约的签订可使管理层与股东的利益趋于一致，因而，它一直被认为可以缓解代理冲突，解决代理问题。然而，不确定性的存在使契约具有不完备性，即难以在事先就所有可能的事项签订契约予以约定，进而可能导致激励约束机制失效，出现"天价薪酬"（杨德明和赵璨，2012）、奖惩措施的不对称使用（Baker et al.，1988）等现象。此外，委托代理理论框架下的激励契约理论的预设是自利公理和固定偏好，这在一定程度上限制了激励契约的有效性。行为经济学认为人是有限理性的，若想对经济决策有本质上的认识，则需要关注事件背后人的心理动机、情感认知等（Kahneman，2013）。行为激励契约理论对"从动机到行动"的心理转变过程进行了研究（Stipek，1998），充分考虑动机的多元性、偏好内生性（Akerlof，2005）。由此可见，行为激励契约理论在一定程度上弥补了传统委托代理理论框架下的激励契约理论。但是，行为激励契约理论在实施中仍有很多问题需要解决，最好的办法是将传统的委托代理理论框架下的激励契约理论与行为激励契约理论联合起来使用。

（三）债务契约理论

债务契约的签订是为了缓解债权人与公司内部人之间的代理冲突，降低代理成本（Jensen and Meckling，1976）。此处的代理成本包括：①债务对企业投资决策的影响引起的机会财富损失：公司内部人先借款，后投资，而后在市场上出售部分或全部余下的股权索取权，以获取私利。这是因为借款时，公司内部人承诺不会投资高风险的项目，实则不然，这使公司内部人可以把财富从债权人那里转移到他自己手中。②监督和担保成本：债权人意识到其财富极有可能受损时，则有动机采取措施去监督公司的经营活动，监督成本增加。不论是债权人，还是公司内部人都不得不面对由于契约签订带来的机会成本，即担保成本增加。③破产和重组成本：破产活动是有成本的，破产概率大小影响企业的营业收入与运营成本，其概率越大，买家对固定求偿权愿意支付的价格越低。

委托代理理论认为，委托人和代理人都有着谋私利的动机，债权人对公司内部人损害其利益有预见性，这促使他们通过签订债务契约限制公司的机会主义行为，以便保护其利益。Watts 和 Zimmerman（1986）认为，会计信息可以最小化代理成本，因此，在债务契约中基于会计信息的限制性条款比较常见。双方订立债务契约时还会要求较高的名义利息，使企业管理层风险偏好动机造成的损失风险转嫁给了股东，出现"资产的替代效应"（Smith and Warner, 1979）。资产替代问题，阐释了股东与债权人之间的代理冲突可能会引起企业的投资不足。为了保护其利益免受损害，债权人还可能通过债务契约对公司股利分配行为、举债行为、资本支出和资产销售行为进行限制（Smith and Warner, 1979）。

二 利益相关者理论

Freeman（1983）首次对利益相关者进行了界定，成为该领域的开山之作，随后诸多学者加入利益相关者理论的研究行列之中，使之得到逐步完善（Clarkson, 2016；李维安和唐跃军, 2005；何杰和曾朝夕, 2010），经历了影响企业生存、战略管理、权力分配三个阶段（李洋和王辉, 2004）。

利益相关者理论的主要观点有：第一，利益相关者应该共享企业的剩余收益和控制权，企业追求的价值最大化应将利益相关者考虑在内（Freeman, 1984）。依据所有权理论，"谁贡献，谁收益"。拥有公司所有权的不仅仅有股东，管理层、债权人等利益相关者也因其专有投资而拥有公司部分所有权，这使得利益相关者对剩余收益有索取权,并可参与控制权的分配(刘大可,2005)。第二,利益相关者可以参与公司治理,监督管理层,使之与企业的合作关系更为密切。利益相关者由于在企业中的专有性投资而承担一定的风险(Jensen and Meckling,1976),通过参与公司治理,监督管理层(杨瑞龙和周业安,1998),可以维护其权益,这有利于他们与企业保持长期稳定的合作关系。第三,良好的公司治理不仅体现在处理好管理层与股东之间的关系,更是能协调好公司与企业利益相关者以及利益相关者之间的关系。

"股东至上"单边治理理论毋庸置疑存在诸多弊端(贾生华和陈宏辉,2002),但是利益相关者理论中的共同治理理念也是值得深思的,这是因为全员参与的公司治理模式极有可能导致公司目标复杂多样、代理冲突加剧等,致使公司效率低下,在此背景下以股东为主导的核心治理理论应运而生,旨在实现核心利益相关者利益最大化和企业价值最大化(徐向艺,2012)。然而,目前关于该理论的研究相当不足,存有许多未解决的问题,比如与利益相关者理论相匹配的公司治理机制是怎样的?核心利益相关者参与公司治理是提升了还是降低了公司价值?

三 风险感知理论

风险是指潜在损失的大小以及发生的可能性,感知是对外界环境或事务而作出的认知与反应过程,隶属于心理学范畴。风险感知则是个体对客观风险的一种感受或认知(谢晓非和徐联仓,1995),凭直觉对风险水平做出的判断(Slovic,1987;Rundmo,2000)。

风险本身的不确定性以及风险带来的不确定性被认为是影响风险感知的主要影响因素。感知的风险与客观存在的风险是不同的(Slovic,1987),它是多维的,因人而异,即针对同一风险,个体的认知能力不同、性格特征不同、暴露在风险中的自愿性不同等,使他们对风险的判断存在较大的差异。个体的乐观偏见、自信程度、知识水平、情绪、承受风险的能力、承受风险的意愿等都会影响个体的风险感知水平(Simon et al.,2000;Johnston,1979;Kahneman et al.,1993)。另外,个体的风险感知水平还会受到价值取向、文化氛围、行业竞争度、创新理念等因素的影响（Leiserowitz，2006；McDougall et al.，2000；苏敬勤和林海芬，2013；黄兴等，2011）。

个体对风险的感知或多或少地会影响其行为，风险感知被认为是个体决策的重要依据（Zajonc，1980），管理者在预估预期收益与损失后作出风险决策。若管理者感知到某项目的风险较小，则会选择投资该项目；若感知到该项目的风险太高，则会拒绝选取该项目，进而转向其他投资项目，Slovic 和 Fischhoff（2010）指出，高风险感知会引起个体的过度担忧，迫切需要采取某些行为来降低风险。

第二节 利益相关者行为分析：D&O 责任险契约方利益视角

利益相关者最为本质的定义是利益紧密相连的各方。利益相关者会依据其感知的利益受损概率来决定是否采取利益保护行为，若利益相关者感知利益受损的可能性高时，则他们有动机采取利益保护行为；若利益相关者感知利益受损的可能性低时，利益相关者将会减少其利益保护行为。由此可见，影响利益相关者行为的关键因素是利益相关者对利益受损程度的感知及风险感知。

在界定本书的利益相关者行为之前，需先对利益相关者进行分析。本书认为，D&O 责任险中的契约各方是利益联系紧密的各方，即上市公司董事、监事和高级管理人员与保险公司是 D&O 责任险的利益主体，债权人和股东是 D&O 责任险的利益第三方，他们是本书定义的利益相关者。该界定方式的理由如下：D&O 责任险中的契约各方是指被保险人、保险人和第三方，其中被保险人是上市公司的董事、监事和高级管理人员；保险人是保险公司；第三方是债权人、股东等。在签订 D&O 责任险时，保险公司与上市公司会约定保费和赔偿限额事项，上市公司向保险公司支付保费，保险公司按规定在赔偿限额内就赔偿事宜予以赔偿。若未发生 D&O 责任险合同中规定予以赔偿的索赔事件，保险公司将获得全额保费收益，此时上市公司没有获得保费收益。若发生了D&O责任险合同中规定予以赔偿的索赔事件，保险公司需要在赔偿限额内予以赔付，这将使保险公司损失部分或者全部保费收益，此时可以看作保费收益转移给了第三方，上市公司由于支付了保费而获益（否则需要支付索赔款）。需要注意的是，只要上市公司购买了D&O责任险，无论是否发生D&O责任险合同中规定予以赔偿的索赔事件，保险公司与上市公司之间都存在显性利益关系。而股东、债权人等是D&O责任险契约中的第三方，在未发生D&O责任险合同中规定予以赔偿的索赔事件时，他们与上市公司、保险公司的利益关系是隐性的，即从表面上看，上市公司没有损害股东、债权人的利益。第三方与上市公司、保险公司的利益关系在发生D&O责任险合同中规定予以赔偿的索赔事件时是显性的，即第三方获得了赔偿款，D&O责任险的购买弥补了上市公司对第三方的利益损害。

基于D&O责任险契约方的利益关系，从激进度、谨慎度、信任度与关注度视角，本书将利益相关者行为分为D&O责任险利益主体的激进行为——上市公司激进行为、D&O责任险利益第三方谨慎行为——债权人谨慎行为、D&O责任险利益第三方积极行为——股东积极主义行为。具体而言：

第一，从上市公司利益受损可能性及程度上看，若D&O责任险的购买使得高级管理人员对利益受损的感知度降低（风险感知度降低），高级管理人员更可能采取激进行为，以获取更多的利益。若D&O责任险的购买使高级管理人员对利益受损的感知度增强（风险感知度提高），高级管理人员则可能较少地采取激进行为。上市公司购买D&O责任险后，董事、监事和高级管理人员在正常履职的过程中因某些激进行为导致股东（债权人等）遭受经济损失，此时发生的索赔由保险机构按合同约定予以赔偿。上市公司此时的利益损失是保费支出，获益额为激进行为所得减去保费支出，激进行为所得一般远大于保费支出。但是，如果上市公司没有购买D&O责任险，那么董事、监事和高级管理人员的正常履职中的激进行为导致股东（债权人等）遭受经济损失时，将由上市公司自己去支付索赔款，并且该笔支出一般会远高于保费支出，激进行为所得被大大削减。即 D&O 责任险的购买大大降低了上市公司利益受损的可能性和受损的程度，此时高级管理人员的风险感知度更低，利益感知度更高，倾向于采取一些激进行为，以获取更多的利益。另外，保险公司作为承保方为了获取全额保费，他们在选择承保之前会对上市公司进行详细的分析与研究，以确保风险在其可控的范围内，承保后也会采取一定的措施进行监督，保险公司充当了公司的外部治理机制，这在一定程度上可以降低赔偿事件发生的概率，使保险公司可以真正地获得全额保费收益。如果赔偿事件发生，保险公司也可以基于其专业优势，有效地化解风险，这在一定程度上保护了契约各方的利益。但是保险公司的监督作用可能会使公司的激进行为不能获取应得的收益，即 D&O 责任险的购买会使上市公司利益受损的可能性和受损的程度增加，此时高级管理人员的风险感知度提高，利益感知度降低，倾向于减少激进行为。综上所述，企业激进行为是 D&O 责任险利益主体的重要行为。

  第二，从债权人利益受损的可能性及程度上看，若 D&O 责任险的购买使债权人对利益受损的感知度增强（风险感知度提高），债权人可能采取更多谨慎行为。若 D&O 责任险的购买使债权人对利益受损的感知度降低（风险感知度降低），债权可能采取较少的谨慎行为，以减少不必要的支出。一方面，D&O 责任险可能会促使上市公司采取过多的激进行为，然而激进行为的收益归上市公司，激进行为的不当损失则由债权人和保险公司分担，由于 D&O 责任险规定了赔偿限额，因此，上市公司过多的激进行为带来的损失，可能会使债权人不能收回款项。为了保护其利益免受损害，债权人会采取诸多谨慎性行为，以限制或应对高管的激进行为。即 D&O 责任险的购买使债权人对利益受损的感知度增强（风险感知度提高），债权人可能采取更多谨慎行为。另一方面，D&O 责任险的购买使得保险公司成为上市公司的外部治理机制，在一定程度上可以抑制上市公司的激进行为，使债权人利益受损的可能性和程度降低；D&O 责任险的购买使上市公司激进行为导致的损失由保险公司承担，若发生的损失额度在赔偿限额内，则不会损害债权人的利益，还可以获取利息收益。谨慎性行为的采取是有成本的，此时债权人会减少谨慎性行为。即 D&O 责任险的购买使债权人对利益受损的感知度降低（风险感知度降低），债权人可能采取较少的谨慎行为，以减少不必要的支出。综上所述，债权人谨慎行为是 D&O 责任险利益第三方的重要行为。

第三，从股东利益受损的可能性及程度上看，若 D&O 责任险的购买使得股东对利益受损的感知度增强（风险感知度提高），那么股东对上市公司信任度将被削弱，关注度增强，继而倾向于采取更多积极行为。若 D&O 责任险的购买使股东对利益受损的感知度降低（风险感知度降低），那么股东对上市公司信任度会增强，关注度降低，股东可能采取较少的积极行为，以减少不必要的支出。具体而言，一方面，D&O 责任险可能会促使上市公司采取过多的激进行为，然而激进行为带来的收益主要由公司高管或者大股东获得，激进行为导致的损失却由全体股东与保险公司承担，然而 D&O 责任险规定了赔偿限额，因此，上市公司过多的激进行为导致的损失，最终落在了股东身上，这大大降低了股东对上市公司的信任度，引起股东对上市公司的高度关注。为了保护其利益免受损害，股东会采取积极的投票行为和沟通行为等积极主义行为，以限制或应对高管的激进行为。即 D&O 责任险的购买会使得股东对利益受损的感知度增强（风险感知度提高），股东可能采取更多积极主义行为。另一方面，D&O 责任险的购买使得保险公司成为上市公司的外部治理机制，在一定程度上可以抑制上市公司的激进行为，使股东利益受损的可能性和程度降低；D&O 责任险的购买使上市公司激进行为导致的损失由保险公司承担，若发生的损失额度在赔偿限额内，则不会损害股东利益，还可以获取激进行为的部分收益。积极主义行为的采取是有成本的，此时股东会减少积极主义行为。即 D&O 责任险的购买使股东对利益受损的感知度降低（风险感知度降低），股东可能采取较少的积极主义行为，以减少不必要的支出。综上所述，股东积极主义行为是 D&O 责任险利益第三方的重要行为。

为了能清晰理解本书的利益相关者行为，见图 3-1。

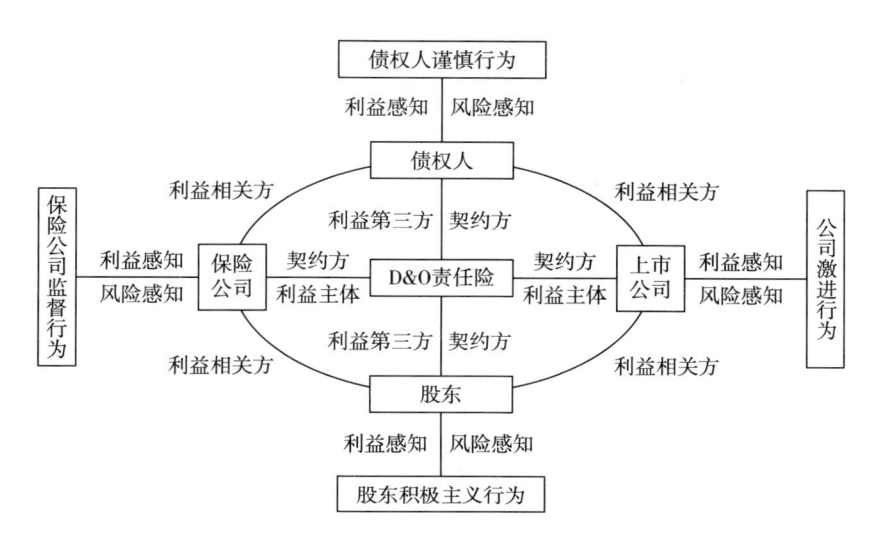

图 3-1 利益相关者行为分析框架

第三节　D&O 责任险与利益相关者行为

一　D&O 责任险与企业委托理财行为：激进度视角

根据本书对利益相关者行为的界定分析可知，若 D&O 责任险的购买使得上市公司高级管理人员对利益受损的感知度降低（风险感知度降低），上市公司高级管理人员更可能采取激进行为。若 D&O 责任险的购买使得上市公司高级管理人员对利益受损的感知度增强（风险感知度提高），上市公司高级管理人员则可能较少地采取激进行为。结合文献综述中的分析，本小节将企业激进行为细化为企业委托理财行为，从利益感知角度和风险感知角度阐述分析 D&O 责任险与企业委托理财行为之间的关系。

委托理财行为即委托资金管理行为，它是指上市公司将资金委托给相关受托机构（商业银行、保险公司、证券公司、信托公司、投资公司、资产管理公司、财务公司等）以获取资金回报的行为，它具有高风险、高收益的特征，然而上市公司（高管）对委托理财行为的利益与风险的感知却是非对称的，即对利益的感知度高，对风险的感知度低。D&O责任险的购买加剧了这种非对称效应，即D&O责任险的购买使上市公司对委托理财行为的利益感知度更高，风险感知度更低。

委托理财产品的预期收益较高，一般远远高于银行存款利率，尤其是股票市场行情好的情况下，其收益更是可观。经济下行期，部分行业的盈利空间减少，缺乏优质投资项目，此时委托理财的"暴利"促使上市公司加大对委托理财产品的购买力度。委托理财行为是上市公司获取高额收益的快捷方式，可以帮助上市公司应对暂时性的财务困境，成为"保壳"的一种次优选择。上市公司可以通过委托理财行为与受托机构合谋，操纵二级市场价额，进行市值管理，获取暴利。委托理财还为关联交易提供了便利的条件，增大了高管的"寻租"空间。管理层可以通过委托理财行为进行盈余管理，提升公司业绩，以获取更多的薪酬。募集资金投向变更性使它成为委托理财行为的重要资金来源，委托理财的成本降低，收益提升。另外，委托理财行为的决策者和经办人可以在委托理财行为过程中获得一些好处：比如可以获得回扣和收取手续费。受托机构的专业优势有助于提高资金回报率。受托机构的竞争，使他们提出一些优惠条件，企业委托理财行为的倾向增加。由此可见，上市公司对委托理财行为利益的感知度比较高。D&O责任险的购买使上市公司与保险公司等受托机构建立了紧密的关联关系，使上市公司可以获取更多的优惠，选择收益更高的理财产品。上市公司可以从受托机构那里获取更多理财产品的相关内幕信息，择时购进某些理财产品。上市公司与保险公司的关联关系还有助于上市公司打通与银行等金融机构的关联关系，获取更多的资金，投向委托理财领域。因此，D&O责任险的购买使上市公司对委托理财的利益感知度更高，采取委托理财行为的倾向性更大。

委托理财行为是指资金交由商业银行、保险公司、证券公司、信托公司、投资公司、资产管理公司、财务公司等受托机构进行资金运作的投资行为。然而，我国受托机构还不成熟，内部管理混乱，存在产品设计不合理、风险评估不合理、信息披露不全面、挪用客户保证金等问题，另外受托机构的差异性大，某些受托机构的专业性不强，很难保证委托理财产品的收益情况，出现本利无回的可能性很大。委托理财行为使上市公司额外增加了关于受托机构的信用风险和经营风险。委托理财实则是一种资本运作方式，上市公司将过多资金投向金融领域，偏离了其主业，这将不利于上市公司的持续经营发展。委托理财行为涉及诸多环节，业务过程复杂，其面临的风险比普通的投资行为更多、更大。委托理财处于监管的"灰色区域"，没有监管机构的保驾护航，大大增大了上市公司的风险。此外，委托理财行为与股市联系紧密，如遇股市暴跌等恶劣行情，委托理财产品的本金及收益将难以收回。我国法律制度体系还不健全，许多委托理财条款没有法律依据，如果委托理财投资失败，受损严重，提起诉讼，上市公司无法借助法律收回本金与收益。在委托理财的暴利诱惑下，上市公司却选择忽视这些风险，或者抱有侥幸心理，先"捞一笔"再说，陷入"圈钱"圈圈中不能自拔，即上市公司对委托理财行为风险的感知度低于其对委托理财行为利益的感知度。D&O责任险要求保险公司对上市公司的不当操作①导致的损失赔偿予以在责任限额内予以赔付。D&O责任险合同的覆盖率条款中虽然没有明确提及委托理财行为导致损失赔偿事宜，但是其除外责任条款也没有将委托理财行为导致损失赔偿事宜排除，因此，委托理财行为中的不当行为造成的损失赔偿责任，保险公司应该予以赔付，另外上市公司可以利用保险公司在风险管理方面的专业优势化解委托理财行为带来的风险，使上市公司委托理财行为带来的风险得以转移，这在一定程度上降低了上市公司对委托理财行为的风险感知度，即D&O责任险的购买使上市公司对委托理财行为的风险感知度进一步降低，采取委托理财行为的倾向性更大。

二　D&O责任险与银行限制性贷款行为：谨慎度视角

根据本书对利益相关者行为的界定分析可知，若D&O责任险的购买使得债权人对利益受损的感知度增强（风险感知度提高），债权

---

① 该不当操作应该满足保险公司的相关规定。

人可能采取更多谨慎行为。若 D&O 责任险的购买使债权人对利益受损的感知度降低（风险感知度降低），债权可能采取较少的谨慎行为，以减少不必要的支出。结合文献综述中的分析，本小节将债权人谨慎行为细化为银行限制性贷款行为，并将从风险感知视角阐述分析 D&O 责任险与银行限制性贷款行为之间的关系。

风险与收益的非对称性使银行作为债权人在向上市公司发放贷款时保持一定的谨慎性，签订诸多限制性条款，或者采取某些限制性行为，以保证其能按时收回本金和利息。因此，若银行对购买 D&O 责任险的公司的风险感知度较低，则银行倾向于放松对上市公司的贷款限制；若银行对购买 D&O 责任险的公司的风险感知度较高，则银行倾向于收紧对上市公司的贷款限制。

在承保之前，保险公司会对上市公司及其高管的详细情况进行调查分析，并进行风险评估，因而，D&O 责任险的购买表明了保险公司的认可，释放出该上市公司的风险可控、质量相对较高的信号。在承保中，保险公司会要求上市公司就重大风险项目进行告知，承保后，保险公司也会对上市公司进行跟踪调查，即 D&O 责任险的购买使得保险公司成为上市公司的外部治理机制，可以在一定程度上抑制管理层的机会主义行为，减少管理层对银行等债权人的损害。D&O 责任险的购买建立了上市公司与保险公司的紧密联系，使上市公司步入了金融圈，与银行之间关系更进一步，这在一定程度上可以缓解上市公司与银行之间的信息不对称。D&O 责任险是一种风险管理工具，上市公司购买 D&O 责任险说明该公司的风险管理意识较强，注重风险的转移，并且 D&O 责任险契约中规定董事、监事和高级管理人员在正常履职的过程中的不当行为导致的损失赔偿，应当由保险公司予以赔付，这在一定程度上降低了公司的违约风险。鉴于此，本书认为，银行对购买 D&O 责任险上市公司的风险感知度更低，因而会放松对上市公司的贷款限制。

三 D&O 责任险与股东积极主义行为：信任度与关注度视角

根据本书对利益相关者行为的界定分析可知，若 D&O 责任险的购买使得股东对利益受损的感知度增强（风险感知度提高），那么股东对上市公司信任度将被削弱,关注度增强,继而倾向于采取更多积极行为。若 D&O 责任险的购买使得股东对利益受损的感知度降低(风险感知度降低),那么股东对上市公司信任度会增强,关注度降低,股东可能采取较少的积极行为,以减少不必要的支出。本小节将从利益感知和风险感知两个角度探索分析 D&O 责任险与股东积极主义行为之间的关系。

当股东的利益受损可能性及程度越大时,其风险感知度越高。目前我国主要存在以下几种侵害股东利益的情况:

(一)大股东侵害中小股东的利益

大股东可能通过关联交易、资产转移、摊薄股东权益、资金占用、操纵价格、交叉担保、欺诈、偷窃、股份增发等方式侵害中小股东的利益(郑建明等,2007)。此外,控股股东还可能通过过度投资、高位减持等方式侵占中小股东的利益(Villalonga and Amit,2009;黄志忠,2006;王化成等,2015)。

(二)大股东与管理层合谋侵害中小股东的利益

大股东可能与管理层有着共同的利益需求,促使他们选择合谋。大股东与管理层都可能拥有较大的控制权,二者合谋可以获取更多的利益。信息不对称以及制衡机制的缺失,使大股东与管理层合作起来更方便。

(三)大股东与债权人合谋侵害中小股东的利益

目前,我国的债权人的自我保护能力相对较低,加之,法律对债权人的保护较弱,大股东可能会利用资产替代行为来侵害债权人的利益。因此,债权人的最优选择是与大股东勾结,以便共享大股东的控制权收益。

(四)管理层侵害股东利益

两权分离的存在,使管理层有很强的动机谋取私利,通过非效率投资、在职消费、盈余管理、融资等方式构建"帝国大厦",最大化其效用而非提高股东财富。

D&O 责任险与公司治理机制是相互作用的,当内部公司治理机制处于失效状态时,D&O 责任险可能与公司治理机制之间形成"恶性循环"的关系，使 D&O 责任险的购买可能会增加高管的机会主义行为，管理层侵害股东利益的可能性增加。如果此时大股东可以在高管采取的机会主义行为中获取更多利益，他们会选择与管理层合谋，共同侵害中小股东的利益，即 D&O 责任险的购买可能会加剧大股东对中小股东的利益侵害程度，加剧了大股东与管理层合谋侵害中小股东的利益，中小股东对风险的感知度提升，继而使其对上市公司的信任度削弱、关注度提高，继而采取积极的投票行为和沟通行为。D&O 责任险的购买过程中，股东是投保人，这表明 D&O 责任险间接服务于股东，代表股东的利益发挥效应，它成为大股东掏空行为的补充性保障，此时，D&O 责任险成为大股东侵害中小股东利益的便利工具，使中小股东更可能采取积极主义行为。

第四节 D&O 责任险的作用机理

一 D&O 责任险的保障责任分析

（一）政策性保障

2005 年《中华人民共和国公司法》的修订实施明确了董事、监事和高级管理人员的尽职勤勉义务，完善了民事赔偿责任制及股东代表诉讼制度①，可诉性大大增强，诉讼案件数量及索赔金额逐步加大。《中华人民共和国证券法》也对董事、监事、高级管理人员的行为进行了约束，并明确了应承担的责任②，使公司董事、监事及高级管理人员的赔偿责任加大。现行《中华人民共和国企业破产法》第 125 条规定指出企业董事、监事或者高级管理人员违反忠实义务、勤勉义务，致使所在企业破产的，依法承担民事责任。另外，三个"国九条"的颁布也增大了公司对 D&O 责任险的购买的需求，第一个"国九条"要求强化上市公司及其他信息披露义务人的责任、建立健全上

---

① 相关条款：第 21 条、第 113 条、第 150 条、第 152 条、第 153 条。
② 相关条款：第 63 条、第 68 条、第 69 条。

市公司高管人员的激励约束机制；第二个"国九条"明确了完善公众投资者赔偿机制；第三个"国九条"提出要健全多元化纠纷解决和投资者损害赔偿救济机制。鉴于此，《上市公司治理准则》第39条规定经股东大会批准，上市公司可以为董事购买责任保险。《关于在上市公司建立独立董事制度的指导意见》第7条第6款规定上市公司可以建立必要的独立董事责任保险制度，以降低独立董事正常履行职责可能引致的风险。综上所述，相关政策法规的逐步完善为D&O责任险的推行及作用发挥提供了法律保障。

（二）赔偿责任

D&O责任险的赔偿责任是指在D&O责任险合同约定的承保期内，被保险人（董事、监事和高级管理人员）在正常业务范围内，因疏忽或者其他过失行为未尽应负的责任及义务，造成利益第三方的经济损失，保险人（保险公司）需依合同约定在责任赔偿限额内予以赔偿的责任。D&O责任险的赔偿责任仅限于董事、监事和高级管理人员在正常履职的过程中的不当行为导致的经济损失赔偿。一般D&O责任险合同约定的赔偿责任包括：①董事、监事和高级管理人员作为被保险人在正常履职的过程中的不当行为导致他人的财产损失或者人身伤亡等依法需要承担的经济赔偿责任。②董事、监事和高级管理人员作为被保险人被提起诉讼、仲裁或其他形式的索赔时，保险人（保险公司）应依D&O责任险合同的约定代为支付相关的诉讼费、律师费、抗辩费等。另外，保险公司作为保险人应支付董事、监事和高级管理人员因抗辩而发生的合理、必要的费用，D&O责任险合同另有约定的除外。其中，这里提到的抗辩相关的合理、必要的费用是指差旅费、鉴定费、咨询费、证人费等。因此，D&O责任险的赔偿责任规定了保险人（保险公司）负责赔偿和给付保险金的依据和范围，是D&O责任险保障责任的重要组成部分，与保险人、被保险人、第三方的利益息息相关。

（三）有限保障

D&O责任险是财产保险合同的一种，具有损害补偿的性质，因此属于损害补偿保险合同。损害补偿原则是保险法中的一项基本原则，体现了保险的经济补偿职能，该原则同样适用于 D&O 责任险。D&O 责任险合同约定，保险公司需要在保单规定的责任范围针对董事、监事和高级管理人员因对他人承担赔偿责任而遭受的损失承担补偿责任，其目的是希望通过保险赔付使董事、监事和高级管理人员恢复到索赔前的经济状况。D&O 责任险的赔偿责任以第三方受损害的程度和索赔的金额为依据，以 D&O 责任险合同约定的责任赔偿限额是保险公司予以赔付的最高额度。具体如下：

第一，以董事、监事和高级管理人员因被起诉所遭受的实际损失为限。当董事、监事和高级管理人员因被起诉而承担赔偿责任时，保险人要按照保险合同的约定向董事和高级职员承担赔偿责任，但是保险人所支付的赔偿金不能超过被保险人的实际损失。例如，董事责任保险的保险金额是 200 万元，而董事和高级职员因被起诉所遭受的实际损失是 150 万元，则保险人只能按照被保险人因被索赔所遭受的实际损失承担赔付保险金的责任，即只能赔偿被保险人 150 万元。

第二，以保险合同中约定的保险金额为限，保险金额是在保险合同中约定的保险人承担赔付保险金责任的最高限额，所以保险人向董事、监事和高级管理人员赔偿的保险金不能高于保险限额，只能低于或等于保险限额。例如，董事责任保险的限额为 200 万元，而董事和高级职员因为被他人索赔而要承担的赔偿责任是 280 万元，则保险人在向其赔付保险金时只能以保险金额为限，赔付 200 万元。

二　D&O 责任险与公司治理机制交互作用分析

D&O 责任险作为一种保险机制，可以帮助公司有效地化解风险，在公司治理中扮演着重要的角色。从理论上讲，D&O 责任险与公司治理机制之间存在"良性互动"和"恶性循环"的关系。

（一）D&O 责任险与公司治理机制之间的"良性互动"关系

D&O 责任险与公司治理机制之间的"良性互动"关系是指良好的公司治理机制有利于抑制 D&O 责任险对机会主义行为的促进作用，使其更好地发挥监督效应、激励效应，反过来，D&O 责任险的监督效应、激励效应会强化公司治理机制的监督作用，弱化公司治理机制的失效度。D&O责任险与其他公司治理机制之间的"良性互动",有利于改善公司治理,此时,本书认为D&O责任险发挥了公司治理效应。

(二) D&O责任险与公司治理机制之间的"恶性循环"关系

D&O责任险与公司治理机制之间的"恶性循环"关系是指失效的公司治理机制会加剧D&O责任险对机会主义行为的促进作用,弱化D&O责任险的监督、激励效应,反过来,D&O责任险对机会主义行为的促进作用会加剧公司治理机制的失效度。D&O责任险与其他公司治理机制之间的"恶性循环",有损于公司治理,此时,本书认为D&O责任险引发了道德风险问题。

三 D&O责任险对利益相关者风险感知及其行为反应的影响分析

风险感知源于个体对风险本身的不确定性以及风险带来的不确定性的理性和非理性的判断(Slovic,1987)。风险感知是个体行为决策的重要影响因素之一,有效的风险感知有利于个体之间的有效沟通,继而促使个体作出科学合理的行为决策。鉴于此,本书认为利益相关者对D&O责任险的风险感知是上市公司董事、监事和高级管理人员、股东、债权人等对D&O责任险本身风险和D&O责任险带来风险的理性和非理性的判断。利益相关者对D&O责任险的风险感知会影响其行为决策。值得本书关注的是利益相关者个体、D&O责任险本身风险、D&O责任险带来风险、理性和非理性的判断、利益相关者的行为反应。接下来将从这几个部分展开阐述。

(一) 利益相关者个体层面的因素分析

利益相关者的风险感知度可能会受到个体层面因素的影响。比如,个体基本特征(年龄、学历、经历、教育背景等)、个体的价值理念、个体的情绪、个体认知偏差、个体过度自信程度等。

(二) D&O责任险层面的因素分析

影响利益相关者风险感知的D&O责任险层面的因素分析可以分为D&O责任险本身风险和D&O责任险带来风险。D&O责任险本身风险包括D&O责任险契约主体因素、D&O责任险契约内容因素、D&O

责任险契约环境因素。D&O 责任险带来风险主要有公司治理机制的失效、高管私利动机的强化、诉讼风险的增加、大股东与管理层的合谋、财务重述、会计稳健性、内部控制缺陷等。

(三) 利益相关者的行为反应

高风险感知个体在面临风险时,倾向于规避风险或者采取某些应对行为,以降低其损失;低风险感知的个体对风险是否发生以及风险带来的损失程度的感知度较低,更可能会选择忽视风险,甚至采取高风险行为,以获取高收益。因此,本书认为若上市公司(董事、监事和高级管理人员)对 D&O 责任险的风险感知水平越高,则其激进度相对较低,越可能采取比较保守的行为决策,即减少委托理财行为等激进行为或者配置风险水平相对较低的理财产品;若上市公司(董事、监事和高级管理人员)对 D&O 责任险的风险感知水平越低,则其激进度越高,越可能采取比较激进的行为决策,即增加委托理财行为等激进行为,配置风险较高的理财产品,以获取更高的收益。若银行等债权人对 D&O 责任险的风险感知水平越高,则其谨慎度越高,越可能采取限制性贷款行为等谨慎行为决策,即增加对担保物、抵质物的要求或者提高贷款成本,发放短期贷款等;若银行等债权人对 D&O 责任险的风险感知水平越低,则其谨慎度会降低,采取限制性贷款行为等谨慎行为决策的可能性也会降低,即减少对担保物、抵质物的要求或者降低贷款成本,发放长期贷款等。若股东对 D&O 责任险的风险感知水平越高,则会降低其对上市公司的信任度,增加对上市公司的关注度,继而采取积极的投票行为和沟通行为等积极主义行为;若股东对 D&O 责任险的风险感知水平越低,则其对上市公司的信任度较高,关注度较低,采取积极的投票行为和沟通行为等积极主义行为的概率越低,以减少不必要的支出。

D&O 责任对利益相关者风险感知及其行为反应的影响,如图 3-2 所示。

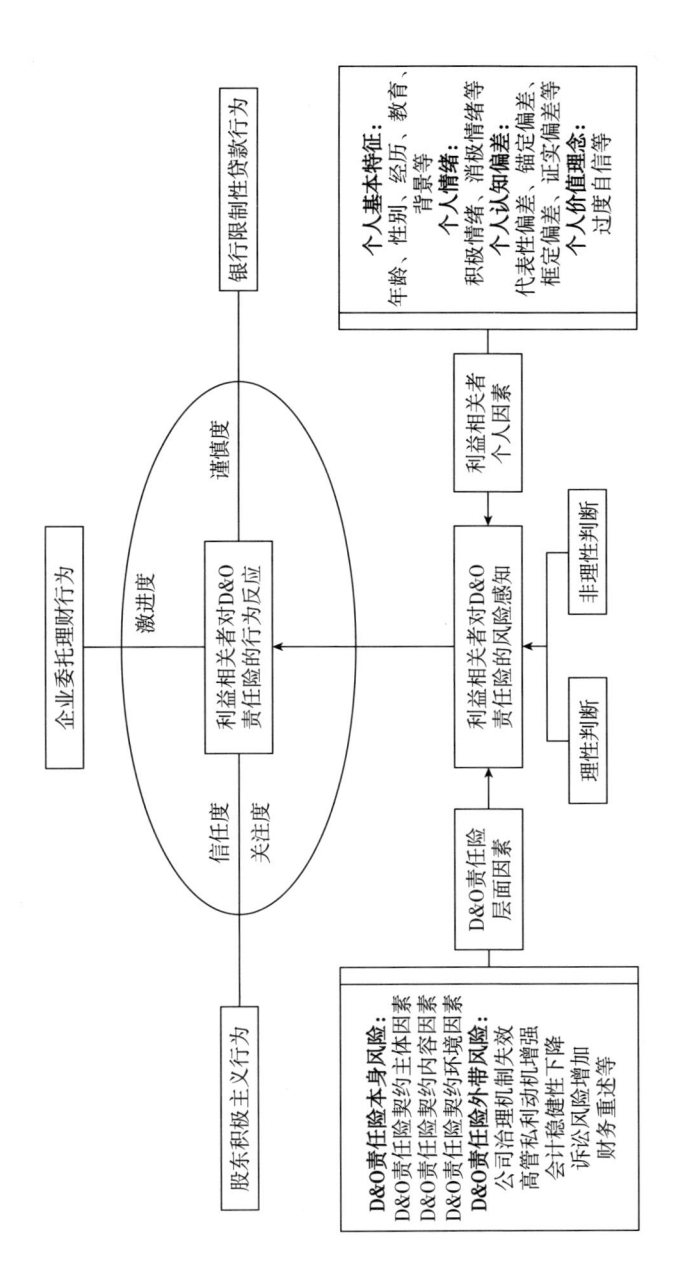

图 3-2 D&O 责任险对利益相关者的风险感知及行为反应

第五节 D&O 责任险的影响效应

一 D&O 责任险契约内容的中介效应分析

D&O 责任险的作用效应深受 D&O 责任险契约内容的影响。D&O 责任险覆盖率条款、D&O 责任险告知义务条款、D&O 责任险除外责任条款是 D&O 责任险契约内容中的重要组成部分，与 D&O 责任险的激励效应、监督效应联系紧密，因此，本书剖析了这三类条款在 D&O 责任险作用效应中扮演的角色，并进一步分析了其对利益相关者行为的影响。

（一）D&O 责任险覆盖率与利益者相关者行为——激励效应

委托代理冲突会导致代理成本的增加，并导致资源的次优配置（Fama，1983；Stulz and Smith，1985）。企业的管理层在履行其职责、制定经营战略等经营过程中，可能会由于疏忽、错误、判断失误等而导致法律上的责任，这会给董事及高管本身带来经济上的损失。然而，经营者努力经营付出的成本很大程度上由个人承担，但企业经营成果却由所有股东共同分享，这种冲突可能会促使管理层置股东利益于不顾（Jensen and Meckling，1976），有动机将公司资源投向某些并不理想的投资项目（Jensen，1986）。有效的激励可以缓解代理问题（Fama，1983），提升公司治理效应。Gutiérrez（2003）在分析公司董事信义义务的激励问题时，提出上市公司可以通过购买 D&O 责任险，使董事获得有限责任保护，使该问题得到一定程度的解决。D&O 责任险作为薪酬激励方案的补充性措施（Aguir et al.，2014），可以充当一种激励机制，使管理层与股东之间利益不一致的情况得以缓解；而 D&O 责任险具体是怎样发挥激励效应的，先前的文献并没有给出一致的解释，胡国柳和胡珺（2017）认为，D&O 责任险能缓解管理者风险规避等代理冲突，本书则认为 D&O 责任险对管理层风险规避的缓解作用的发挥还依赖于 D&O 责任险覆盖率的高低。

本书将从 D&O 责任险合同条款中的赔偿限额以及扩展性条款规

定的视角，探索 D&O 责任险覆盖率对利益相关者行为的影响路径。

1. 赔偿限额角度

保险机构承担的赔偿责任总额以责任限额为限，超出的部分，保险机构不承担任何赔偿责任，若是赔偿限额太小，高级管理人员由于不当行为导致的投资损失被索赔时，获得全额理赔的可能性较小，这可能使高级管理人员在采取决策时，顾忌太多，导致放弃一些有利可图的经营项目。

2. 扩展性条款角度

凡是在延长索赔通知期限内提出的索赔，视为在期限前紧连接的保险期间内提出的索赔，保险公司会给予赔付，间接增加了 D&O 责任险的激励作用。D&O 责任险合同中规定可将承保范围扩展到高级管理人员的遗传管理人、继承人、法定代表人、受让人及配偶，即由于高级管理人员的不当行为导致的损失，使其遗传管理人、继承人、法定代表人、受让人及配偶被索赔时，保险公司负责赔付，这将缓解高级管理人员的后顾之忧，使 D&O 责任险有着很强的激励作用（彭韶兵等，2018）。

综上所述，D&O 责任险的覆盖率越高，其激励作用越强，越能降低高级管理人员风险厌恶程度，企业采取委托理财等激进投资行为的可能性越大，并倾向于配置高风险的理财产品。此外，D&O 责任险的覆盖率越高，管理层越倾向于采取机会主义行为（Chung and Wynn，2008），损害了股东的利益（Lin et al.，2011，2013），Zou 等（2008）的研究也发现了类似的结论，即 D&O 责任险在保护内部人利益的同时损害了外部股东的利益，使股东对上市公司的信任度削弱、关注度提升，更可能采取积极的投票行为和沟通行为等积极主义行为。

（二）D&O 责任险告知义务与利益相关者行为——监督效应

D&O 责任险的购买在将公司风险转移给保险机构的同时，可以引入保险机构作为外部治理机制（Bhagat et al.，1987；Romano，1991；Core，1997；O'Sullivan，1997；郑志刚等，2011；韩晴和王华，2014）。从风险与收益的非对称性角度出发，当上市公司进行高风险的经营活动时，如果取得成功，上市公司独得利润，而保险公司收入始终仅有保费；如果失败，董事高管将面临被诉讼的风险，保险公司需要为这些诉讼索赔埋单，承担巨额的诉讼费用。另外，效率低下的投资行为将有损于公司价值，尤其是内部监督失效时，使公司诉讼风险剧增（毛新述和孟杰，2013），增大了保险机构的赔偿风险，使得保险机构有很强的动机发挥其监督作用。

基于此，保险机构必然会对投保公司的现状进行多方面的调查，会对高级管理人员进行调研分析，就其日常管理活动进行全面审查（O'Sullivan，1997），并在保险条款中对企业高管与董事的不正当行为进行限制约束（Kalelkar and Nwaeze，2015），从而增强对公司不正当投资决策的约束与监督，抑制可能损害公司价值与股东利益的行为。然而，D&O 责任险的保险条款具体是怎样影响公司治理效应却是不明晰的。本书从 D&O 责任险的告知义务视角切入，展开研究 D&O 责任险的监督效应。具体而言：D&O 责任险合同条款规定，上市公司应履行如实告知义务，向保险机构提供公司基本信息以及高级管理人员的相关信息，并如实回答保险机构提出的询问；公司的并购计划及重大投资行为也要提前告知。因此，D&O 责任险告知义务加强了保险机构与上市公司之间的交流与沟通，能缓解保险人与被保险人之间的信息不对称程度，有助于保险机构获取更多的信息，包含财务信息与非财务信息。此外，保险机构还可使用各种公开的数据，比如证券交易委员会的文件、彭博社的报告、分析师报告、公司治理的审查情况表以及特定行业的法务会计研究等相关资料（Baker and Griffith，2007），这使其能准确地理解和剖析公司的财务信息，也便于对高级管理人员的经营能力与努力程度进行评价，有效遏制管理层事前信息及事后行为隐藏（赵纯祥和张敦力，2013），使可能有损于股东利益的行为尽早曝光，促进公司治理效应的提升。保险机构若是发现使其赔偿风险剧增的公司非效率投资行为时，会提出修改方案，督促上市公司进行调整，若是上市公司不进行调整，保险机构可能会给上市公司施加压力，比如，提高保费率（彭韶兵等，2018）。

综上所述，D&O 责任险告知义务条款越多，其监督效应越强，公司高管的私利动机得到一定程度的遏制，D&O 责任险的告知义务条款越多，越有利于缓解上市公司与银行之间的信息不对称程度，使银行能较早识别出上市公司的财务风险等。D&O 责任险的告知义务条款越多，越有利于上市公司利用保险公司在风险管理方面的专业优势以帮助其化解风险，间接降低了银行的监督成本，银行谨慎性降低，倾向于放松对企业的贷款限制，比如降低对担保物、抵质物的要求或者降低贷款成本，发放长期贷款等。

（三）D&O 责任险除外责任与利益相关者行为——监督激励效应

D&O 责任险的除外责任条款列明了保险机构不负赔偿责任的范围（王伟，2016；李加明，1999），直接影响了保险机构的监督动机，继而保险机构会减少对上市公司的审视及跟踪调查工作，经理人的机会主义行为或者大股东侵占中小股东利益的行为被发现的可能性降低，因而，过多的除外责任条款将会弱化 D&O 责任险的监督效应（彭韶兵等，2018）。

D&O 责任险除外责任作为保险责任的一种限制，涵盖了法定的除外责任（道德风险除外责任、被保险人互诉之除外责任、其他类型保险予以保险的事项）及特别除外责任（担保行为，向政府、客户、债权债务人等利益相关者支付款项、佣金、赠予、贿赂等）。当 D&O 责任险条款与除外责任的条款相冲突时，以除外责任条款所设条件为准。若是高级管理人员做出的投资决策在触及除外责任条款后，则不能获得理赔，因此过多的 D&O 责任险的除外责任条款将弱化 D&O 责任险的激励效应，高级管理人员在选择项目方案时，顾忌较多，继而他们会放弃最优管理决策，使公司治理效应较低（彭韶兵等，2018）。

综上所述，D&O 责任险除外责任条款越多，激励与监督效应越弱。此时公司是否采取委托理财行为，对委托理财产品的结构配置行为将与 D&O 责任险激励效应的削弱程度、D&O 责任险监督效应的削弱程度有关。当 D&O 责任险除外责任条款对其激励效应的削弱程度小于对监督效应的削弱程度时，D&O 责任险的激励效应大于监督效应，企业更倾向于采取委托理财行为，配置高风险的理财产品。D&O 责任险对高管机会主义具有促进行为，并且此时大股东与管理层合谋套取公司利益的行为更为猖獗，使股东信任度降低，关注度提高，更倾向于采取积极主义行为。当 D&O 责任险除外责任条款对其激励效应的削弱程度大于对监督效应的削弱程度时，即 D&O 责任险的监督效应大于激励效应，银行对公司的风险感知度会降低，更倾向于放松对企业的贷款限制。

二 D&O 责任险契约环境的调节效应分析

良好的契约环境会使合同得到有力的执行，本书认为 D&O 责任险作为一种契约保险，其功能效应的发挥，很可能会受到其契约执行环境的影响，因而有必要考察契约环境对 D&O 责任险与利益相关者行为关系的调节作用。由于 D&O 责任险契约环境影响着 D&O 责任险的激励效应和监督效应，本书主要从制度环境、金融环境、信息环境三个视角考察契约环境的差异性是否会使 D&O 责任险与利益相关者行为关系有所不同。

（一）D&O 责任险与利益相关者行为——制度环境视角

政府干预对公司微观行为的影响已被国内外研究证实（潘洪波等，2008；程仲鸣等，2008；Fan et al.，2009）。政府干预现象虽非中国独有，但是在中国这样特殊制度背景下，却是不容忽视的存在，转轨经济环境下，过多的政府干预将导致高激励强度的薪酬合约成为次优选择。D&O 责任险作为激励机制的组成部分，其作用的发挥与其所处的制度环境密不可分。国企有着天然的政治关联关系，并且政府的扶持之手的存在也使董事责任保护机制对于国企来讲影响不大，政府成为董事责任保护的一种替代机制，另外，相对于非国有企业而言，国有企业高管的行政任命，以及官僚式的管理制度使得经理人代理问题在国有企业更加严重（Chen et al.，2008）。国有企业的多元目标（除了效率为先的经济目标，还包括扩大就业等政治目标）还会导致国有企业高管激励不足，约束不够以及管理层管理能力与公司绩效之间因果关系的模糊（Shleifer and Vishny，1997；吴联生，2009；方军雄，2011），加剧了国有企业中代理问题。国有上市公司中的治理效果可能被政府干预及其对国有企业的"父爱效应"所抵消。负债治理效应（谢德仁和陈运森，2009）和薪酬激励机制（辛清泉等，

2007）等公司治理机制也可能会被政府干预弱化。政府干预强的公司董事会的权力会相对较小，受到政府的各种干预措施的影响，独立董事更是难以发挥其作用，这为高级管理人员谋取私利提供了便利的条件。非国有企业受政府干预的程度较低，相关公司治理机制能有效地发挥作用，公司治理效应相对较高，在一定程度上可以抑制高管的机会主义行为。

综上所述，在国有企业中，D&O责任险的激励效应更强，企业采取委托理财行为的倾向性更高，并偏好于配置高风险理财产品。在民营企业中，没有政府的隐性担保，使D&O责任险激励效应对银行等债权人的损害更大，银行的风险感知相对较高，进而会增加对上市公司的贷款限制。在国有企业中，D&O责任险与公司治理机制形成了"恶性循环"的关系，D&O责任险的激励效应对国有企业股东的损害程度更大，股东信任度降低，关注度增强，更倾向于采取积极的投票行为和沟通行为。

（二）D&O责任险与利益相关者行为——金融环境视角

D&O责任险的购买使上市公司与保险机构的关系紧密，上市公司可以利用保险机构的专业优势，选择收益较高、风险可控的委托理财产品。优质金融环境下，上市公司还可能通过D&O责任险的购买与银行及其他金融机构建立关联关系，有利于上市公司更容易融得资金，出现闲置资金，这为委托理财行为提供了资金支持。优质的金融环境下，受托机构的金融素质相对较高，上市公司降低了对委托理财行为的风险感知，并且优质金融环境下的股市行情相对较好，委托理财获利的可能性较大。即优质的金融环境下，D&O责任险的购买对公司委托理财行为的促进作用更大。劣质金融环境下，保险公司可能没有足够的时间和精力对上市公司进行监督，使银行的风险感知相对较高，谨慎度较高，这大大降低了银行的谨慎性，银行倾向于增加对企业的贷款限制。优质的金融环境下，企业更可能采取金融化投资行为，适度的投资行为有利于改善公司业绩，但是过度采取金融化投资行为可能会导致实体企业脱实向虚，有损于股东利益，使股东更倾向于采取积极主义行为。

(三) D&O 责任险与利益相关者行为——信息环境视角

本书对 Aghion 和 Bolton（1992）、Chang 等（2018）模型设定进行了简化和拓展，并引入信息质量这一新变量，分析了 D&O 责任险的监督激励效应和道德风险效应。模型包含四个时期，三类参与人分别是股东、CEO 和独立董事，假设他们均是风险中性的。

本书对博弈时序的基本假设是：

在 0 期，委托人——股东设计薪酬合约，并提供给代理人——董事。假定股东向董事提供的薪酬合约为 $Z = Z(\beta, K)$，其中，$\beta \in (0, 1)$ 表示董事的股权激励比例，K 表示 D&O 责任险覆盖率。真实的薪酬方案应该包括固定工资和股权型薪酬。一方面为了简化模型，另一方面固定工资无法发挥激励效应。因而，模型并没有考虑固定工资，而是考察了股权型薪酬与 D&O 责任险对董事监督激励效应的影响。CEO 会对董事监督作用的发挥造成影响，鉴于此，本书假定董事中没有经理层，以免模型不能很好地剖析董事的监督作用。

在 1 期，CEO 在董事的监督下选择决策项目，董事根据获取的信息，选择付出的监督努力 $m \in (0, 1)$。假定有两种类型的项目：高风险型的项目和低风险型的项目。高风险型项目失败的概率为 p_H，低风险型项目失败的概率为 p_L，并且 $p_L < p_H$。CEO 在选择高风险型项目时会获得私有收益 B，比如，CEO 在选择高风险型项目时，股权型薪酬会比较高。CEO 在低风险项目中并不能获得私有收益。由于低风险项目失败的可能性很低，在不影响研究结论的前提下，同时为了简化模型，本书假定 $p_L = 0$，那么，此时，$p_H = p \in (0, 1)$，当董事为监督付出努力时，CEO 可能会采取股东偏好的低风险型的项目；当董事比较懈怠时，CEO 可能会采取高风险型的项目，以获取私有收益。

在 2 期，项目完成，若项目成功，公司可获益为 R；若项目失败，公司的收益为 0。

在 3 期，如果项目失败，董事可能会面临诉讼风险。如果股东胜诉，股东会得到索赔金额为 D，保险公司赔付金额为 K，此时，被控告的董事需要赔付的金额为 $\max(D - K, 0)$。

为了更好地剖析外部董事的监督效应，本书简化了 CEO 在模型中扮演的角色。假定在 Stage 0 之前，CEO 已签订了薪酬契约，享有的股权型薪酬的比例为 α∈（0，1），并且该薪酬契约满足了激烈相容约束条件。假定 D&O 责任险的保费率为 ρ，股东决定购买的 D&O 责任险的赔偿限额为 K，公司应该支付的保费为 G=ρK。本书可以用一个简单的时序（timing）来表达这个博弈过程：

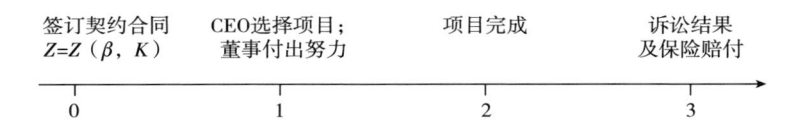

```
签订契约合同      CEO选择项目；      项目完成        诉讼结果
Z=Z（β，K）      董事付出努力                      及保险赔付
    0                1                2              3
```

图 3-3 决策制定的时间线

1. CEO 决策

在 3 期，公司的预收益为：

$$V_i = (1 - p_i)R + p_i qD - G, \quad i = H, L \tag{3-1}$$

其中，i 表示高风险型项目或者低风险型项目，R 为该项目成功后的公司价值。当 $p_H = p$，$p_L = 0$ 时，$V_L - V_H = p(R - qD)$；如果 CEO 选择高风险型的项目，它可以获得私有收益为 B，在 Stage3 时，CEO 的期望效用为：

$$U_{CEO}^H = \alpha V_H + B = \alpha[(1-p)R + pqD - G] + B \tag{3-2}$$

如果 CEO 选择低风险型的项目①，CEO 的期望效用为：

$$U_{CEO}^L = \alpha V_L = \alpha(R - G) \tag{3-3}$$

由于 $U_{CEO}^H > U_{CEO}^L$，即可得 $B > \alpha p(R - qD)$，因此，在缺乏董事监督时，CEO 更倾向于选择高风险型的项目，以获得私有收益 B。然而，CEO 的期望回报会受到董事监督努力 m 的影响，当 m 越大时，CEO 越倾向于选择低风险型的项目；而当 m 越小时，CEO 越倾向于选择高风险型的项目，据此 CEO 期望回报为：

$$EU_{CEO} = mU_{CEO}^L + (1-m)U_{CEO}^H \tag{3-4}$$

---

① 假定选择低风险型项目时，CEO 没法获得私有收益。

2. 董事决策

董事的预期回报为:

$$U_D = [m\beta V_L + (1-m)\beta V_H] - TC(m, k) - (1-m)pq\max(D-K, 0) \quad (3-5)$$

该预期回报函数 U_D 包含了三个部分,其中第一部分为 $m\beta V_L + (1-m)\beta V_H$,表示项目给董事代理的预期收益,第二部分为 $TC(m, k)$,表示董事付出的监督努力成本,第三部分为 $(1-m)pq\max(D-K, 0)$,表示董事面临的预期诉讼成本。为了方便处理,假定 $TC(m, k)$ 的函数形式为:$TC(m, k) = \frac{1}{2}c(K)m^2$,$c(K) = ce^{-\lambda K}$。

$TC(m, k)$ 拥有以下特点:$\frac{\partial TC(m, K)}{\partial m} = c(K)m > 0$,$\frac{\partial^2 TC(m, K)}{\partial m^2} = c(K) > 0$

考虑信息质量的影响后,

$$\frac{\partial\left(\frac{\partial TC(m, K)}{\partial m}\right)}{\partial \lambda} = -kcme^{-\lambda K} < 0 \quad (3-6)$$

由此可知,购买 D&O 责任险的公司中,独立董事获取的信息质量越高,独立董事的边际监督成本是下降的。因而董事获取的信息质量越高,董事越可能高效地对公司的管理活动进行监督,因而减少了通过 D&O 责任险为其错误行为埋单,自然而然会降低 D&O 责任险的道德风险。D&O 责任险越倾向于发挥监督激励效应,使公司治理效应提高。

通过对等式(3-5)重新整理,并对 m 求导可得:

$$\frac{dU_D}{dm} = \beta p(R-qD) + pq(D-K) - ce^{-\lambda K}m = 0 \quad (3-7)$$

又

$$\frac{d^2 U_D}{dm^2} = -ce^{-\lambda K} < 0 \quad (3-8)$$

因而最优的监督努力水平为:

$$m^*(\beta, K) = c^{-1}e^{\lambda K}[\beta p(R-qD) + pq(D-K)] \quad (3-9)$$

为了分析薪酬方案 $Z = Z(\beta, K)$ 对最优监督努力水平 m^* 的影

响,本书分别计算了 $m^*(\beta, K)$ 对 β 和 K 的偏导数:

$$\frac{\partial m^*(\beta, K)}{\partial \beta} = c^{-1} e^{\lambda K} p(R - qD) \quad (3-10)$$

$$\frac{\partial m^*(\beta, K)}{\partial K} = c^{-1} e^{\lambda K} \lambda [\beta p(R - qD) + pq(D - K)] + c^{-1} e^{\lambda K}(-pq)$$

$$= c^{-1} e^{\lambda K} \{\lambda [\beta p(R - qD) + pq(D - K)] + (-pq)\} \quad (3-11)$$

基于此,本书可以得到分界点 $\lambda_1 = \dfrac{pq}{\beta(V_L - V_H) + pq(D - K)}$,当 $\lambda_1 < \lambda \leqslant \overline{\lambda}$ 时,本书可以得到 $\dfrac{\partial m^*(\beta, K)}{\partial K} > 0$;当 $\overline{\lambda} \leqslant \lambda < \lambda_1$ 时,本书可以得到 $\dfrac{\partial m^*(\beta, K)}{\partial K} < 0$。另外,由于 $V_L - V_H = p(R - qD) > 0$,本书可以得到 $\dfrac{\partial m^*(\beta, K)}{\partial \beta} > 0$。

其经济学含义为:当 $\lambda > \lambda_1$ 时,D&O责任险每增加一单位,会使D&O责任险的监督激励效应的增加幅度大于D&O责任险的道德风险效应的增加幅度,即在信息质量高的环境下,D&O责任险会提升公司治理效应。当 $\lambda < \lambda_1$ 时,D&O责任险每增加一单位,会使D&O责任险的道德风险效应的增加幅度大于D&O责任险的激励监督效应的增加幅度,即在信息质量低的环境下,D&O责任险会降低公司治理效应。更为直观的表现形式可参见图3-4。

综上所述,高质量信息环境下,保险公司可能更有效地帮助上市公司优化风险管理,筛选优质理财产品,因而D&O责任险会增强企业委托理财行为的期望值和效价,企业采取委托理财行为的倾向性更大。低质量信息环境下,D&O责任险更可能会促进高管的机会主义行为,高管更倾向于配置高风险的理财产品,以谋求个人私利。高质量信息环境下,上市公司可以借助保险公司在风险管理方面的专业优势更有效地化解其面临的风险,并且此时,D&O责任险更可能发挥监督效应,使银行的风险感知度降低,银行可能会放松对企业的贷款限制。低质量信息环境下,D&O责任险更可能引发道德问题,为大股东进行掏空提供了便利条件,大股东很可能会与管理层合谋侵害中小股东的利益,使中小股东的信任度降低,关注度提高,进而会采取积极的投票行为和沟通行为。

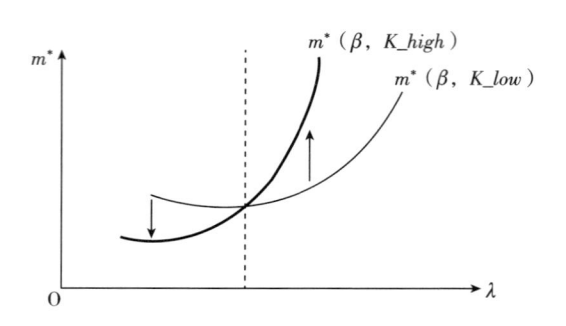

图 3-4　信息环境与 D&O 责任险的影响效应

三　D&O 责任险对利益相关者行为影响产生的经济后果分析

D&O 责任险在公司治理领域扮演着重要的角色,但其到底是发挥公司治理效应,改善公司治理?还是会引发道德风险问题,有损于公司治理?目前的研究仍没有定论。通过前面的理论分析,本书认为 D&O 责任险会影响利益相关者行为,然而,利益相关者行为的公司治理效应却是不清晰的,因而,本书认为有必要从公司治理效应视角研究 D&O 责任险对利益相关者行为影响产生的经济后果,即研究购买了 D&O 责任险的公司中,企业委托理财行为能否提升公司业绩或者降低代理成本?研究购买 D&O 责任险的公司中,银行限制性贷款行为能否提升公司业绩或者降低代理成本?研究购买 D&O 责任险的公司中,股东积极主义行为能否提升公司业绩或者降低代理成本?

(一) D&O 责任险、企业委托理财行为与公司治理效应

如果购买了 D&O 责任险的公司中,企业委托理财行为提升公司业绩或者降低代理成本,则本书认为 D&O 责任险通过影响企业委托理财行为发挥了公司治理效应,否则本书认为 D&O 责任险通过影响企业委托理财行为引发了道德风险问题。

企业委托理财行为是企业金融化的重要表现形式,其对上市公司的影响并不都是负面的(王红建等,2017)。金融行业的利润远远高

于其他行业（孙国茂和陈国文，2014）。企业进行委托理财，实际上是对金融资产和金融机构的投资，可能获取比实体投资更多的利益，这将降低公司融资约束程度，改善投资效率（张军等，2008；Stulz，1996），继而提升公司价值。企业委托理财是有效使用闲置资金的手段，便于盘活资金，实现资本的保值、增值。但是企业若将过多资金投资金融机构，则可能导致实体投资资金的短缺，不利于企业的创新与发展（Tori and Onaran，2017；谢家智等，2014）。杜勇等（2017）则认为，企业金融化会有损于企业未来的主业业绩，发挥着"挤出效应"。另外，宋军和陆旸（2015）发现，金融资产的投资与公司经营收益之间是"U"形关系。由此可见，企业委托理财行为等企业金融化投资行为对公司价值的影响是不确定的。因此，购买了D&O责任险的公司中，企业委托理财行为对公司业绩、代理成本的影响有待实证检验。

（二）D&O责任险、银行限制性贷款行为与公司治理效应

如果购买了D&O责任险的公司中，银行限制性贷款行为提升了公司业绩或者降低了代理成本，则本书认为D&O责任险通过影响银行限制性贷款行为发挥了公司治理效应，否则本书认为D&O责任险通过影响银行限制性贷款行为引发了道德风险问题。

银行放松限制性贷款行为可以使公司融得更多资金，这将有利于缓解公司的融资约束程度，便于引进更多优质项目，继而提升公司业绩（李科和徐龙炳，2011）。此外，银行放松对企业的贷款限制还有利于拓展产业链条，增大创新投入，引进高层次人才，调动高管的工作积极性，促进企业的长远发展。D&O责任险的购买使上市公司可以借助保险公司在风险管理方面的专业优势进行风险转移，此外，保险公司为了降低其赔偿风险，会对上市公司进行跟踪与监督，这在一定程度上降低了银行对上市公司的风险感知度，银行谨慎度降低，进而会放松对上市公司的贷款限制。而银行对上市公司贷款限制的放松可以改善公司业绩，降低代理成本，因而，本书认为D&O责任险通过影响银行限制性贷款行为发挥了公司治理效应。

（三）D&O 责任险、股东积极主义行为与公司治理效应

如果购买了 D&O 责任险的公司中，股东积极主义行为提升公司业绩或者降低代理成本，则本书认为 D&O 责任险通过影响股东积极主义行为发挥了公司治理效应，否则本书认为 D&O 责任险通过影响股东积极主义行为引发了道德风险问题。

股东对于企业的经营情况不满意，会采取一定的积极主义行为，以改善企业管理（Tirole，2006）。大股东由于持有较高的股权，更可能从企业长远利益考虑，有动力参与公司治理（Mishra，2011；Hope，2013），因此，大股东采取的积极主义行为，更可能提升公司价值。周杰和薛有志（2011）认为大股东可以发挥监督作用，其某些干预行为，在一定程度上可以遏制高管的机会主义动机。则进一步区分了大股东干预的方式，采取战略共享型的干预方式，则有利于提升创新绩效，若是采取战略对抗型的方式，则不利于创新绩效的提升。与大股东监督作用相对立的观点是大股东会掏空上市公司，比如通过关联交易、资产转移、摊薄股东权益、资金占用、操纵价格、交叉担保、欺诈、偷窃、股份增发等（郑建明等，2007），攫取上市公司的利益，此时，大股东采取的积极主义行为可能不利于公司价值的提升。大股东的掏空行为大大损害了小股东的利益，引起的小股东的不满。即小股东采取的积极主义行为很大程度上是对大股东掏空行为的反应，有利于改善公司业绩。机构股东拥有专业优势，并且可以获得较多的公司层面的信息，为了保护其利益免受损失，有着足够的动力对上市公司进行监督，以改善公司业绩（袁蓉丽等，2010），目前很多文献也证明了机构股东可以成为公司有效的外部治理机制，监督有效性高，因而机构股东采取的积极主义行为，可能更有利于公司业绩的提升（Hartzell，2003）。然而，Drucker（1986）却认为，机构股东是消极的投资者，他们不愿意花费时间与精力去监督上市公司，如遇公司业绩下滑，他们可能直接卖掉股票。另外很多机构投资者有短视特征，他们仅仅是为了短期获利，或者获取套利（David and Kochha，1996），这使机构股东采取的积极主义行为不一定会提升公司价值。由此可见，股东积极主义行为对公司业绩、代理成本的影响是不确定

的，购买了D&O责任险的公司中，股东积极主义行为对公司业绩、代理成本的影响有待实证检验。

第六节 本章小结

本章首先介绍了本书的理论基础，即契约理论、利益相关者理论、风险感知理论；其次对利益相关者行为进行了分析界定；然后分析讨论了D&O责任险与利益相关者行为之间的关系；接着剖析了D&O责任险的作用机理；最后分析了D&O责任险的影响效应。

第四章

D&O 责任险与企业委托理财行为

本章分析并检验了 D&O 责任险对企业委托理财行为的影响。基于委托理财数据，本章研究了 D&O 责任险购买对企业委托理财行为倾向性、企业委托理财产品结构配置行为的影响，并从金融关联度视角进行了分组检验。进一步分析中，其一，在影响机制分析及检验部分，本章基于 D&O 责任险契约内容中的 D&O 责任险覆盖率条款、D&O 责任险告知义务条款、D&O 责任险除外责任条款分析并检验了 D&O 责任险对企业委托理财行为的影响；其二，在调节机制分析及检验部分，从制度环境、金融环境、信息环境三个角度分析并检验了 D&O 责任险契约环境对 D&O 责任险与企业委托理财行为之间关系的差异化影响；其三，在经济后果分析及检验部分，从公司治理效应视角剖析并验证了 D&O 责任险对企业委托理财行为影响产生的经济后果。

第一节 问题提出

凭借行业垄断优势，中国保险与金融行业获得了制造业无法比拟的超额利润，这种"暴利"促使实体企业改变其投资结构（王红建等，2016），实体企业纷纷采取金融投资行为，金融渠道获利占比不断增加

第四章 D&O责任险与企业委托理财行为

（张成思和张步昙，2016）。作为实体经济的主要载体，上市公司①本是社会提供产品和金融无关的服务的主要提供者（宋军和陆旸，2015）。他们却积极配置金融资产，进行委托理财。比如，京新药业公司已累计使用闲置资金 14.55 亿元购买金融理财产品，投资金额占公司最近一期经审计的净资产 392061.77 万元的 37.11%。② 根据万德（Wind）数据统计显示，2016 年有 767 家上市公司购买了包括银行理财、结构性存款、私募信托等金融产品，总金额达 7268.76 亿元，公司数量和购买金额分别较上年增长 23% 和 39%。从文献角度看，现有研究主要从资本积累、社会收入差距、失业率等多个方面对金融化进行了探究（Stockhammer，2004；Luo and Zhu，2014；González and Sala，2014），但是关于金融化的文献研究主要集中于宏观层面，并且没有得出一致的结论。宏观层面的研究分析无法观察到微观个体之间的差异，而微观层面的分析可以解决该问题。因此，本章的研究重点是微观层面上市公司的委托理财行为等金融化投资行为，以便为金融化、虚拟化和实体空心化的发展规律研究提供来自微观层面更加细致和扎实的证据。闫海洲和陈百助（2018）的研究发现，委托理财行为是企业金融化投资的重要组成部分，在 2014 年达到 2299.14 亿元，占上市公司全部非现金流动性金融资产的 59.4%，因此，本章认为委托理财行为是企业金融化行为的典型代表，通过研究企业委托理财行为可以对企业金融化行为有更直观的认识、更清晰的理解。

企业委托理财行为具有高风险、高收益的特征，高管是企业委托理财行为的重要决策者，其对风险和利益的感知度会大大影响企业行为决策。D&O责任险作为一种风险管理工具引入上市公司以来，其作用效应一直存有争论，它到底是发挥激励效应，提升高管对委托理财行为的利益感知、降低高管对企业委托理财行为的风险感知，对企业委托理财行为起到推动作用？还是发挥监督效应，降低高管对委托

---

① 如不具体说明，本书的上市公司是指非金融上市公司。
② http://sa.sogou.com/sgsearch/sgs_tc_news.php?tencentdocid=20180726A0GC3E00&req=JKV5fKKq8lduOOkn51lLayvFjbHTi5X3_CRq–D2Nv5Y=&user_type=1.

理财行为的利益感知，提升高管对企业委托理财行为的风险感知，对企业委托理财行为起到抑制作用？这些是亟须解决的问题。另外，企业委托理财行为是重要的金融投资行为，企业与金融机构的关联度是否会使高管对企业委托理财行为的风险感知和利益感知有所差异，继而影响D&O责任险与企业委托理财行为之间的关系？本章的研究试图解决这些问题。为了对D&O责任险的作用效应有着更全面的认识，更清晰地认识D&O责任险作用于企业委托理财行为的影响机理，在进一步分析中本章基于D&O责任险契约内容中的D&O责任险覆盖率条款、D&O责任险告知义务条款、D&O责任险除外责任条款分析并检验了D&O责任险对企业委托理财行为的影响。考虑到D&O责任险契约环境可能会影响D&O责任险的作用效应，使其对企业委托理财行为产生差异性的影响，本章从制度环境、金融环境、信息环境三个角度分析并检验了D&O责任险契约环境在其中扮演的重要角色。由于企业委托理财行为对公司业绩既有正向影响也有负向影响，即"蓄水池效应"或者"挤出效应"，本章进一步探索了D&O责任险对企业委托理财行为影响产生的经济后果，这既可以分析企业委托理财行为能否提升公司价值，也能检验D&O责任险到底是发挥公司治理效应，还是引发道德风险问题。

  本章的研究贡献主要表现为以下几点：第一，本章的研究丰富了D&O责任险与委托理财行为等金融化投资行为的相关文献。通过研究D&O责任险对委托理财行为的影响，拓展了委托理财行为的影响因素研究，也扩展了D&O责任险的作用机理的研究。第二，本章的研究便于业界和理论界更好地认识D&O责任险契约条款，增强对其监督激励问题的关注，以便完善D&O责任险契约内容，更准确地理解契约理论。第三，本章的研究强调了D&O责任险契约环境的重要性，剖析了D&O责任险契约环境对企业委托理财行为的影响，以便公司可以依据D&O责任险契约环境做出委托理财行为决策。第四，从公司治理效应角度研究D&O责任险对企业委托理财行为影响的经济后果，既有利于分析检验企业委托理财行为的作用效应，也便于解开D&O责任险矛盾性作用效应的争论。

第四章 D&O 责任险与企业委托理财行为

第二节 研究假设

一 D&O 责任险与企业委托理财行为倾向性

企业委托理财行为即公司高管以上市公司的名义将资金以协议的形式委托给一家或者多家受托机构进行资本运作,以获取投资收益的投资行为,其中,受托机构主要包括保险公司、银行、证券投资公司及其他有资格的机构(陈湘和永丁槛,2002)。企业委托理财行为体现了一种委托代理关系,隶属于公司金融化投资业务范围,并逐渐成为学界与业界关注的重要话题之一(孙健等,2016)。根据陈湘和永丁槛(2002)的研究,企业委托理财行为的基本动因可以概括为以下几种:第一,公司拥有充沛的现金流,然而却缺乏合适的投资项目,闲置资金被用来购买短期理财产品,以优化资金配置,提高资金利用率。比如华茂股份(000850)、晨鸣纸业(000488)等上市公司的委托理财行为属于该类。第二,委托理财的高额收益有利于快捷实现业绩改善,甚至扭亏为盈,帮助上市公司暂时渡过难关。比如昆明机床(600806)、中技贸易(600056)的委托理财行为属于该类。第三,上市公司通过企业委托理财行为与受托机构联合实施"做庄",操纵二级市场价格,获取暴利。第四,高级管理人员等通过委托理财行为谋取私利。人们采取某项行动激励力度的大小,取决于该行动所能达成目标并能导致某种结果的预期价值(效价)乘以达成该目标并得到某种结果的期望概率(期望值)(Vroom,1964),用公式可以表示为:激励力 = 效价 × 期望值($M = V \times E$)。依据 Vroom 的期望理论,委托理财行为倾向性(M) = 委托理财行为效价(V) × 委托理财行为期望值(E),因此,委托理财行为的预期价值越高,或者期望值概率越大,公司高管采取委托理财行为的倾向性越大。结合陈湘和永丁槛(2002)、Vroom(1964)的研究可知,委托理财行为的高额收益感知是吸引上市公司的关键因素,即公司高管对委托理财行为有着较高的利益感知时,他们会认为委托理财行为的效价较高。因此,如果 D&O 责任险的购买能增大委托理财行为的效价或者期望值，那么公司高管采取委托理财行为的倾向性更强。

D&O 责任险的购买使上市公司与保险机构之间建立了紧密的联系，此时保险公司拥有了双重身份，保险公司既是保险人也是潜在的受托机构。因此，当上市公司有委托理财需求时，保险公司乐意提供更多委托理财产品的信息，甄选优质理财产品，并提供诸多优惠措施（免手续费，增加回扣额等），使其成为上市公司的真正受托机构，集中资金优势，以便与上市公司共同"做庄"套利（王红建等，2016），谋取高额收益，实现共赢。即 D&O 责任险为上市公司与保险公司联合谋取暴利的目标实现提供了便利的条件。

由于金融产品种类多、内部结构复杂，非金融类上市公司参与委托理财业务的难度较大，很难获取准确有效的信息，在风险管理和决策选择上的机会成本也较高。保险公司作为潜在的受托机构其具有专业优势，可以降低上市公司的甄选成本等，另外，企业委托理财行为是一种金融化投资行为，而保险公司作为保险人与潜在的受托机构，同时还是一种金融中介，它们可以为上市公司提供参与服务（王聪和于蓉，2006），大大降低了上市公司参与委托理财的信息成本和交易成本。即 D&O 责任险会降低上市公司参与委托理财业务的成本。

保险机构作为专业受托机构，拥有内幕信息，可以帮上市公司筛选出更优质的委托理财产品信息，便于上市公司择时购入，即 D&O 责任险的购买有助于上市公司可以购买到资金回报率更高的理财产品，获利丰厚，而高级管理人员作为委托理财行为的直接经手人，一方面，他们可以获得一定的手续费收入或回扣等；另一方面，高级管理人员可能会与保险公司合谋，以获取更多的私有收益，比如，通过复杂的推算来操纵委托理财产品的成本价，并签订一系列的"抽屉协议"等，这为高级管理人员构建"帝国大厦"提供了更多的经济支撑，即 D&O 责任险强化了高管的私利动机。

综上所述，D&O 责任险降低了上市公司参与委托理财业务的成本，为上市公司与保险公司联合牟取暴利的目标实现提供了便利的条件，强化了高管的私利动机，这使公司高管对委托理财行为有着较高的利益感知度，更倾向于采取委托理财行为。基于此，本章提出假设 H4.1。

H4.1：D&O 责任险增大了企业委托理财行为的期望值和效价，企业采取委托理财行为的倾向性增强。

二　D&O 责任险与企业委托理财产品结构配置行为

企业委托理财产品结构配置行为与其决策者息息相关。当高管的风险感知度较高时，更可能会配置低风险的理财产品；当高管的风险感知度较低时，则更可能会配置高风险的理财产品。作为潜在的受托机构、金融中介，保险公司在风险管理以及委托理财产品管理方面具有专业优势，使其可以帮助上市公司更有效地化解风险（王聪和于蓉，2006）。即 D&O 责任险的购买使得上市公司可以利用保险公司在风险管理和委托理财产品管理方面的专业优势（周桦和张娟，2017），更为有效地化解委托理财行为所带来的风险，使高管对委托理财行为的风险感知降低，更倾向于配置高风险理财产品。因此，D&O 责任险作为一种风险管理工具可使企业委托理财行为风险得到有效控制，公司高管风险感知度降低，更倾向于配置高风险理财产品，基于此，本章提出假设 H4.2。

H4.2：D&O 责任险会使高管的风险感知度降低，企业更倾向于配置高风险理财产品。

三　D&O 责任险、金融关联度与企业委托理财行为

我国历来重视"关系"，企业的成功与企业经营者的社会网络和关系密不可分（Vanhonacker，2000；巫景飞等，2008）。关系不仅是一种资源，更是获取另一种资源的便捷途径（邓建平和曾勇，2011；边燕杰和丘海雄，2000）。Allen 等（2005）指出，中国的关系与声誉机制起到替代法律保护和金融发展等正式制度的作用，金融关联正是关系与声誉机制的重要组成部分（邓建平和曾勇，2011）。企业通过聘请拥有金融背景（比如保险、银行、证券、信托、基金等）的高管，继而与金融机构建立紧密的关联关系，这种金融关联为企业提供了一种潜在的担保与声誉，可能会影响金融机构与相关部门的决策（孙铮等，2005）。保险公司不仅是一种金融中介机构，还是委托理财

业务的重要受托机构，D&O 责任险的购买使上司公司与保险机构之间建立了紧密的金融关联。Allen（1997）认为，金融中介是风险转移的重要推进器。上市公司直接进入金融市场的成本较高，而金融中介作为风险管理的专家，在一定程度上可以降低上市公司的参与成本（Allen，2002）。王聪和于蓉（2006）则发现金融中介可以降低交易成本、信息不对称。因而，D&O 责任险的购买使上市公司与保险机构形成紧密的金融关联关系，继而使上市公司进行委托理财业务等金融投资行为的风险得到优化管理、参与委托理财行为的成本得以降低，委托理财行为的收益得以提高，企业倾向于采取委托理财行为，配置高风险的理财产品。本章称为 D&O 责任险的"关系效应"。

金融关联度会进一步增强 D&O 责任险的"关系效应"，使企业采取委托理财行为的倾向性更高，并且更倾向于配置高风险的理财产品。具体而言，第一，金融关联度越高，购买了 D&O 责任险的公司进行委托理财行为的成本越低。金融关联度越高，上市公司、保险公司及其他金融机构之间的信息不对称程度越低，保险公司及其他金融机构之间竞争关系越明显，为了争取上市公司成为其客户，竞相对上市公司提供各种优惠措施，大大降低了企业采取委托理财行为的成本。第二，金融关联度越高，购买了 D&O 责任险的公司进行委托理财行为的收益越高。金融关联度越高，上市公司、保险机构与其他金融机构合谋套利的机会更多，为实现共赢的局面，保险机构及其他金融机构乐意为上市公司筛选优质的理财产品，使企业委托理财行为获得更高的投资收益。第三，金融关联度越高，购买了 D&O 责任险的公司进行委托理财行为的风险相对更低。金融关联度越高，上市公司、保险机构及其他金融机构之间越可能形成紧密的金融关联网络，而贾彦东（2011）的研究发现，金融关联网络更有利于风险的转移，这使保险机构的风险管理能力增强，高管的风险感知度降低。基于此，提出假设 H4.3。

H4.3：金融关联度越高，D&O 责任险的"关系效应"越强，企业越倾向于采取委托理财行为，配置高风险理财产品。

第三节 研究设计

一 样本选择与数据来源

本章选择 2011—2017 年中国上市公司为研究样本。选取 2011 年开始的原因是由于本书的数据获取问题，企业委托理财数据主要来源于东方财富网，特色数据库中的委托理财数据开始于 2011 年。本章的数据样本剔除了以下几种公司：金融保险类上市公司、ST 公司、变量存在缺失的公司、已退市的公司、当年 IPO 的公司。D&O 责任险的购买相关数据是通过阅读股东大会会议资料、董事会会议记录、招股说明书、公司章程并进行手工整理获得。本章的其他财务数据主要来源于 CSMAR 数据库。为防止极端值导致的结果偏误，对于主要连续变量在 1% 水平下进行了极端值的缩尾处理。

从 2002 年 26 家上市公司购买了 D&O 责任险到 2017 年上升到 213 家上市公司，平均增长率为 0.15%，虽然总体而言，购买 D&O 责任险的公司还不多，但是越来越多的公司意识到了其对高级管理人员激励的重要性，通过购买 D&O 责任险吸引或者留住那些优秀人才；D&O 责任险合同中规定赔偿限额的平均值为 50266541 元，D&O 责任险的平均覆盖率为 0.20%。适度的赔偿限额有利于 D&O 责任险更好地帮助上市公司进行风险管理，提升公司价值。

表 4 – 1　　　　　D&O 责任险的年度分布情况

年份	购买 D&O 责任险（家）	增长率（%）	赔偿限额（元）	覆盖率（%）
2002	26		20000000	0.13
2003	37	0.42	15025000	0.11
2004	41	0.11	12516666	0.11
2005	50	0.22	15014285	0.13
2006	60	0.20	15010000	0.06
2007	74	0.23	34616176	0.14

续表

年份	购买 D&O 责任险（家）	增长率（%）	赔偿限额（元）	覆盖率（%）
2008	93	0.26	40821551	0.23
2009	99	0.06	41095781	0.21
2010	112	0.13	42430428	0.17
2011	121	0.08	42880657	0.16
2012	143	0.18	87297324	0.33
2013	159	0.11	85001401	0.34
2014	172	0.08	91520623	0.33
2015	197	0.15	88451428	0.30
2016	203	0.03	86282810	0.26
2017	213	0.05	86300527	0.29
总计	1800	0.15	50266541	0.20

表 4-2 列示了 D&O 责任险行业分布情况。表 4-2 中的行业分类是依据证监会行业分类（2012 年版），购买 D&O 责任险的上市公司横跨 12 个行业门类，可见 D&O 责任险的行业分布十分广泛（12/19），说明不同行业的上市公司逐步认识到了 D&O 责任险的重要性，并试图借助 D&O 责任险进行风险管理。此外，购买 D&O 责任险最多的行业是制造业，占比为 53.78%（968/1800），其次为交通运输、仓储和邮政业，占比为 8.67%，接着是批发和零售业，占比为 7.22%。由此可见，制造业行业中的 D&O 责任险的购买量远高于其他行业。制造业行业并非特殊行业，该行业中的公司具体普遍性的特征，使本书的研究更具有普适性。

表 4-2　　　　　D&O 责任险行业分布情况　　　　　单位：家

行业名称	行业代码	D&O 责任险（购买）
农、林、牧、渔业	A	14
采矿业	B	116
制造业	C	968
电力、热力、燃气及水生产和供应业	D	86

续表

行业名称	行业代码	D&O 责任险（购买）
建筑业	E	30
批发和零售业	F	130
交通运输、仓储和邮政业	G	156
信息传输、软件和信息技术服务业	I	85
房地产业	K	118
租赁和商务服务业	L	46
水利、环境和公共设施管理业	N	21
文化、体育和娱乐业	R	30
总计		1800

二 主要变量定义

（一）委托理财行为

本章将委托理财行为分为委托理财行为倾向性和委托理财产品结构配置行为。其中，委托理财倾向性用委托理财产品规模（EF_size）来衡量；委托理财产品结构配置行为分别由委托理财产品类型（EF_type）与委托理财投资期限（EF_time）来衡量。

（二）D&O 责任险购买状况

变量 D&O_buy 表示 D&O 责任险购买情况，若本年度该公司购买了 D&O 责任险，则 D&O_buy 为 1，否则为 0（Lin et al.，2011；Chen，2016）。

（三）金融关联程度

参考邓建平和曾勇（2011）的研究，本书以上市公司高管中曾经或者现在保险公司、银行、证券公司、信托公司、基金公司任职的高管人数占上市公司高管总人数的比例来量化金融联度，用 FR 来表示。

（四）控制变量

由于企业委托理财行为是公司金融化投资行为的重要组成部分，因此，在选择控制变量时，参考了金融资产配置行为的相关文献。本章控制了可能影响公司金融资产配置的因素，包括公司市值账面比、公司规模、经营现金流量、资产负债率、产权性质（Bates et al.，

2009；李捷喻和江舒韵，2009）。考虑到公司治理变量对非金融上市公司金融资产配置的影响（闫海洲和陈百助，2018），本章还控制了独立董事规模和董事会规模；由于 D&O 责任险的被保险人是公司高管，因而本章控制了公司个体层面特征（余明桂，2013，Lin et al.，2013），即高管性别、年龄、学历。考虑到高管个人的过度自信状况会影响委托理财行为，本章参考余明桂（2013）、闫海洲和陈百助（2018）的研究对高管是否过度自信进行了控制。

表 4-3 变量定义

变量	变量名	计算方法
委托理财行为		
EF_size	委托理财产品规模	上市公司认购的委托理财产品金额/净资产
EF_type	委托理财产品类型	上市公司认购的委托理财产品。若为"非保本型"则认为是高风险理财产品，赋值为1，否则为0
EF_time	委托理财产品投资期限	上市公司认购的委托理财产品投资期限。若投资期限小于1年，则赋值为1，否则为0
D&O 责任险购买情况		
D&O_buy	购买 D&O 责任险	若本年度该上市公司购买了 D&O 责任险，则 D&O_buy 为1，否则为0
金融关联度		
FR	金融关联度	上市公司高管中曾经或者现在保险公司、银行、证券公司、信托公司、基金公司任职的高管人数占上市公司高管总人数的比例
控制变量		
Size	公司规模	总资产的自然对数值
MV	账面市值比	资产总计/市值
Lev	资产负债率	总负债/总资产
CF	经营现金流	企业经营现金流/总资产
Indep	独立董事规模	独立董事人数
Board	董事会规模	董事会人数
SOE	产权性质	国有企业赋值为1，否则为0

续表

变量	变量名	计算方法
Off_sex	高管性别	男为1，女为0
Off_age	高管年龄	高管的实际年龄
Off_edu	高管学历	中专以下为1，中专为2，大专为3，本科为4，硕士为5，博士为6
Off_over	高管过度自信	利用前三高管薪酬占总薪酬比来衡量，平均值以上的赋值为1，否则为0
Year	年度	
Ind	行业	证监会行业分类（2012）

三 研究模型

为了验证 D&O 责任险对企业委托理财行为的影响，本章构建模型（4-1）检验 D&O 责任险购买对企业委托理财行为倾向性、企业委托理财产品结构配置行为的影响。具体模型如下：

$$EF = \alpha_0 + \alpha_1 D\&O\_buy + \alpha_2 Size + \alpha_3 MV + \alpha_4 Lev + \alpha_5 CF + \alpha_6 Indep + \alpha_7 Board + \alpha_8 SOE + \alpha_9 Off\_sex + \alpha_{10} Off\_age + \alpha_{11} Off\_edu + \alpha_{12} Off\_over + \alpha_{13} \sum Year + \alpha_{14} \sum Ind + \varepsilon$$

$$(4-1)$$

在模型（4-1）中，被解释变量 EF 为企业委托理财行为，分别由企业委托理财行为倾向性（EF_size）、企业委托理财产品结构配置行为（EF_type、EF_time）量化，解释变量为 D&O 责任险的购买情况（D&O_buy），控制变量的定义及衡量方式参见表4-3。若 α_1 显著为正，则说明 D&O 责任险对企业委托理财行为有正向推动效应，即购买了 D&O 责任险的公司更倾向于委托理财，并且更偏好配置高风险理财产品。另外，本章还按照金融关联度指标（FR）分组检验了 D&O 责任险对企业委托理财行为影响的差异。

第四节 实证结果与分析

一 描述性统计

表4-4列示了本章主要变量的描述性统计结果和均值T检验的结果。统计显示，委托理财产品规模（EF_size）的平均值和中位数分别是0.31和0.39，委托理财产品类型（EF_type）的平均值和中位数分别是0.42和0.00；委托理财投资期限（EF_time）的平均值和中位数分别是0.11和0.10。由此可知，委托理财倾向性和委托理财产品结构配置行为的平均值和中位数相差不大，这表明样本的分布比较合理。委托理财产品规模（EF_size）、委托理财产品类型（EF_type）、委托理财投资期限（EF_time）的标准差分别是0.35、0.49、0.32；D&O_buy表示上市公司购买D&O责任险的情况，其平均值为0.64，说明本书的样本中有64%的上市公司购买了D&O责任险，D&O_buy的最小值、最大值、标准差分别是0.00、1.00、0.48。

表4-4 描述性统计

变量	平均值	标准差	最小值	中位数	最大值
EF_size	0.31	0.35	0.00	0.39	1.81
EF_type	0.42	0.49	0.00	0.00	1.00
EF_time	0.11	0.32	0.00	0.10	1.00
D&O_buy	0.64	0.48	0.00	1.00	1.00
Size	22.55	1.65	16.01	22.34	28.10
MV	1.23	1.05	0.01	0.92	9.65
Lev	0.53	0.26	0.00	0.54	10.43
CF	19.78	1.98	10.62	19.69	26.09
Indep	3.44	0.76	0.00	3.00	7.00
Board	9.71	2.08	4.00	9.00	17.00
SOE	0.51	0.50	0.00	0.63	1.00
Off_sex	0.84	0.37	0.00	1.00	1.00

续表

变量	平均值	标准差	最小值	中位数	最大值
Off_age	46.43	4.06	26.00	50.00	68.00
Off_edu	4.28	1.32	1.00	4.00	6.00
Off_over	0.35	0.47	0.00	0.00	1.00

为初步检验购买了 D&O 责任险公司（D&O_bug = 1）的委托理财行为与没有购买 D&O 责任险公司的委托理财行为是否存在差异，本章进行了均值差异 T 检验，如表 4 - 5 所示。根据表 4 - 5 可知，购买了 D&O 责任险公司（D&O_buy = 1）的委托理财产品规模（0.32）显著高于没有购买 D&O 责任险公司（D&O_buy = 0）的委托理财产品规模（0.21），即购买 D&O 责任险公司的委托理财行为倾向性更高，H4.1 得到初步证实。购买了 D&O 责任险公司（D&O_buy = 1）的非保本型理财产品（0.43）显著高于没有购买 D&O 责任险公司（D&O_buy = 0）的非保本型理财产品（0.33）；购买了 D&O 责任险公司（D&O_buy = 1）的短期理财产品（0.13）显著高于没有购买 D&O 责任险公司（D&O_buy = 0）的短期理财产品（0.04）。即购买 D&O 责任险的公司更倾向于配置高风险理财产品，H4.2 得到初步证实。

表 4 - 5　D&O 责任险与企业委托理财行为——均值差异 T 检验

变量	D&O_buy = 1			D&O_buy = 0			Difference (mean)
	平均值	最大值	最小值	平均值	最大值	最小值	
EF_size	0.32	1.81	0.00	0.21	0.56	0.00	0.11***
EF_type	0.43	1.00	0.00	0.33	1.00	0.00	0.10**
EF_time	0.13	1.00	0.00	0.04	1.00	0.00	0.09**

表 4 - 6 列示了主要变量的相关性分析结果。D&O_buy 与 EF_size 之间的相关系数为 0.062，并且在 1% 的水平下显著，这初步证明了 D&O 责任险对企业委托理财行为的正向推动效应，初步证实了 H4.1；D&O_buy 与 EF_type、EF_time 之间的相关系数分别为 0.015

表4-6 主要变量相关系数

	(1)	(2)	(3)	(4)	(5)	(6)	(7)	(8)	(9)	(10)	(11)	(12)	(13)
EF_size	1												
EF_type	0.054*	1											
EF_time	-0.072**	-0.055*	1										
D&O_buy	0.062***	0.015**	0.022**	1									
MV	-0.154***	-0.053**	0.0110	-0.0110	1								
Lev	-0.092***	-0.121***	-0.0140	-0.00200	0.585***	1							
CF	-0.0150	-0.0210	0.00200	0.102***	0.454***	0.365***	1						
Indep	-0.140***	0.0240	0.0470	0.083**	0.243***	0.442***	0.326***	1					
Board	-0.0510	-0.00400	-0.0150	0.034	0.187***	0.486***	0.309***	0.847***	1				
Off_sex	0.104***	-0.0200	0.0500	-0.075**	0.201***	0.0330	0.182***	-0.0360	-0.065**	1			
Off_age	-0.0360	0.0180	-0.0500	0.116***	0.021	0.131***	-0.061*	0.066**	0.171***	-0.270***	1		
Off_edu	-0.276***	0.0470	0.0430	-0.100***	0.122***	-0.030	0.311***	0.129***	0.00300	-0.00700	-0.137***	1	
Off_over	-0.073***	-0.080***	0.083***	-0.0270	0.289***	0.093***	0.264***	0.243***	0.078***	0.224***	-0.120***	0.150***	1

注：* $p<0.1$，** $p<0.05$，*** $p<0.01$。

和 0.022，并且在 5% 的水平下显著，这表明 D&O 责任险的购买会促使企业配置高风险的理财产品，初步证实了 H4.2。

二　回归分析

（一）D&O 责任险购买与企业委托理财行为

本章对 D&O 责任险影响企业委托理财行为的回归模型（4-1）进行了检验，回归结果如表 4-7 所示，列（1）为 D&O 责任险对企业委托理财行为倾向性的影响；列（2）至列（3）为 D&O 责任险对企业委托理财产品结构配置行为的影响。其中，列（1），D&O_ buy 前的系数为 0.06，并且在 1% 的水平下显著，说明 D&O 责任险的购买对企业委托理财行为有着正向推动效应，即 D&O 责任险购买增大了委托理财的期望值与效价，企业采取委托理财行为的倾向性更高，H4.1 得到证实。列（2），D&O_ buy 前的系数为 0.03，并且在 5% 的水平下显著，说明 D&O 责任险的购买降低了高管的风险感知度，企业更倾向于配置高风险理财产品，比如非保本型理财产品，支持了 H4.2。列（3），D&O_ buy 前的系数为 0.02，并且在 5% 的水平下显著，D&O 责任险的购买增加了高管对委托理财行为的利益感知，投机动机增强，企业试图通过配置短期理财产品进行套利，支持了 H4.2。

表 4-7　　　　D&O 责任险购买与企业委托理财行为

Var	委托理财行为倾向	委托理财产品结构配置行为	
	（1）	（2）	（3）
D&O_ buy	0.06***	0.03**	0.02**
	(4.19)	(2.24)	(2.36)
Size	-0.68***	-0.04***	-0.08***
	(-8.91)	(-8.17)	(-4.16)
MV	0.11	0.07***	0.01
	(0.97)	(3.66)	(0.31)
Lev	-0.26	-0.14***	0.07
	(-0.85)	(-6.18)	(0.92)
CF	0.23***	0.06*	0.34***
	(5.73)	(1.76)	(3.80)

续表

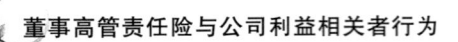

Var	委托理财行为倾向	委托理财产品结构配置行为	
	(1)	(2)	(3)
Indep	0.54***	0.07	0.94***
	(4.34)	(0.85)	(3.13)
Board	-0.32***	0.05	-0.37***
	(-7.84)	(1.45)	(-3.08)
SOE	-2.59**	3.46**	-0.38
	(-2.22)	(2.03)	(-0.24)
Off_sex	0.14	-0.03	0.09
	(1.25)	(-0.37)	(0.33)
Off_age	0.02***	0.01*	0.02
	(3.22)	(1.80)	(1.25)
Off_edu	-0.09***	0.03	0.04
	(-2.76)	(1.20)	(0.51)
Off_over	1.24***	0.15	-0.52**
	(4.85)	(0.49)	(-2.40)
Constant	1.77***	1.73***	1.02***
	(3.70)	(3.51)	(3.39)
Year/Ind	Yes	Yes	Yes
N	3347	2181	1958
R^2	0.15	0.15	0.14

注：*$p<0.1$，**$p<0.05$，***$p<0.01$。

（二）D&O 责任险、金融关联度与企业委托理财行为

表 4-8 在区分金融关联度的情况下，检验了 D&O 责任险购买对企业委托理财行为的影响。列（1）、列（4）为企业委托理财行为倾向性（EF_size）；列（2）至列（3）为企业委托理财产品结构配置行为中的委托理财产品类型配置行为（EF_type）。列（5）至列（6）为企业委托理财产品结构配置行为中的委托理财产品期限配置行为（EF_time）。在高金融关联（High FR）样本中，列（1），D&O_buy 前的系数为 0.08，并且在 1% 的水平下显著；而低金融关联（Low

FR）样本中，列（4），D&O_ buy 前的系数为 0.06，但并不显著，这说明金融关联度越高，D&O 责任险的"关系效应"越强，委托理财行为的期望值和效价越高，因此，企业采取委托理财行为的倾向性越强。在高金融关联（High FR）样本中，列（2），D&O_ buy 前的系数为 0.09，并且在 10% 的水平下是显著的；低金融关联（Low FR）样本中，列（5），D&O_ buy 前的系数为 0.01，但不显著，这说明金融关联度越高，D&O 责任险的关系效应越强，上市公司越可以有效利用保险公司的专业优势，化解风险，因而使企业的风险感知度降低，更可能配置非保本型的高风险理财产品。在高金融关联（High FR）样本中，列（3），D&O_ buy 前的系数 0.03，并且在 5% 的水平下是显著的；低金融关联（Low FR）样本中，列（6），D&O_ buy 前的系数为 0.02，在 10% 的水平下显著，并且此时高金融关联样本中 D&O_ buy 前的系数更高，即金融关联度越高，D&O 责任险的关系效应越强，监督效应越低，此时，高管的投机动机较大，更可能通过短期理财产品进行套利。

表 4-8　　D&O 责任险、金融关联度与企业委托理财行为

Var	High FR			Low FR		
	(1)	(2)	(3)	(4)	(5)	(6)
D&O_ buy	0.08***	0.09*	0.03**	0.06	0.01	0.02*
	(4.18)	(1.85)	(2.57)	(1.04)	(0.41)	(1.72)
Size	-0.22	-0.10***	-0.13***	-1.73***	-0.02***	0.02
	(-0.35)	(-6.85)	(-5.17)	(-6.50)	(-5.34)	(0.53)
MV	-0.64	0.12***	0.03	0.37	0.03***	0.11**
	(-0.56)	(5.22)	(0.98)	(0.19)	(5.08)	(2.07)
Lev	3.95	-0.24***	-0.05	-2.20*	-0.11***	-0.19
	(1.30)	(-3.59)	(-0.55)	(-1.78)	(-6.38)	(-1.24)
CF	0.29	0.02*	0.06***	1.24***	0.01***	-0.01
	(1.14)	(1.71)	(5.71)	(3.91)	(3.40)	(-0.45)
Indep	-1.74***	0.02	0.23***	1.30***	0.04***	-0.18***
	(-4.81)	(0.88)	(6.14)	(4.93)	(5.19)	(-3.30)

续表

Var	High FR			Low FR		
	(1)	(2)	(3)	(4)	(5)	(6)
Board	0.94***	0.02*	-0.08***	-0.30***	-0.05	0.07***
	(2.90)	(1.75)	(-5.79)	(-4.07)	(-1.22)	(3.03)
SOE	0.65**	0.02*	-0.02	0.88*	0.01*	0.24
	(2.38)	(1.95)	(-1.07)	(1.68)	(1.83)	(1.06)
Off_sex	-0.10	0.21	-1.90	-0.73	0.36	1.79
	(-0.12)	(0.11)	(-0.59)	(-0.39)	(0.58)	(0.43)
Off_age	0.06	0.10	-0.10	-0.04	0.01	0.34*
	(1.58)	(1.25)	(-0.61)	(-0.47)	(0.35)	(1.81)
Off_edu	1.25***	1.31**	-0.88	-1.48***	-0.10	1.86
	(5.45)	(2.37)	(-0.87)	(-2.76)	(-0.54)	(1.49)
Off_over	2.62***	1.97	-1.66***	1.78***	-2.03***	5.14
	(3.49)	(1.31)	(-3.53)	(5.54)	(-3.78)	(1.51)
Constant	0.14	2.47***	1.81***	1.56***	1.33***	-0.61
	(1.28)	(7.71)	(4.54)	(7.71)	(7.68)	(-1.12)
Year/Ind	Yes	Yes	Yes	Yes	Yes	Yes
N	1070	859	1210	2277	1322	748
R^2	0.14	0.12	0.11	0.13	0.17	0.15

注：*$p<0.1$，**$p<0.05$，***$p<0.01$。

第五节 稳健性检验

一 Heckman 两阶段

考虑到样本自选择的问题，参考 Yuan 等（2016）的研究，本书首先构建了模型（4-2），继而将模型（4-2）中得出的 IMR 系数，代入模型（4-1）中进行重新估计。具体模型如下：

$$D\&O\_buy = U_0 + \mu_1 Indep + \mu_2 Mahold + \mu_3 BH + \mu_4 Bala + \mu_5 SOE + \mu_6 Size + \mu_7 Lev + \mu_8 ROA + \mu_9 Growth +$$

$$\mu_{10} IndAvg\_D\&O + \mu_{11} \sum Year + \mu_{12} \sum Ind + \delta$$

（4-2）

模型（4-2）中，D&O_ buy 表示上市公司是否购买 D&O 责任险，购买了 D&O 责任险则赋值为 1，否则为 0；Indep 表示独立董事规模；Mahold 表示管理层持股比例；BH 表示上市公司是否交叉持股；Bala 表示股权集中度；SOE 表示股权性质；Size 为公司规模；Lev 为公司财务杠杆；ROA 为公司业绩；Growth 为公司成长率；IndAvg_ D&O 为行业层面 D&O 责任险平均覆盖率。

本章采用 Heckman 两阶段最小二乘法对模型进行了重新估计，回归分析结果列示在表 4-9 中，列（2）至列（4）D&O_ buy 前的系数分别为 0.05、0.03、0.01，并且分别在 1%、5%、5% 的水平下显著，这表明本章的基本结论是比较稳健的。

表 4-9　　　　　D&O 责任险购买与企业委托理财行为

	First-step		Second-step		
Var	(1)	Var	(2)	(3)	(4)
Indep	0.21*** (3.56)	D&O_ buy	0.05*** (2.63)	0.03** (2.44)	0.01** (2.15)
Mahold	-0.43** (-2.48)	Size	0.08*** (4.69)	0.04*** (4.20)	0.08*** (3.37)
BH	0.14** (2.48)	MV	0.41** (2.57)	0.06*** (5.13)	-0.09** (-2.26)
Bala	0.01 (1.54)	Lev	-2.56*** (-5.73)	-0.17*** (-5.33)	-0.06 (-0.52)
SOE	0.14** (2.48)	CF	3.98*** (7.36)	0.11*** (2.73)	-0.32** (-2.44)
Size	0.13** (2.26)	Indep	3.89** (2.36)	0.39*** (3.22)	0.99** (2.48)
Lev	0.14*** (3.55)	Board	-0.73 (-1.06)	-0.01 (-0.10)	-0.37** (-2.23)

续表

First-step		Second-step			
Var	(1)	Var	(2)	(3)	(4)
ROA	0.10*	SOE	-1.47**	-0.71*	0.77
	(1.70)		(-2.77)	(-2.27)	(0.60)
Growth	-0.43**	Off_sex	-2.37*	-0.12	0.48
	(-2.48)		(-1.72)	(-1.21)	(1.44)
IndAvg_D&O	0.03**	Off_age	0.31***	0.01*	-0.03**
	(2.05)		(4.70)	(1.69)	(-2.16)
		Off_edu	-2.74***	0.04	-0.00
			(-6.02)	(1.16)	(-0.05)
		Off_over	1.69***	-0.27***	0.16
			(3.11)	(-3.25)	(0.57)
		IMR	0.13***	0.01*	0.03*
			(2.83)	(1.94)	(1.87)
Constant	4.29***	Constant	1.93***	1.50***	-0.86**
	(3.40)		(5.09)	(3.47)	(-2.16)
Year/Ind	Yes	Year/Ind	Yes	Yes	Yes
N	3347	N	3347	2181	1958
R^2	0.15	R^2	0.24	0.12	0.15

注：*$p<0.1$，**$p<0.05$，***$p<0.01$。

二 倾向匹配得分法

本章旨在研究 D&O 责任险对企业委托理财行为的影响，然而，第一，公司是否购买 D&O 责任险并非随机的，根据 O'Sullivan（2002）的研究，陷入困境的公司，为降低破产成本而选择购买 D&O 责任险；小规模公司为寻求服务效率以及小规模公司相对破产成本较高而选择购买 D&O 责任险（Mayers and Smith，1990）；较高成长机会的公司更倾向于购买 D&O 责任险（Core，1997）。第二，D&O 责任险的购买与企业委托理财行为之间的关系还可能会受到其他因素的共同影响。第三，D&O 责任险合同的保密规定影响了本章的样本获取，可能会存在样本自选择问题。因而，本章采用最近邻倾向得分匹配为处理组（购买 D&O 责任险的公司）寻找相近的对照组（没有购买 D&O 责任险的公司）。

为了确保匹配结果的可靠性，本章进行了匹配平衡性检验。匹配变量的选择主要是基于王有茹（2007）和刘颖倩（2012）的研究，他们在充分分析研究我国的特殊环境及 D&O 责任险需求特征的基础上，梳理出了影响我国 D&O 责任险需求的主要因素并进行了重点论证，实证检验发现独立董事制度的建立、股权性质、股权结构会对 D&O 责任险的购买产生重大影响。另外，王有茹（2007）的研究还发现资产收益率与 D&O 责任险的需求负相关，支持了财务困境说；公司的规模与 D&O 责任险的需求负相关，支持了服务效率说；公司的发展阶段与 D&O 责任险的需求正相关，支持了投资不足说。鉴于此，本章选择独立董事比例、股权性质、股权结构（股权集中度、股权制衡度、股权国际化）、资产收益率、公司的规模、公司的发展阶段作为匹配变量。其中，独立董事比例（IND）为董事会中的独立董事所占比例；股权性质（SOE）是二元虚拟变量，如果实际控制人是国有企业，则 SOE 的值为 1，否则为 0；Top_1 代表最大股东持股在公司总股本中所占的比例，用来反映股权的集中程度；Top_{2-10} 为第二大股东到第 10 大股东的持股比例之和，用来反映股权制衡度；股权国际化（OBL）主要衡量公司的股本结构中是否包括 B 股或是海外融资，即股本中具有 B 股或是海外融资的取 1，否则取 0；资产收益率（ROA）为净利润/总资产余额；公司的规模（Size）为公司总资产的自然对数；公司所处发展阶段（Grow）为流通股市值与负债账面价值之和。

表 4-10 列示了匹配平衡性检验的结果。匹配变量在匹配前存在较大差异，而在匹配之后就不存在显著差异，此外，如果标准偏差的绝对值越小，则表明匹配效果越好（Smith and Todd，2005）。根据 Kachwala 等（2000）的研究，如果匹配后的标准偏差的绝对值小于 20%，则可认为匹配效果较好，由表 4-10 可知，在匹配后各匹配变量的标准偏差的绝对值均不到 10%。总体而言，匹配满足了平衡性假

设,即匹配变量①和匹配方法的选取恰当。图4-1和图4-2分别绘制了匹配前后的密度函数图,由图4-1可知,在匹配前对照组与处理组有着较大的差异,而根据图4-2可知,匹配之后对照组与处理组之间的差异减少,这也证明了匹配效果较好。

表4-10　　　　　　　　　匹配平衡性检验结果

变量名称	处理	处理组	对照组	标准偏差	t值	p值
OBL	匹配前	0.05	0.09	-16.40	-2.50	0.012
	匹配后	0.05	0.07	-0.30	-1.18	0.239
IND	匹配前	0.37	0.37	-9.40	-1.76	0.079
	匹配后	0.37	0.38	0.20	0.48	0.632
Top_1	匹配前	32.83	39.16	-9.30	-1.37	0.173
	匹配后	32.83	38.63	-0.20	-0.04	0.966
Top_{2-10}	匹配前	21.24	23.15	-13.40	-1.79	0.075
	匹配后	21.24	21.22	0.10	0.02	0.981
SOE	匹配前	0.76	0.80	-9.80	-3.35	0.001
	匹配后	0.76	0.76	1.10	1.05	0.294
ROA	匹配前	0.04	0.04	-16.00	-3.06	0.002
	匹配后	0.04	0.39	-2.40	-1.53	0.125
Size	匹配前	22.83	22.27	39.8	4.98	0.000
	匹配后	22.83	22.74	6.70	1.03	0.302
Grow	匹配前	22.35	21.68	40.30	5.03	0.000
	匹配后	22.35	22.26	5.40	0.83	0.407

本章利用倾向匹配得分法匹配后的样本重新估计了D&O责任险对企业委托理财行为的影响,回归分析结果列示在表4-11中,列(1)为D&O责任险对企业委托理财倾向性的影响;列(2)至列(3)为D&O责任险对企业委托理财产品结构配置行为的影响。D&O_buy

---

① 第一大股东持股比例(Top_1)在匹配前后p值都不显著,说明第一大股东持股比例并非影响高级管理人员责任险的主要因素。于是本书后续的研究将其在匹配变量中删除。

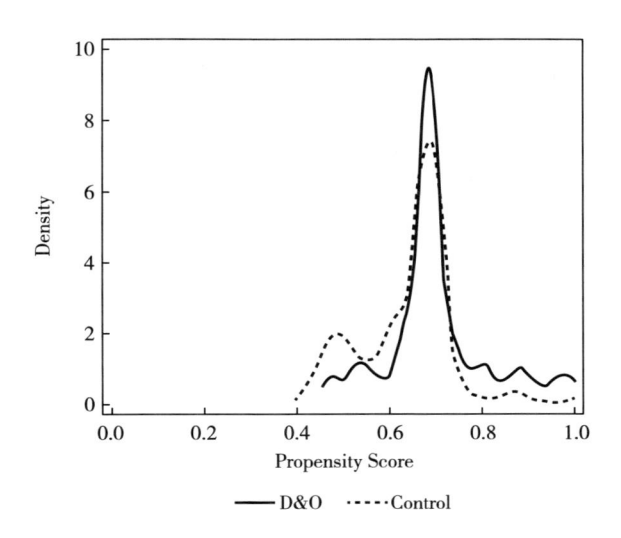

图 4-1 匹配前的密度分布

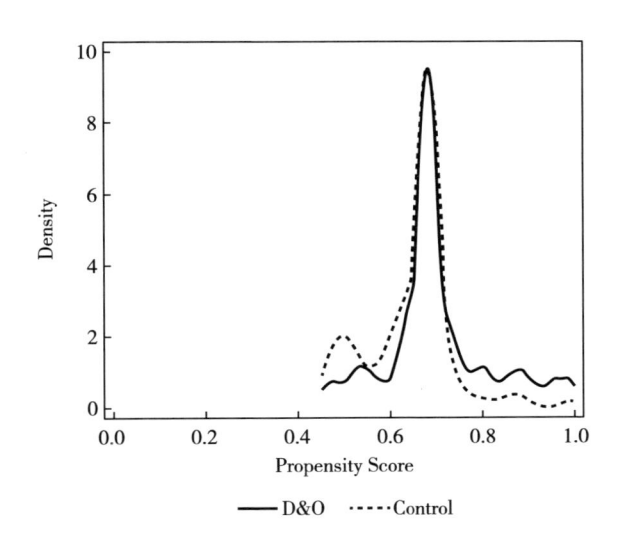

图 4-2 匹配后的密度分布

前的系数为 0.05、0.04、0.08，并且分别在 1%、5%、10% 的水平下显著，这表明本章的基本结论是比较稳健的。本章还区分金融关联度差异重新估计了 D&O 责任险对企业委托理财行为的影响，回归分析结果列示在表 4-12 中，主要的研究结论仍然存在。

表 4-11　D&O 责任险购买与企业委托理财行为（PSM）

Var	委托理财行为倾向性	委托理财产品结构配置行为	
	(1)	(2)	(3)
D&O_buy	0.05***	0.04**	0.08*
	(3.82)	(2.41)	(1.85)
Size	0.73**	-0.11	0.05
	(2.09)	(-1.39)	(0.26)
MV	-1.35***	0.01***	0.03***
	(-3.54)	(4.89)	(4.02)
Lev	-0.79***	0.08***	-0.32***
	(-5.34)	(4.99)	(-5.39)
CF	0.22	-0.06***	0.12***
	(0.95)	(-5.23)	(4.35)
Indep	1.16**	0.13***	-0.26***
	(2.26)	(4.44)	(-3.64)
Board	-0.80***	-0.12***	0.12***
	(-4.57)	(-4.15)	(5.04)
SOE	0.86**	0.19*	0.25
	(2.22)	(1.75)	(0.21)
Off_sex	-0.32	0.10***	-0.03
	(-0.51)	(3.66)	(-0.44)
Off_age	0.01	-0.00**	0.01**
	(0.11)	(-2.53)	(1.98)
Off_edu	0.38**	-0.04***	-0.06***
	(2.26)	(-4.76)	(-3.13)
Off_over	3.33***	0.02	-0.10
	(5.48)	(0.94)	(-1.56)
Constant	-6.53	1.16***	0.14*
	(-1.32)	(4.65)	(1.79)
Year/Ind	Yes	Yes	Yes

续表

Var	委托理财行为倾向性	委托理财产品结构配置行为	
	(1)	(2)	(3)
N	3860	3199	3017
R^2	0.15	0.11	0.21

注：$*p<0.1$，$**p<0.05$，$***p<0.01$。

表4-12　D&O责任险、金融关联度与企业委托理财行为（PSM）

Var	High FR			Low FR		
	(1)	(2)	(3)	(4)	(5)	(6)
D&O_buy	0.07**	0.03**	0.05**	0.05	0.02	0.04*
	(2.16)	(2.07)	(2.01)	(1.48)	(1.05)	(1.88)
Size	0.76	0.01***	0.02***	0.19	-0.03	0.02**
	(0.85)	(2.60)	(3.95)	(0.13)	(-0.76)	(2.15)
MV	-0.58	-0.01	-0.01	-3.80*	0.02***	0.03*
	(-0.41)	(-0.40)	(-0.89)	(-1.82)	(3.81)	(1.87)
Lev	-0.51**	0.04*	-0.16***	0.95	0.13***	-0.21***
	(-2.13)	(1.90)	(-5.65)	(0.15)	(9.05)	(-4.61)
CF	1.46***	0.00*	-0.01	2.12**	-0.01***	-0.01
	(2.86)	(1.66)	(-0.77)	(2.50)	(-5.59)	(-1.19)
Indep	0.93	0.05***	-0.02**	0.43	-0.03	-0.02
	(0.69)	(6.78)	(-2.17)	(0.17)	(-1.04)	(-1.52)
Board	-0.20	-0.02***	-0.11	0.29	-0.02***	0.01**
	(-0.45)	(-6.09)	(-0.16)	(0.34)	(-4.45)	(2.44)
SOE	0.05**	0.10**	0.08	0.25	0.44	0.53
	(2.01)	(2.11)	(1.47)	(1.25)	(0.58)	(0.32)
Off_sex	-0.34	-0.25***	1.22	-0.34	-0.34***	0.10***
	(-0.27)	(-6.20)	(1.41)	(-0.15)	(-7.69)	(3.70)
Off_age	-0.05	-0.05	0.02	0.01	-0.03	-0.13*
	(-0.77)	(-1.61)	(0.60)	(0.05)	(-1.62)	(-1.81)
Off_edu	0.50	1.19***	-0.44*	1.21*	0.22*	0.13
	(1.42)	(6.55)	(-1.77)	(1.91)	(1.80)	(0.34)

续表

Var	High FR			Low FR		
	(1)	(2)	(3)	(4)	(5)	(6)
Off_over	1.59	0.29	-0.84	1.58***	0.40	-1.97***
	(1.28)	(0.50)	(-0.96)	(4.39)	(0.94)	(-3.18)
Constant	-0.30**	0.55***	-0.33***	-0.41	1.33***	-0.15
	(-2.07)	(7.47)	(-3.38)	(-1.62)	(7.07)	(-0.97)
Year/Ind	Yes	Yes	Yes	Yes	Yes	Yes
N	1303	1098	1024	2557	2101	1993
R^2	0.03	0.04	0.01	0.13	0.03	0.02

注：$*p<0.1$，$**p<0.05$，$***p<0.01$。

第六节 进一步分析

一 影响机制分析及检验：D&O责任险契约内容视角

依据理论分析章的剖析，本章认为D&O责任险的覆盖率越高，其激励作用越强，越能降低高级管理人员风险敏感度，企业采取委托理财行为的可能性越大，并且乐意配置高风险理财产品；D&O责任险告知义务条款越多，其监督效应越强，公司高管的私利动机得到一定程度的遏制，采取激进委托理财行为的倾向性降低，配置高风险理财产品的倾向性降低；D&O责任险除外责任条款越多，激励与监督效应越弱。当D&O责任险除外责任条款对其激励效应的削弱程度大于对监督效应的削弱程度时，即D&O责任险的监督效应大于激励效应，公司会减少购买委托理财产品，或者配置低风险的理财产品。当D&O责任险除外责任条款对其激励效应的削弱程度小于对监督效应的削弱程度时，D&O责任险的激励效应大于监督效应，公司可能会增加对委托理财产品的购买力度，配置高风险的理财产品以便于套利。

(一) 模型构建

为了检验 D&O 责任险契约内容对企业委托理财倾向、企业委托理财产品结构配置行为的影响,本书构建了模型(4-3),具体如下:

$$EF = \gamma_0 + \gamma_1 D\&O + \gamma_2 Size + \gamma_3 MV + \gamma_4 Lev + \gamma_5 CF + \gamma_6 Indep + \gamma_7 Board + \gamma_8 SOE + \gamma_9 Off\_sex + \gamma_{10} Off\_age + \gamma_{11} Off\_edu + \gamma_{12} Off\_over + \gamma_{13} \sum Year + \gamma_{14} \sum Ind + \xi \qquad (4-3)$$

在模型(4-3)中,被解释变量 EF 为企业委托理财行为,分别由企业委托理财行为倾向(EF_size)、企业委托理财结构配置(EF_type、EF_time)量化。D&O 为 D&O 责任险契约内容,分别由 D&O 责任险覆盖率(D&O_cov)、D&O 责任险告知义务(D&O_tell)、D&O 责任险除外责任(D&O_ex)来衡量。D&O 责任险合同数据的获取:首先是在收集 D&O 责任险的购买相关数据的过程中,筛选出上市公司购买 D&O 责任险所投保的保险机构;然后,借助百度等搜索引擎从相应保险机构等相关网站获取。金融关联数据来自上市公司年报并经手工整理获得。参考彭韶兵等(2018)的研究,变量 D&O_cov 表示 D&O 责任险覆盖率,用赔偿限额/平均市场价值来衡量;变量 D&O_tell 表示 D&O 责任险的告知义务,用 D&O 合同中告知义务的条款数目来衡量;D&O_ex 表示 D&O 责任险的除外责任,用 D&O 合同中除外责任的条款数目来衡量。其他变量定义可参见表 4-3。

(二) D&O 责任险契约内容数据概况

表 4-13 中,情形 1 为 D&O 责任险合同条款中的覆盖率、告知义务和除外责任可在股东大会会议资料中获取。情形 2 为股东大会会议资料中只列示了 D&O 责任险的购买信息、D&O 责任险合同条款中的覆盖率或承保的保险机构等相关信息,而 D&O 责任险合同条款中的告知义务条款和除外责任条款需查询其承保的保险机构的 D&O 责任险合同条款。情形 3 为仅可获悉该上市公司购买了 D&O 责任险,但是通过以上两种方式均不能获得 D&O 责任险合同条款内容。情形 1 的类别比为 28.51%;情形 2 的类别比为 63.68%;情形 3 的类别比为 7.81%。情形 1 和情形 2 的类别比(92.19%)远超过情形 3

(7.81%),增大了实证检验的可靠性。

表 4-13　D&O 责任险合同条款数据获取情况总分类[①]

获取情况分类 样本数及 类别比	情形 1		情形 2		情形 3	
	样本数	类别比（%）	样本数	类别比（%）	样本数	类别比（%）
	252	28.51	563	63.68	69	7.81

表 4-14 中，覆盖率部分，规定赔偿限额的样本数约占 D&O 责任险购买数据的 40%。除外责任部分，详细数据是指除外责任条款数目在中位数以上的部分，并计算上市公司占比；简略数据是指除外责任条款数目在中位数以下的部分，并计算上市公司占比；基于此，除外责任条款数目中位数以上的部分是指第 20—44 条（详细数据部分），上市公司占比为 45.70%；除外责任条款数目中位数以下的部分是指第 13—20 条（简略数据部分），上市公司占比为 12.78%。除外责任部分详细数据占比与简略数据占比之和（58.48%）高于无法获取除外责任条款数据占比（41.52%），且详细数据占比远高于简略数据占比，使实证检验的可靠性较高。同理，计算告知义务部分详细数据占比和简略数据占比，告知义务条款数目中位数以上的部分是指第 42—100 条（详细数据部分），上市公司占比为 47.51%；告知义务条款数目中位数以下的部分是指第 7—42 条（简略数据部分），上市公司占比为 10.97%。告知义务部分详细数据占比与简略数据占比之和（58.48%）高于无法获取告知义务条款数据占比（41.52%），且详细数据占比远高于简略数据占比，使实证检验的可靠性较高。

表 4-14　D&O 责任险合同条款数据获取情况明细分类

覆盖率占比（%）		除外责任占比（%）			告知义务占比（%）		
是	否	详细	简略	无	详细	简略	无
40	60	45.70	12.78	41.52	47.51	10.97	41.52

---

① 每种分类的具体情况及典型举例，可参见表 4-15。

第四章　D&O 责任险与企业委托理财行为

表 4 – 15　D&O 责任险合同条款数据获取情况分类及举例说明

分类名	含义	举例
情形 1	具体的合同条款内容可在股东大会会议资料、董事会会议记录、招股说明书等中获取	比如：证券代码 600511——国药集团药业股份有限公司在 2007 年股东大会议案中（p134 – 140）列示①： （1）除外责任：①罚款或惩罚性赔偿；②被保险人事实上的不诚实、欺诈行为；③被保险人提出的索赔；等等 （2）告知义务：①投保时如实告知；②公司发生重大变更（兼并、收购、增发新股、大股东变更等）时及时告知；③发生索赔或可能索赔时及时告知；等等 （3）覆盖率（责任限额的规定）：美亚保险公司为国药股份提供了三种保费及责任限额选择：方式一：保费人民币 10 万元，责任限额 1500 万元；方式二：保费人民币 13.8 万元，责任限额 3000 万元；方式三：保费人民币 18 万元，责任限额 5000 万元；根据本公司实际情况，建议选择方式三
情形 2	通过阅读股东大会会议资料、董事会会议记录等，获悉该公司是否购买了董事高管责任险？赔偿限额是多少？承保的保险机构？而具体的 D&O 责任险合同条款无法获知，此时，本书就去查询其承保的保险机构的 D&O 责任险合同条款	比如，证券代码 601186——中国铁建股份有限公司在 2011 年年度股东大会会议资料中可获悉"同意公司为董事、监事、高级管理人员购买华泰财产保险有限公司的董监事高管责任保险一份，保险期限 12 个月，保险金额为 1000 万美元，保险费 18000 美元；通过搜寻华泰财产保险有限公司 D&O 责任险合同条款，具体如下②： （1）除外责任：①被保险人欺诈、不诚实或犯罪行为；对该行为的认定如有异议，以法院或行政机关的判决、认定为准；②被保险人实际获得的不当得利；等等 （2）告知义务：被保险公司和被保险人应尽可能早地就下列事项书面通知华泰：①保险期间内，首次提出的任何赔偿请求；②保险期间内，首次意识到其可能导致赔偿请求的任何事实或情形；等等

---

① 更为详细的内容可查看 http://pdf.dfcfw.com/pdf/H2_AN201202280004286635_1.pdf。

② 更为详细的内容，可参见 http://www.ehuataisz.com/bigtype.asp?big=3 中下载查看董（监）事及高级职员责任保险条款。

续表

分类名	含义	举例
情形3[①]	仅可获悉该上市公司购买了 D&O 责任险,但是通过以上两种方式均不能获得 D&O 责任险合同条款内容	比如,证券代码 600775——南京熊猫电子股份有限公司2012—2015 年度报告中[②]"公司遵守香港联交所发布的《主板上市规则》的修订内容,购买董事及高级管理人员责任保险",由此可知该公司购买了 D&O 责任险,但是通过以上两种方式都无法获取 D&O 责任险合同条款内容

（三）D&O 责任险契约内容与企业委托理财行为

为了检验 D&O 责任险具体是怎样影响企业委托理财行为？本章对 D&O 责任险契约内容影响企业委托理财行为的回归模型（4-3）进行了检验，回归结果如表 4-16、表 4-17 所示。

表 4-16　　D&O 责任险内容与企业委托理财行为倾向性

Var	(1)	(2)	(3)
D&O_cov	0.14 ** (2.10)		
D&O_tell		-0.12 *** (-4.12)	
D&O_ex			0.41 * (1.78)
Size	2.50 ** (2.34)	0.15 (0.14)	3.99 *** (3.81)
MV	-1.01 (-1.11)	1.37 *** (4.19)	2.63 *** (3.65)
Lev	-1.90 ** (-2.04)	0.89 *** (5.81)	-0.04 * (-1.80)

---

① 由于情形 3 中无法获取 D&O 责任险合同条款内容,在实证检验时,该部分样本被删除。

② 2012 年度报告可查看 http：//www.cninfo.com.cn/information/companyinfo.html。

续表

Var	(1)	(2)	(3)
CF	1.66**	3.03***	3.50***
	(2.52)	(4.03)	(5.17)
Indep	-3.40**	4.64*	2.72***
	(-2.23)	(1.96)	(10.63)
Board	-1.74***	-3.39***	-1.89***
	(-4.74)	(-5.19)	(-4.75)
SOE	0.40**	-0.00	0.01
	(2.23)	(-0.75)	(0.26)
Off_sex	2.06**	0.64	0.68
	(2.25)	(0.63)	(0.75)
Off_age	0.03	0.05	0.03
	(0.69)	(1.21)	(0.73)
Off_edu	0.76***	-0.55**	-0.80***
	(3.29)	(-2.16)	(-3.52)
Off_over	-0.42	3.96***	2.65***
	(-0.48)	(3.62)	(7.72)
Constant	-0.06***	-0.03**	-0.11***
	(-4.35)	(-2.24)	(-8.11)
Year/Ind	Yes	Yes	Yes
N	790	428	428
R^2	0.23	0.66	0.72

注：$*p<0.1$，$**p<0.05$，$***p<0.01$。

表 4-16 列示了 D&O 责任险对企业委托理财行为倾向性的影响，其中，列（1），D&O_cov 前的系数为 0.14，并且在 5% 的水平下显著，说明 D&O 责任险覆盖率会强化其激励效应，使 D&O 责任险的激励效应大于监督效应，企业更倾向于采取委托理财行为。列（2）D&O_tell 前的系数为 -0.12，并且在 1% 的水平下显著，说明 D&O 责任险告知义务通过强化其监督效应，会使 D&O 责任险的监督效应大于激励效应，保险机构的监督作用在一定程度上可以抑制高管的高

风险投资行为，企业采取委托理财行为的倾向性会降低。列（3）D&O_ex前的系数为0.41，并且在10%的水平下显著，说明D&O责任险除外责任虽同时弱化了其监督效应和激励效应，但此时激励效应大于监督效应，企业更倾向于采取委托理财行为。

表4-17列示了D&O责任险对企业委托理财产品结构配置行为的影响，其中列（1），D&O_cov前的系数为0.04，并且在1%的水平下显著，说明D&O责任险覆盖率会强化其激励效应，使D&O责任险的激励效应大于监督效应，更可能会推进高管的高风险投资行为，配置非保本型理财产品等高风险理财产品。列（2），D&O_tell前的系数为-0.20，并且在10%的水平下显著，说明D&O责任险告知义务通过强化其监督效应，会使D&O责任险的监督效应大于激励效应，保险机构的监督作用在一定程度上可以抑制高管的高风险投资行为，此时企业更可能配置保本型理财产品（减少配置非保本型理财产品等高风险理财产品）。列（3），D&O_ex前的系数为0.33，但是并不显著。列（4），D&O_cov前的系数为0.04，并且在10%的水平下显著，这表明D&O责任险覆盖率会强化其激励效应，使D&O责任险的激励效应大于监督效应，促使高管通过配置短期理财产品进行套利。列（5），D&O_tell前的系数为-0.13，但是并不显著。列（6），D&O_ex前的系数为-0.21，但是并不显著。

表4-17　D&O责任险内容与企业委托理财产品结构配置行为

Var	（1）	（2）	（3）	（4）	（5）	（6）
D&O_cov	0.04*** (4.67)			0.04* (1.84)		
D&O_tell		-0.20* (-1.82)			-0.13 (-0.33)	
D&O_ex			0.33 (0.77)			-0.21 (-0.91)
Size	-0.04*** (-3.56)	0.91*** (3.52)	0.76*** (4.52)	0.03* (1.72)	-0.13 (-0.83)	-0.23* (-1.76)

续表

Var	(1)	(2)	(3)	(4)	(5)	(6)
MV	0.07***	0.08***	0.01***	0.02	0.19***	0.15***
	(4.21)	(4.95)	(3.65)	(0.90)	(4.45)	(3.07)
Lev	−0.16***	3.58***	1.52***	−0.01	5.44***	4.19***
	(−7.13)	(3.60)	(4.24)	(−0.18)	(8.98)	(7.74)
CF	0.08***	−1.53***	−1.90***	−0.28***	0.29	1.91**
	(2.88)	(−4.42)	(−4.41)	(−3.05)	(0.23)	(2.05)
Indep	0.12	−2.51***	−1.89***	−1.18***	−2.79***	−2.56
	(1.37)	(−3.27)	(−7.32)	(−3.89)	(−3.49)	(−1.54)
Board	0.03	1.46***	1.33***	0.47***	2.61***	0.68
	(0.78)	(5.21)	(4.43)	(3.87)	(3.04)	(1.10)
SOE	0.46*	0.59	−1.94	3.62*	−0.26	0.14
	(2.13)	(1.04)	(−0.10)	(2.41)	(−0.34)	(0.16)
Off_sex	−0.37	0.14	0.04	1.03	−0.01	−0.01
	(−0.47)	(0.68)	(0.68)	(0.38)	(−0.00)	(−0.10)
Off_age	0.06*	0.01	0.02	0.04	−0.30*	−0.30*
	(1.78)	(1.06)	(1.04)	(0.33)	(−1.74)	(−1.74)
Off_edu	0.23	−0.04	−0.02	0.85	1.22	1.22
	(1.00)	(−0.85)	(−1.16)	(1.09)	(1.04)	(1.04)
Off_over	0.04	−0.05***	−0.05***	1.88***	−2.53**	−1.88
	(0.07)	(−1.25)	(−2.53)	(2.71)	(−2.06)	(−0.77)
Constant	1.58***	−2.59***	−3.86***	0.49	1.54	0.87
	(1.18)	(−3.32)	(−3.65)	(1.58)	(1.10)	(0.56)
Year/Ind	Yes	Yes	Yes	Yes	Yes	Yes
N	328	195	195	328	191	191
R^2	0.06	0.11	0.11	0.02	0.28	0.28

注：*$p<0.1$，**$p<0.05$，***$p<0.01$。

二 调节效应分析及检验：D&O 责任险契约环境视角

（一）D&O 责任险、制度环境与企业委托理财行为

表 4-18 在区分制度环境的情况下，检验了 D&O 责任险对企业

委托理财行为的影响。本章用实际控制人性质来衡量制度环境。若上市公司的实际控制人性质为国有企业则赋值为1，否则赋值为0。国有企业（SOE）中，列（1），D&O_ buy 前的系数是0.10，在1%的水平下显著；列（2），D&O_ buy 前的系数为正，但是不显著；列（3），D&O_ buy 前的系数为0.04，并且在1%的水平下是显著的。非国有企业（NSOE）中，列（4），D&O_ buy 前的系数为0.12，但是并不显著；列（5），D&O_ buy 前的系数为正，但是不显著；列（6），D&O_ buy 前的系数为正，但是并不显著，这表明国有企业中政府的隐性担保增强了D&O责任险的激励效应，使D&O责任险与企业委托理财行为之间的正相关关系在国有企业中更为显著，即购买D&O责任险的国有企业采取委托理财行为的倾向性更高，并偏好于配置高风险的理财产品。

表4-18　　D&O责任险、制度环境与企业委托理财行为

Var	SOE			NSOE		
	（1）	（2）	（3）	（4）	（5）	（6）
D&O_ buy	0.10***	0.01	0.04***	0.12	0.04	0.03
	(3.53)	(0.64)	(3.15)	(0.13)	(0.31)	(0.38)
Size	-0.18***	-0.04***	-0.07**	-0.99***	-0.05***	-0.05*
	(-3.01)	(-4.58)	(-2.52)	(-6.24)	(-6.70)	(-1.78)
MV	-0.09	0.06***	0.02	0.66**	0.04***	0.20***
	(-1.27)	(4.00)	(0.66)	(2.01)	(2.60)	(3.15)
Lev	0.59***	-0.15***	0.16*	-0.97	-0.05	-0.21
	(3.06)	(-5.83)	(1.79)	(-1.27)	(-1.47)	(-1.57)
CF	0.21***	0.01***	-0.00	0.09	-0.02***	0.08***
	(4.23)	(3.61)	(-0.26)	(1.04)	(-4.59)	(5.84)
Indep	-0.42***	0.05***	0.31***	2.32***	-0.28***	0.23***
	(-3.88)	(5.18)	(4.67)	(5.15)	(-5.39)	(3.41)
Board	0.15***	-0.00	-0.16***	-0.86***	0.05***	0.03
	(4.47)	(-0.24)	(-5.16)	(-7.55)	(9.70)	(1.40)

续表

Var	SOE			NSOE		
	(1)	(2)	(3)	(4)	(5)	(6)
Off_sex	0.09**	0.82	1.15	0.08***	-1.54	-1.47
	(2.09)	(0.83)	(1.20)	(4.09)	(-1.35)	(-1.04)
Off_age	-0.02	0.04	-0.06	-0.03	-0.07	0.12
	(-0.64)	(0.96)	(-0.37)	(-0.25)	(-1.48)	(0.64)
Off_edu	0.13	0.06	-2.63***	0.12	-0.06	-0.47
	(0.63)	(0.20)	(-2.62)	(0.17)	(-0.17)	(-0.38)
Off_over	-0.21***	-1.63***	-1.06*	2.30***	1.18***	-1.75***
	(-3.12)	(-5.54)	(-1.68)	(3.32)	(2.27)	(-2.96)
Constant	0.03	1.50***	2.07***	2.02***	2.75***	-1.35***
	(0.28)	(3.11)	(5.03)	(7.27)	(5.44)	(-2.64)
Year/Ind	Yes	Yes	Yes	Yes	Yes	Yes
N	1577	1275	1177	1170	906	781
R^2	0.08	0.12	0.13	0.16	0.14	0.13

注：* $p<0.1$，** $p<0.05$，*** $p<0.01$。

（二）D&O 责任险、金融环境与企业委托理财行为

表 4-19 在区分金融环境的情况下，检验了 D&O 责任险对企业委托理财行为的影响效应。本章用金融景气度（FI）来衡量金融环境，它来自中国人民银行调查统计数据中的银行业景气指数。金融景气度采用扩散指数法计算，即首先剔除对此问题选择"不确定"的银行机构，然后计算各选项占比，并分别赋予各选项不同的权重（"很好"取 1，"较好"取 0.75，"一般"取 0.5，"较差"取 0.25，"很差"取 0），在此基础上求和计算出最终的景气度，即 $I = \sum_{i=1}^{5} c_i q_i$。指数取值范围是 0—100%，指数在 50% 以上，表示金融环境较好；低于 50%，表示金融环境较差。在优势的金融环境下（High FI），列（1）中 D&O_buy 前的系数为正，并且在 0.04 的水平下显著；在劣势的金融环境下（Low FI），列（4）中 D&O_buy 前的系数为 0.01，

但是并不显著,这说明了优势金融环境下,购买 D&O 责任险的公司更倾向于采取委托理财行为。这是因为在优势的金融环境下,D&O 责任险更会增强委托理财产品的期望值与效价,企业采取委托理财行为的倾向性更强。在优势的金融环境下(High FI),列(2)至列(3)中 D&O_buy 前的系数分别为 0.24、0.27,并且分别在 1%、5% 的水平下显著;在劣势的金融环境下(Low FI),列(5)中 D&O_buy 前的系数为 0.15,但是并不显著,列(6)中 D&O_buy 前的系数为 0.09,在 10% 的水平下显著,并且优势金融环境下 D&O_buy 前的系数高于劣势金融环境下 D&O_buy 前的系数,这说明优势金融环境下,购买 D&O 责任险的公司更会配置高风险的理财产品。这是因为在优势的金融环境下,D&O 责任险更会弱化高管风险感知度,使企业更倾向于配置高风险理财产品。

表 4-19　　D&O 责任险、金融环境与企业委托理财行为

Var	High FI			Low FI		
	(1)	(2)	(3)	(4)	(5)	(6)
D&O_buy	0.04***	0.24***	0.27**	0.01	0.15	0.09*
	(2.76)	(3.33)	(2.21)	(0.56)	(0.11)	(1.72)
Size	-0.44***	-0.24***	0.03	-0.58***	0.01***	-0.21
	(-5.00)	(-4.74)	(0.93)	(-3.90)	(4.92)	(-0.61)
MV	0.18*	0.25***	-0.00	-0.01	0.00	0.29
	(1.77)	(6.54)	(-0.03)	(-0.03)	(1.03)	(1.48)
Lev	-0.70***	-0.39***	0.16	0.22	-0.31***	-5.76***
	(-2.62)	(-4.09)	(1.01)	(0.43)	(-5.36)	(-4.40)
CF	0.17***	0.02	0.04***	0.10	-0.01***	-0.02
	(4.29)	(1.29)	(3.41)	(1.20)	(-7.14)	(-0.10)
Indep	0.27**	0.20***	0.09	0.61***	0.01**	0.94
	(2.18)	(5.22)	(1.45)	(2.84)	(2.28)	(1.49)
Board	-0.09**	-0.02	-0.07***	-0.42***	-0.00**	-0.54**
	(-2.19)	(-1.40)	(-3.08)	(-5.79)	(-2.46)	(-2.57)

续表

Var	High FI			Low FI		
	(1)	(2)	(3)	(4)	(5)	(6)
SOE	0.73*	0.13**	0.00	1.47*	-0.17*	0.01
	(1.88)	(2.54)	(0.47)	(1.77)	(-1.83)	(0.16)
Off_sex	-0.91	-0.20	1.91	0.05	-0.00***	-0.94***
	(-0.99)	(-0.06)	(1.51)	(0.03)	(-5.10)	(-5.70)
Off_age	0.04	-0.27	0.22	-0.02	-0.03	-0.01
	(0.99)	(-1.61)	(1.24)	(-0.19)	(-0.58)	(-0.05)
Off_edu	-0.19	-1.11	2.93**	-0.17	0.00***	0.05
	(-0.75)	(-1.05)	(2.47)	(-0.31)	(4.72)	(1.06)
Off_over	0.67***	2.20	-2.69***	1.35***	0.01***	0.90***
	(4.08)	(0.73)	(-5.41)	(5.09)	(4.01)	(4.59)
Constant	0.71***	4.67***	-1.28***	1.23***	0.24***	4.21***
	(7.52)	(9.69)	(-3.06)	(4.80)	(8.29)	(6.85)
Year/Ind	Yes	Yes	Yes	Yes	Yes	Yes
N	1095	904	828	2252	1277	1130
R^2	0.14	0.22	0.18	0.06	0.11	0.13

注：$*p<0.1$，$**p<0.05$，$***p<0.01$。

（三）D&O 责任险、信息环境与企业委托理财行为

表 4-20 在区分信息环境的情况下，检验了 D&O 责任险对股东积极主义行为的影响。本章利用应计盈余管理程度（aDA）来衡量，若上市公司的应计盈余管理程度越高，则信息环境越差（Low Info，aDA > mean），若上市公司的应计盈余管理程度越低，则信息环境越好（High Info，aDA < mean）。高质量信息环境下（High Info），列（1）中 D&O_buy 前的系数为 0.03，并且在 5% 的水平下显著；低质量信息环境下（Low Info），列（4）中 D&O_buy 前的系数为 0.01，但是并不显著，这说明在高质量信息环境下，购买 D&O 责任险的公司更倾向于采取委托理财行为。这是因为高质量信息环境下，D&O 责任险更会增强委托理财产品的期望值和效价，企业采取委托理财行为

的倾向性更大。在高质量信息环境下（High Info），列（2）中 D&O_ buy 前的系数为 0.04，但并不显著；在低质量信息环境下（Low Info），列（5）中 D&O_ buy 前的系数为 0.07，并且在 1% 的水平下显著，这说明低质量信息环境下，购买 D&O 责任险的公司更会配置高风险的理财产品，这是因为在低质量信息环境下，D&O 责任险更可能会促进高管的机会主义行为，高管更倾向于配置高风险的理财产品，以谋求个人私利。在高质量信息环境下（High Info），列（3）中 D&O_ buy 前的系数为 0.06，但并不显著；在低质量信息环境下（Low Info），列（6）中 D&O_ buy 前的系数为 0.03，但是并不显著。

表 4-20　　　　D&O 责任险、信息环境与委托理财行为

Var	High Info			Low Info		
	(1)	(2)	(3)	(4)	(5)	(6)
D&O_ buy	0.03**	0.04	0.06	0.01	0.07***	0.03
	(2.48)	(1.55)	(0.84)	(0.27)	(3.36)	(0.10)
Size	-0.04	-0.07***	0.02	-0.71***	-0.05***	-0.13***
	(-0.68)	(-5.76)	(0.54)	(-5.21)	(-4.75)	(-5.02)
MV	0.18**	0.12***	0.08	-0.19	0.07***	0.01
	(2.17)	(8.26)	(1.64)	(-0.99)	(7.29)	(0.31)
Lev	0.09	-0.06*	-0.15	1.53***	-0.20***	0.01
	(0.39)	(-1.67)	(-1.21)	(2.87)	(-7.26)	(0.09)
CF	0.31***	-0.01**	0.04***	0.01	0.02***	0.04***
	(4.41)	(-2.42)	(3.16)	(0.08)	(5.31)	(2.83)
Indep	0.31***	-0.09***	0.01	0.90***	0.07***	0.15***
	(3.09)	(-6.38)	(0.28)	(4.17)	(6.51)	(3.77)
Board	-0.15***	0.03***	-0.05**	-0.43***	-0.00	-0.05***
	(-4.31)	(4.33)	(-2.36)	(-4.00)	(-1.15)	(-3.05)
SOE	0.02***	0.05**	-0.02	0.01	-0.00	0.58
	(2.64)	(2.53)	(-1.19)	(0.41)	(-0.56)	(0.36)

续表

Var	High Info			Low Info		
	(1)	(2)	(3)	(4)	(5)	(6)
Off_sex	0.29	-2.30**	2.97	-0.61	0.21	-0.08
	(0.37)	(-2.05)	(0.78)	(-0.33)	(0.22)	(-0.02)
Off_age	-0.03	0.02	-0.23	0.08	0.03	0.20
	(-0.88)	(0.46)	(-1.28)	(0.88)	(0.72)	(1.17)
Off_edu	-0.72***	0.71**	0.24	-0.02	0.28	-1.68*
	(-3.19)	(1.97)	(0.20)	(-0.04)	(1.05)	(-1.69)
Off_over	0.08	1.76***	-1.98***	1.45***	-3.19***	1.62
	(1.03)	(6.59)	(-4.51)	(0.44)	(-4.09)	(0.53)
Constant	-0.37***	2.51***	-0.59	1.69***	1.63***	2.02***
	(-4.09)	(7.16)	(-1.14)	(7.88)	(6.01)	(5.20)
Year/Ind	Yes	Yes	Yes	Yes	Yes	Yes
N	1099	919	834	2248	1262	1039
R^2	0.24	0.19	0.17	0.11	0.12	0.17

注：*p<0.1，**p<0.05，***p<0.01。

三 经济后果分析及检验：公司治理效应视角

企业委托理财行为是一把"双刃剑"。一方面，委托理财行为有利于提高闲置资金的利用效率，优化资源配置，同时委托理财活动的丰厚收益，还可以美化公司业绩；另一方面，上市公司的主业并非资本运作，若将过多的资金进行委托理财，将不利于公司的长远发展。通过前面的理论分析及实证检验，本章发现D&O责任险会影响企业委托理财行为。为了检验企业委托理财行为对公司治理的影响效应，同时也为了剖析D&O责任险的作用效应，本章从公司治理效应角度，检验分析了D&O责任险对企业委托理财行为影响产生的经济后果。本章参考韩晴和王华（2014）的研究，利用管理费用率（Fee）和ROA来量化公司治理效应。

表4-21列示了购买D&O责任险公司中，企业委托理财行为对公司治理效应影响的回归结果。其中，列（1）和列（4）是企业委

托理财行为倾向性对公司治理效应影响的回归结果；列（2）至列（3）、列（5）至列（6）为企业委托理财产品结构配置行为对公司治理效应影响的回归结果。列（1），EF_size 前的系数为 -0.02，并且在 1% 的水平下显著。列（4），EF_size 前的系数为 0.03，并且在 10% 的水平下显著，这表明企业委托理财行为倾向性有利于降低代理成本，提升公司业绩。列（5），EF_type 前的系数为 -0.69，并且在 10% 的水平下显著，这表明企业认购的高风险理财产品越高，公司业绩越差。因此，本章认为 D&O 责任险会通过影响企业委托理财行为倾向性发挥公司治理效应，但是 D&O 责任险会通过影响企业委托理财产品结构配置行为引发道德风险问题。

表 4-21　D&O 责任险、企业委托理财行为与公司治理效应

Var	Fee			ROA		
	(1)	(2)	(3)	(4)	(5)	(6)
EF_size	-0.02***			0.03*		
	(-3.95)			(1.84)		
EF_type		0.34			-0.69*	
		(1.42)			(-1.95)	
EF_time			0.18			0.03
			(0.70)			(0.53)
Top1	0.01***	-0.02**	0.04***	-0.05***	0.02**	-0.10***
	(2.94)	(-2.33)	(3.30)	(-4.19)	(2.30)	(-4.41)
Bmeet	-0.01	0.08**	0.03	-0.00	0.03	0.25***
	(-0.41)	(2.53)	(0.60)	(-0.18)	(0.66)	(2.63)
Attend	0.01	-0.01	-0.02	0.01	0.01	0.16*
	(0.79)	(-0.38)	(-0.49)	(0.35)	(0.16)	(1.82)
Proxy	0.13***	0.05***	0.09***	0.13	-0.05**	-0.19***
	(2.84)	(4.06)	(4.96)	(0.61)	(-2.56)	(-5.66)
Absence	-0.07	0.05*	0.01	-0.22	-0.08**	0.10
	(-0.60)	(1.88)	(0.09)	(-0.51)	(-1.98)	(1.09)

续表

Var	Fee			ROA		
	(1)	(2)	(3)	(4)	(5)	(6)
Board	0.11*** (4.26)	0.02*** (3.73)	0.08*** (4.11)	0.10 (1.58)	-0.05*** (-6.81)	-0.10*** (-5.34)
IsHold	-0.60*** (-4.08)	-1.30*** (-5.08)	-2.32*** (-5.95)	0.07 (0.32)	2.61*** (6.12)	4.05*** (5.66)
Size	-2.79*** (-4.20)	-0.67*** (-3.31)	-0.65*** (-5.55)	-1.49*** (-7.35)	-1.74*** (-4.17)	-1.58*** (-5.38)
Lev	-0.22 (-1.17)	-4.25 (-0.55)	-1.60 (-0.46)	0.08 (0.14)	-0.13*** (-4.70)	0.04* (1.87)
SOE	0.01** (2.14)	0.39 (1.61)	0.05 (1.44)	-0.03** (-1.99)	-0.04 (-1.42)	0.24 (1.30)
Constant	4.97** (2.50)	7.39*** (4.04)	4.23*** (3.56)	1.56*** (7.00)	-3.69*** (-4.45)	-4.54*** (-6.68)
Year/Ind	Yes	Yes	Yes	Yes	Yes	Yes
N	3347	2181	1958	3347	2181	1958
R^2	0.24	0.16	0.17	0.92	0.11	0.09

注：*$p<0.1$，**$p<0.05$，***$p<0.01$。

第七节 本章小结

本章分析并检验了 D&O 责任险对企业委托理财行为的影响。基于委托理财数据，本章研究了 D&O 责任险购买对企业委托理财行为倾向性、企业委托理财产品结构配置行为的影响，并从金融关联度视角进行了分组检验。进一步分析中，①在影响机制分析及检验部分，本章基于 D&O 责任险契约内容中的 D&O 责任险覆盖率条款、D&O 责任险告知义务条款、D&O 责任险除外责任条款分析并检验了 D&O 责任险对企业委托理财行为的影响；②在调节机制分析及检验部分，从制度环境、金融环境、信息环境三个角度分析并检验了 D&O 责任险契约环境对 D&O 责任险与企业委托理财行为之间关系的差异化影响；③在经济后果分析及检验部分，从公司治理效应视角剖析并验证了 D&O 责任险对企业委托理财行为影响产生的经济后果。

　　D&O 责任险与企业委托理财行为的实证检验发现，购买 D&O 责任险的公司更倾向于采取委托理财行为，并偏好配置高风险理财产品。金融关联度越高，D&O 责任险的"关系效应"越强，企业采取委托理财行为的倾向性越高，并偏好配置高风险理财产品。进一步分析中，①通过实证检验 D&O 责任险契约内容对企业委托理财行为的影响，本章发现 D&O 责任险覆盖率通过强化其激励效应使企业采取委托理财行为的倾向性更高，并偏好于配置高风险理财产品。D&O 责任险告知义务通过强化其监督效应，遏制了高管的私利动机，企业采取委托理财行为的倾向性降低，配置高风险理财产品的可能性降低。D&O 责任险除外责任虽同时弱化了其监督效应和激励效应，由于此时其激励效应仍大于监督效应，使企业更倾向于采取委托理财行为。②通过实证检验 D&O 责任险契约环境对企业委托理财行为的影响，本章发现国有企业中，D&O 责任险的激励效应更强，企业采取委托理财行为的倾向性更高，并偏好于配置高风险理财产品。优质金融环境下，购买 D&O 责任险的公司对企业委托理财行为有着更高的期望值与效价，采取委托理财行为的倾向性更高，并偏好于配置高风险理财产品。高质量信息环境下，D&O 责任险更会增强企业购买理财产品的期望值和效价，企业采取委托理财行为的倾向性更大。低质量信息环境下，D&O 责任险更可能会促进高管的机会主义行为，高管更倾向于配置高风险的理财产品，以谋求个人私利。③通过研究 D&O 责任险对企业委托理财行为影响产生的经济后果，本章发现在购买了 D&O 责任险的公司中，企业委托理财行为倾向性有利于提升公司业绩，然而企业高风险的理财产品配置行为却会提高代理成本，有损于公司业绩，因此本章认为 D&O 责任险通过影响企业委托理财行为倾向性发挥了公司治理效应，但是 D&O 责任险通过影响企业委托理财产品结构配置行为引发了道德风险问题。

第四章　D&O 责任险与企业委托理财行为

　　为了更好地发挥 D&O 责任险的公司治理效应，抑制其道德风险效应，本书建议上市公司应适度购买 D&O 责任险，逐步完善其公司治理机制，使公司治理机制与 D&O 责任险形成良性互动的关系，更好地发挥 D&O 责任险的公司治理效应，提升公司治理水平。保险公司与上市公司签订 D&O 责任险契约合同时，应加大 D&O 责任险告知义务条款的占比，以便更好地发挥 D&O 责任险的监督效应。另外，相关监管机构应加强对上市公司的监督力度，使公司透明度得以提高，这可以为 D&O 责任险公司治理效应的发挥营造良好的信息环境，继而提升公司价值。

第五章

D&O 责任险与银行限制性贷款行为

本章分析并检验了 D&O 责任险对银行限制性贷款行为的影响。基于担保、抵质押贷款、贷款成本和贷款期限等数据,本章研究了 D&O 责任险购买对银行限制性贷款行为的影响,并分别从关联担保、分析师关注的视角进行了分组检验。进一步分析中,其一,在影响机制分析及检验部分,基于 D&O 责任险契约内容中的 D&O 责任险覆盖率条款、D&O 责任险告知义务条款、D&O 责任险除外责任条款分析并检验了 D&O 责任险对银行限制性贷款行为的影响;其二,在调节机制分析及检验部分,从制度环境、金融环境、信息环境三个角度分析并检验了 D&O 责任险契约环境对 D&O 责任险与银行限制性贷款行为之间关系的差异化影响;其三,在经济后果分析及检验部分,本章从公司治理效应视角剖析并验证了 D&O 责任险对银行限制性贷款行为影响产生的经济后果。

第一节 问题提出

为了到期能足额收回本金和利息,银行等债权人有很强的动机在贷款契约合同中对财务信息和非财务信息(比如对担保物、抵质押品、贷款期限的要求等)进行约定,以限制企业行为(Asquith et al., 2005; Christensen and Nikolaev, 2012; Flannery and Wang, 2011)。贷款的有效期限和抵质押、担保能力被认为优先于银行等债权人的其他监控措施（Rajan and Winton，1995）。担保物、抵质押品是银行风险转移的重要选择，对企业（借款人）起到约束作用，它们在企业接近违约时的效用最大（Markou et al.，2018），有利于提升贷款契约的监督效应（Carrizosa and Ryan，2017）。但是，对企业进行严格的贷款限制也是有成本的，并非银行的最优选择（Markou et al.，2018）。另外，银行对借款企业的监督方式及力度并非是一成不变的，银行会根据企业的获利情况、风险水平等，对贷款契约进行调整（Roberts and Sufi，2009），当企业的盈利水平不断提高时，银行可能会考虑对企业采取宽松的贷款策略。企业的违约风险及公司面临的不确定性也是银行发放贷款考虑的重要因素，当公司风险较低或者公司面临的不确定性较小时，银行对企业风险水平的感知度较低，其谨慎性也较低，进而会放松对企业的贷款限制（Nikolaev，2018）。此外，银行与企业（借款人）之间的信息不对称程度会影响银行对上市公司的监督力度，当二者之间的信息不对称程度越小，银行的监督力度越小（Minnis and Sutherl，2017；Sufi，2007）。

  D&O责任险作为风险管理工具引入上市公司后，其作用效应便备受质疑，D&O责任险是否会使高管采取更多激进的行为，增加公司风险，有损于公司业绩，引发道德风险问题？还是会抑制高管的机会主义行为，降低公司风险，有利于改善公司业绩，发挥公司治理效应？现有文献并没有得出一致的结论。银行作为债权人，重要的利益相关方，它们是怎样看待D&O责任险？D&O责任险是抑制还是提升银行的风险感知水平？D&O责任险是否影响银行对上市公司的监督力度？为解决这些问题，本章研究了D&O责任险对银行限制性贷款行为的影响。考虑到企业关联担保额度可能会增强D&O责任险的激励效应，分析师关注度可能会增强D&O责任险的监督效应，本章还分析并检验了公司关联担保差异、分析师关注度差异是否会使D&O责任险与银行限制性贷款行为之间关系有所不同。

  进一步分析中，第一，在影响机制分析及检验部分，基于D&O责任险契约内容中的D&O责任险覆盖率条款、D&O责任险告知义务条款、D&O 责任险除外责任条款分析并检验了 D&O 责任险对银行限制性贷款行为的影响；第二，在调节机制分析及检验部分，从制度环境、金融环境、信息环境三个角度分析并检验了 D&O 责任险契约环境对 D&O 责任险与银行限制性贷款行为之间关系的差异化影响；第三，在经济后果分析及检验部分，本章从公司治理效应视角剖析并验证了 D&O 责任险对银行限制性贷款行为影响产生的经济后果。

本章的研究贡献主要表现为以下几点：第一，本章的研究丰富了 D&O 责任险与银行限制性贷款行为的相关文献，拓展了银行限制性贷款行为的影响因素和 D&O 责任险的作用效应研究。第二，本章的研究便于业界和理论界更好地认识 D&O 责任险契约条款，增强对其监督激励问题的关注，以便于完善 D&O 责任险契约内容，使其更准确地理解契约理论。第三，本章的研究强调了 D&O 责任险契约环境的重要性，剖析了 D&O 责任险契约环境对银行限制性贷款行为的影响，以便于银行可以依据 D&O 责任险契约环境对上市公司贷款作出限制性决策。第四，从公司治理效应角度研究了 D&O 责任险对银行限制性贷款行为影响产生的经济后果，这既有利于分析检验银行限制性贷款行为的作用效应，也便于解开 D&O 责任险矛盾性作用效应的争论。

第二节 研究假设

一 D&O 责任险与银行限制性贷款行为

为了降低其风险，银行在向企业贷款时会提出一些非价格要求，比如短期到期、担保、抵质押等（Guo and Luo, 2018; Graham et al., 2008; Smith and Warner, 1979），尤其是针对劣质借款人。但银行限制性贷款行为是有成本的（Markou et al., 2018），严苛的限制性条款并非其最优选择。对于信用较好的优质借款人，银行的贷款政策较为灵活，会选择降低对该借款人的贷款限制，比如减少担保、抵质押物的要求等（Graham et al., 2008）。借款人风险水平是银行做出贷款决

第五章 D&O 责任险与银行限制性贷款行为

策时考虑的重要因素，当银行对借款人的风险感知水平较低时，它会向借款人提供限制性条款较少的贷款（Guo and Luo，2018；Stulz，2000）。

本章认为，D&O 责任险会降低银行对企业的风险感知度，银行谨慎度降低，继而会放松对企业的贷款限制。

第一，D&O 责任险可以发挥监督效应，使保险公司成为上市公司的外部治理机制。①在承保之前，保险公司会对目标客户（包括董事、监事和其他高级管理人员）的财务信息与非财务信息进行调查分析，并进行风险评估，尽可能地确保上市公司的风险是可控的。因而，D&O 责任险的购买表明保险公司对上市公司的认同，可以释放出上市公司的质量较高、风险可控的信号。②承保中，保险公司要求上市公司就高风险的项目提前告知，使保险公司可以及时采取应对措施，帮助上市公司转移风险，或者通过提高保费率、拒绝赔付的方式来抑制上市公司采取相关高风险的项目。③承保后，为降低其赔付的风险，保险公司会对上市公司进行跟踪调查与分析，对上市公司的机会主义行为有一定的抑制作用。鉴于此，D&O 责任险的购买可以使银行的风险感知度降低，谨慎度降低，进而银行会放松对企业的贷款限制。

第二，D&O 责任险的购买可以使上市公司利用保险公司在风险管理方面的专业优势来化解风险。客户风险管理是保险公司成本管理的中心（杨光，2007），因而保险公司有动力为帮助上市化解风险，以降低其成本。另外，保险公司有着复杂的客户关系网，便于风险的转移（杨爱萍，2007）。作为专业的风险管理机构，保险公司一般有着成熟的风险管理体系，便于其对客户进行风险管理（胡利琴等，2017）。D&O 责任险的购买使银行对公司的风险感知度降低，谨慎度降低，进而放松对企业的贷款限制。本章并不认为 D&O 责任险对委托理财行为的促进作用会增加银行对上市公司的风险感知，原因如下：①虽然 D&O 责任险的购买会使上市公司增加对高风险理财产品的配置，但是保险公司作为直接、间接的受托机构和保险人，对企业委托理财行为带来的风险有着较为准确的评估，即企业采取委托理财行为后，上市公司的风险仍是可控的，并且保险公司可以帮助上市公司化解委托理财行为等带来的风险。如果上市公司没有购买D&O责任险，那么其不能利用保险公司在风险管理方面的专业优势，上市公司较难快速有效地实现风险的转移，因此，D&O责任险的购买可以降低委托理财行为所带来的风险。②D&O责任险的告知义务要求上市公司就重大风险性项目进行告知，并且委托理财行为也不在除外责任条款之列，这使保险公司有动机、有能力采取相关监督措施降低上市公司的风险。③风险与收益具有一定的对等性，适度风险投资项目的采取，有利于提高上市公司的获利水平，上市公司还本付息的能力提升。

第三，D&O责任险的购买使保险公司对企业高管的不当行为兜底，降低了银行对企业的风险感知度。D&O责任险是公司为其高级管理人员购买的，其不当行为给公司带来的损失风险转嫁给保险公司，这将大大降低银行的风险感知度，银行谨慎度下降，继而会放松对企业的贷款限制。

第四，D&O责任险的购买建立了上市公司与金融机构之间的紧密联系，使上市公司可以共享"金融关系"带来的资源。D&O责任险的购买相当于上市公司与保险公司建立了紧密联系，我国金融机构的总体关联度呈明显的上升趋势（李政等，2016），这使上市公司间接与银行建立了关系，而借贷双方的信息不对称被认为是导致道德风险、逆向选择问题的重要原因，银企关联可缓解银行与上市公司之间的信息不对称程度，使企业获取较多的债务融资（邓建平和曾勇，2011）或者较低的融资成本（何韧，2010；Ciamarra，2012）。由此可见，D&O责任险的购买使上市公司间接与银行建立了联系，上市公司与银行之间的不对称程度降低，使银行会放松对企业的贷款限制。基于上述分析，提出假设H5.1。

H5.1：D&O责任险使银行谨慎度降低，银行会放松对企业的贷款限制。

二 D&O责任险、关联担保与银行限制性贷款行为

关联网络的形成对风险传染的可能性以及传染的程度影响很大

(Diebold and Yilmaz, 2014), 企业关联担保实际上使上市公司之间形成了紧密的关联网络 (Rajan and Winton, 1995), 使风险会在关联各方迅速传播 (Stulz, 2000)。另外,企业关联担保一般比较复杂并且不确定性较大,这使企业面临较大的风险 (王彦超和陈思琪,2017),因而,D&O 责任险条款中都对企业关联担保行为有着限制性的规定。有些保险公司甚至将关联担保列入除外责任,这将大大削弱保险公司对上市公司的监督力度 (彭韶兵等, 2018)。除外责任条款规定 D&O 责任险不予承保的范围,使关联担保造成的损失责任赔偿,保险公司仅赔付一部分或者拒绝赔付,D&O 责任险的担保效应被弱化,使银行对上市公司的风险感知度提高,谨慎度上升,继而会增加对企业的贷款限制。另外,Berkman 等 (2009) 发现,关联担保是大股东攫取公司利益的重要渠道之一,关联担保额度越大,其公司治理效率越低,公司治理机制更可能处于失效状态 (刘小年和郑仁满,2005)。而 D&O 责任险可能会引发道德风险问题 (Baker and Griffith, 2007)、恶化信息环境 (Chen et al., 2016),使关联担保高的公司更可能利用其与关联方的信息优势合谋套取银行信用 (Mello and Ruckes, 2017),此时公司治理机制与 D&O 责任险形成了"恶性循环"的关系,使公司风险水平增高,银行对上市公司的风险感知度提高,谨慎度上升,继而会增加对企业的贷款限制。基于上述分析,提出假设 H5.2。

H5.2：关联担保越高,D&O 责任险越会使银行增加对企业的贷款限制。

三 D&O 责任险、分析师关注度与银行限制性贷款行为

大数据时代的到来,信息冗余,怎么有效地筛选出有用的信息,显得尤为重要,作为资本市场中的信息中介证券分析师的作用颇为突出 (王玉和王建忠,2016)。Ramnath 等 (2008) 指出,证券分析师的重要性不仅体现在对公有信息的分析,更是表现在对私有信息的挖掘。他们在信息的收集、处理与传播中具有相对优势,使市场参与者可以获悉更为有价值的信息 (李馨子和肖土盛,2015)。保险公司作为保险人,他们在选择承保前、承保中、承保后,会利用分析师提供的报告对上市公司及其高管进行分析 (O'Sullivan, 1997)。承保前,

保险公司会根据其获取的相关信息决定是否承保,分析师关注度越高,保险公司将获取更多关于上市公司有价值的信息,从而其作出更有效的承保决策,即如果保险公司选择承保,那么该上市公司的质量相对较高,风险更加可控。承保中,保险公司会根据其获取的相关信息来决定D&O责任险的赔偿限额、保费率、告知义务条款、除外责任条款等,分析师关注度越高,更有利于保险公司在与上市公司签订D&O责任险契约条款时对董事和高管的诸多不当行为进行限制(Kalelkar and Nwaeze,2015),或者要求上市公司告知某些高风险事项,使D&O责任险更好地发挥监督效应(彭韶兵,2018)。承保后,保险公司会根据其获取的信息来安排相关监督事项,分析师关注度越高,上市公司与保险公司之间的信息不对称程度越低,保险公司的监督成本越低。

分析师关注度越高,上市公司的信息环境质量相对越高,D&O责任险对上市公司机会主义行为的促进作用越可能会得到及时抑制。本书对Aghion和Bolton(1992)、Chang等(2018)的模型进行了简化和拓展,并引入信息质量这一新变量,分析了D&O责任险的公司治理效应和道德风险效应[①],发现,当$\lambda > \lambda_1$时,D&O责任险每增加一单位,会使D&O责任险的监督激励效应的增加幅度大于D&O责任险的道德风险效应的增加幅度,即在信息质量高的环境下,D&O责任险会提升公司治理效应。当$\lambda < \lambda_1$时,D&O责任险每增加一单位,会使D&O责任险的道德风险效应的增加幅度大于D&O责任险的激励监督效应的增加幅度,即在信息质量低的环境下,D&O责任险会降低公司治理效应。因此,分析师关注度越高,D&O责任险更可能发挥公司治理效应,使银行的风险感知度降低,谨慎度降低,更可能放松对企业的贷款限制。基于上述分析,提出假设H5.3。

H5.3:分析师关注度越高,D&O责任险越会使银行放松对企业的贷款限制。

[①] 模型推导过程参见第三章理论分析中D&O责任险契约环境与利益相关者行为部分(信息环境小节)。

第五章 D&O 责任险与银行限制性贷款行为

第三节 研究设计

一 样本选择与数据来源

本章选取 2002—2017 年上市公司作为研究样本。样本期间从 2002 年开始的原因：在 2002 年 1 月 24 日的平安保险机构董事责任险险种发布会上，万科企业股份有限公司与平安保险机构签订首份保单，成为"董事高管责任险"的第一买主。D&O 责任险的购买相关数据是通过阅读股东大会会议资料、董事会会议记录、招股说明书、公司章程并进行手工整理获得。银行限制性贷款行为数据来自 CSMAR 和 Wind 数据库，银行层面基本特征数据来自 CCER 数据库。其他财务数据均来自 CSMAR 数据库。本章的样本数据剔除了金融类公司，剔除了 ST 公司，剔除了 IPO 当年样本，剔除了样本缺失值。为防止极端值导致的结果偏误，对于主要连续变量在 1% 水平下进行了极端值的缩尾处理。

二 主要变量定义

（一）银行限制性贷款行为

本章利用担保、抵质押贷款比率（Loan_ coll）、贷款成本（Loan_ cost）、贷款期限（Loan_ time）来界定银行限制性贷款行为。

（二）D&O 责任险购买状况

D&O_ buy 表示 D&O 责任险购买情况，若本年度该公司购买了 D&O 责任险，则 D&O_ buy 为 1，否则为 0。

（三）关联担保

用 Coll_ rel 表示，其计算方式为关联担保余额/期末净资产。

（四）分析师关注度

参考李琳和张敦力（2017）的研究，利用公司分析师跟踪人数（Analyst）衡量。

（五）控制变量

为了检验 D&O 责任险对银行限制性贷款行为的影响，本章控制了可能影响银行限制性贷款行为的银行层面因素（朱博文等，2013）和上市公司层面因素（Graham et al.，2008；Hertzel and Officer，2012；Lin et al.，2013）。其中，银行层面变量主要包括银行规模、资本充足率、流动性；公司层面变量主要包括公司规模、账面市值比、资产负债率、经营现金流、固定资产占比、独立董事人数规模、董事会规模、产权性质。

表 5-1　　　　　　　　　　　变量定义

变量	变量名	计算方法与说明
银行限制性贷款行为		
Loan_coll	担保贷款比率	（担保贷款总额+抵质押贷款总额）/贷款总额
Loan_cost	贷款成本	每笔贷款的贷款利率
Loan_time	贷款期限	每笔贷款的贷款期限
D&O 责任险购买情况		
D&O_buy	购买 D&O 责任险	若本年度该公司购买了 D&O 责任险，则 D&O_buy 为 1，否则为 0
关联担保		
Coll_rel	关联担保	关联担保余额/期末净资产
分析师跟进		
Analyst	分析师关注	公司分析师跟踪人数
控制变量		
银行层面变量		
Tloan	银行贷款规模	截至某一日以前商业银行已经发放的贷款总和
CA	资本充足率	银行资本总额对其风险加权资产的比率
LIQ	流动性	流动性资产期末余额/资产总额
公司层面变量		
Size	公司规模	总资产的自然对数值
MV	账面市值比	资产总计/市值
Lev	资产负债率	总负债/总资产

续表

变量	变量名	计算方法与说明
CF	经营现金流	企业经营现金流/总资产
FA	固定资产占比	固定资产净值/总资产
Indep	独立董事规模	独立董事人数
Board	董事会规模	董事会人数
SOE	产权性质	国有企业赋值为1，否则为0
Year	年度	
Ind	行业	证监会行业分类（2012）

三 研究模型

本章构建模型（5-1）以检验 D&O 责任险对银行限制性贷款行为的影响；本章还进一步检验了关联担保、分析师关注是否会使得 D&O 责任险对银行限制性贷款行为产生差异化影响。具体模型如下：

$$Loan = \beta_0 + \beta_1 D\&O\_buy + \beta_2 Size + \beta_3 MV + \beta_4 Lev + \beta_5 CF +$$
$$\beta_6 FA + \beta_7 Indep + \beta_8 Board + \beta_9 SOE + \beta_{10} Tloan + \beta_{11} CA +$$
$$\beta_{12} LIQ + \beta_{13} \sum Year + \beta_{14} \sum Ind + \varepsilon \quad (5-1)$$

在模型（5-1）中，被解释变量 Loan 为银行限制性贷款行为，由担保、抵质押贷款比率（Loan_coll）、贷款成本（Loan_cost）、贷款期限（Loan_time）来量化。

第四节 实证结果与分析

一 描述性统计

表5-2列示了本章主要变量的描述性统计结果。统计显示，担保、抵质押贷款比率（Loan_coll）的平均值和中位数分别是0.40、0.45，贷款成本（Loan_cost）的平均值和中位数分别是4.84、4.80，贷款期限（Loan_time）的平均值和中位数分别是1.65、

1.00。由此可知，银行限制性贷款行为的平均值和中位数相差不大，这表明样本的分布比较合理。D&O责任险（D&O_buy）为公司购买D&O责任险的情况，平均值为0.64，这表明样本公司中购买D&O责任险的公司占比为64%。D&O责任险（D&O_buy）的最小值、最大值、标准差分别是0.00、1.00、0.48。

表5-2　　　　　　　　　　描述性统计

变量	平均值	标准差	最小值	中位数	最大值
Loan_coll	0.40	1.38	0.00	0.45	1.00
Loan_cost	4.84	1.51	3.53	4.80	10.00
Loan_time	1.65	2.46	0.08	1.00	5.25
D&O_buy	0.64	0.48	0.00	1.00	1.00
Size	21.36	1.87	10.84	21.54	26.90
MV	0.74	0.19	0.00	0.74	10.04
Lev	0.72	0.23	0.00	0.72	6.78
CF	18.58	0.82	7.01	18.58	23.99
FA	0.34	0.06	0.00	0.34	1.14
Indep	2.96	0.15	0.00	2.96	5.00
Board	8.40	0.39	4.00	8.40	15.00
SOE	0.65	0.16	0.00	0.67	1.00
Tloan	27.22	1.28	17.74	27.62	30.29
CA	2.61	0.10	0.00	2.62	6.10
LIQ	3.54	0.09	2.75	3.54	5.33

为初步检验购买了D&O责任险公司（D&O_buy=1）中银行限制性贷款行为与没有购买D&O责任险公司（D&O_buy=0）中银行限制性贷款行为是否存在差异，本章进行了均值差异T检验，如表5-3所示。根据表5-3可知，购买了D&O责任险公司（D&O_buy=1）中Loan_coll的平均值（0.36）显著低于没有购买D&O责任险公司（D&O_buy=0）中Loan_coll的平均值（0.40）。购买了D&O责任险

公司（D&O_buy=1）中 Loan_cost 的平均值（4.04）显著低于未购买 D&O 责任险公司（D&O_buy=0）中 Loan_cost 的平均值（4.84）。购买了 D&O 责任险公司（D&O_buy=1）中 Loan_time 的平均值（1.65）显著高于未购买 D&O 责任险（D&O_buy=0）公司中 Loan_time 的平均值（1.13）。这表明 D&O 责任险的购买，使银行的风险感知度降低，谨慎度下降，进而银行会放松对上市公司的贷款限制，初步证明了 H5.1。

表5-3 D&O 责任险购买和银行限制性贷款行为——均值 T 检验

变量	D&O_buy=1			D&O_buy=0			Difference（mean）
	平均值	最大值	最小值	平均值	最大值	最小值	
Loan_coll	0.36	1.00	0.00	0.40	1.00	0.00	-0.04***
Loan_cost	4.04	10.00	4.35	4.84	7.13	3.53	-0.80**
Loan_time	1.65	5.50	0.08	1.13	5.25	0.08	0.52**

注：$*p<0.1$，$**p<0.05$，$***p<0.01$。

表5-4 列示了主要变量的相关性分析结果。D&O_buy 与 Loan_coll、Loan_cost、Loan_time 之间的相关系数分别为 -0.085、-0.016、0.047，并且分别在 1%、5%、5% 的水平下显著，这初步证明了 D&O 责任险会使银行放松对企业的贷款限制。初步证明了 H5.1。

二 回归分析

（一）D&O 责任险购买与银行限制性贷款行为

为了检验 D&O 责任险的购买是否会影响银行限制性贷款行为，本章对回归模型（5-1）进行了实证检验，回归结果如表5-5所示。列（1）至列（3）中，D&O_buy 前的系数分别为 -0.07、-0.01、0.06，并且分别在 1%、10%、5% 的水平下显著，这说明 D&O 责任险购买使上市公司引入了保险公司作为外部监管机制，同时还可以借助保险公司的风险管理专业优势有效化解其风险，这在一定程度上降低了银行对公司的风险感知度，继而会放松对公司的贷款限制，比如减少对担保物和抵押物的要求，更倾向于降低贷款成本，发放长期贷款，支持了 H5.1。

表 5-4 主要变量相关系数

	(1)	(2)	(3)	(4)	(5)	(6)	(7)	(8)	(9)	(10)	(11)	(12)	(13)	(14)
Loan_coll	1													
Loan_cost	0.089***	1												
Loan_time	-0.081***	0.320***	1											
D&O_buy	-0.085***	-0.016**	0.047**	1										
Size	-0.057***	0.005	0.004	-0.019	1									
MV	-0.021**	0.022**	0.001	-0.113***	0.197***	1								
Lev	0.060***	-0.039***	-0.009	0.110***	-0.376***	-0.224***	1							
CF	0.005	-0.010	0.001	-0.012	0.647***	0.064**	-0.122***	1						
FA	-0.086***	0.034**	0.042*	0.044***	0.088**	0.100***	-0.125***	-0.014	1					
Indep	-0.023**	0.001	0.010	-0.009	0.101***	0.071*	-0.126***	0.054***	0.054***	1				
Board	-0.005	0.013	0.003	-0.014	0.097***	0.065***	-0.116***	0.052***	0.070***	0.604***	1			
Tloan	0.755***	0.031***	0.062***	-0.069***	0.037*	0.007	-0.029*	-0.001	0.043***	0.016*	-0.001	1		
CA	-0.003	-0.003	-0.001	0.014	0.021	0.002	0.001	0.001	0.001	-0.001	-0.004	-0.048***	1	
LIQ	-0.011	-0.010	-0.039***	-0.007	-0.036*	-0.004	0.017*	0.006	-0.049***	-0.014	0.004	-0.102***	0.057***	1

注：$*p<0.1$，$**p<0.05$，$***p<0.01$。

表 5-5   D&O 责任险购买与银行限制性贷款行为

Var	(1)	(2)	(3)
D&O_buy	-0.07***	-0.01*	0.06**
	(-2.95)	(-1.88)	(2.49)
Size	-0.02	-0.08	-0.04
	(-0.91)	(-0.78)	(-0.70)
MV	-0.05	0.50*	0.04
	(-0.57)	(1.71)	(0.22)
Lev	0.29***	-0.80***	0.07
	(3.85)	(-3.06)	(0.44)
CF	0.04	-0.03	0.05
	(1.42)	(-0.39)	(0.88)
FA	-0.17***	0.08	0.09
	(-4.46)	(0.89)	(1.57)
Indep	-0.05	-0.72	0.02
	(-0.35)	(-1.56)	(0.07)
Board	0.05	0.23	-0.01
	(0.92)	(1.31)	(-0.10)
SOE	0.14***	0.10*	0.01
	(3.25)	(1.72)	(0.42)
Tloan	-0.14***	-0.04	0.12***
	(-2.97)	(-1.23)	(3.29)
CA	0.13***	-0.16***	-0.08***
	(3.19)	(-3.56)	(-3.50)
LIQ	0.05***	-0.06***	-0.04***
	(6.41)	(-5.04)	(-6.07)
Constant	1.87***	5.36***	-1.01
	(4.99)	(4.07)	(-1.20)
Year/Ind	Yes	Yes	Yes
N	2096	2096	2096
R^2	0.29	0.04	0.11

注：$*p<0.1$，$**p<0.05$，$***p<0.01$。

（二）D&O 责任险、关联担保与银行限制性贷款行为

表5-6在区分关联担保程度的情况下，检验了 D&O 责任险对银行限制性贷款行为的影响。在高关联担保样本中（High Coll_ rel），列（1）、列（3），D&O_ buy 前的系数分别为0.14、-0.19，并且分别在1%、10%的水平下显著。在低关联担保样本中（Low Coll_ rel），列（4）、列（6），D&O_ buy 前的系数分别为-0.02、0.01，但是并不显著，这表明关联担保越高，D&O 责任险的道德风险效应越强，会加剧公司的代理问题，使银行增加对上市公司的贷款限制，比如增加对担保物、抵质押物的要求或者发放短期贷款（减少长期贷款）。在高关联担保样本中（High Coll_ rel），列（2），D&O_ buy 前的系数为0.11，但是并不显著，在低关联担保样本中（Low Coll_ rel），列（5），D&O_ buy 前的系数为0.04，但是并不显著，这表明关联担保的差异并不会使银行通过调整贷款成本来限制购买了 D&O 责任险的上市公司。

表5-6　D&O 责任险购买、关联担保与银行限制性贷款行为

Var	High Coll_ rel			Low Coll_ rel		
	（1）	（2）	（3）	（4）	（5）	（6）
D&O_ buy	0.14***	0.11	-0.19*	-0.02	0.04	0.01
	(3.32)	(0.76)	(-1.81)	(-0.61)	(0.23)	(0.02)
Size	-1.58***	0.26	0.63*	0.02	0.00	-0.03
	(-4.44)	(0.48)	(1.68)	(1.60)	(0.05)	(-0.57)
MV	0.49**	1.42*	-0.09	0.07	-0.59**	-0.13
	(2.35)	(1.91)	(-0.18)	(1.37)	(-2.08)	(-0.82)
Lev	-1.24***	-0.02	1.31**	0.21***	-0.59**	-0.39**
	(-3.88)	(-0.03)	(2.50)	(3.89)	(-2.13)	(-2.49)
CF	-0.08	0.22	0.23	0.01	-0.06	0.04
	(-0.95)	(0.72)	(1.08)	(1.04)	(-0.85)	(0.91)
FA	-0.36***	0.37	0.13	0.11***	-0.17*	0.08
	(-4.27)	(1.56)	(0.78)	(4.25)	(-1.76)	(1.45)

续表

Var	High Coll_rel			Low Coll_rel		
	(1)	(2)	(3)	(4)	(5)	(6)
Indep	-0.24	-3.86***	-0.94	-0.02	0.35	-0.25
	(-0.66)	(-2.99)	(-1.02)	(-0.26)	(0.82)	(-1.04)
Board	0.30**	0.67	0.17	-0.07**	-0.00	-0.11
	(2.30)	(1.48)	(0.51)	(-2.08)	(-0.01)	(-1.18)
SOE	0.15***	0.23**	0.09	-0.11**	-0.17	-0.10
	(4.46)	(2.55)	(1.17)	(-2.03)	(-0.42)	(-0.73)
Tloan	-0.12***	-0.15***	0.04	-0.16***	0.48***	0.57***
	(-4.11)	(-2.79)	(0.97)	(-3.81)	(4.60)	(4.04)
CA	0.07***	-0.10**	-0.03	0.08***	-0.71***	-0.25***
	(6.00)	(-2.36)	(-1.06)	(6.17)	(-4.14)	(-6.46)
LIQ	0.02***	-0.07***	-0.04**	0.03***	0.03	0.00
	(3.95)	(-3.16)	(-2.35)	(7.41)	(1.62)	(0.15)
Constant	5.64***	7.30***	-1.15	3.14***	-4.65*	-2.17***
	(7.84)	(2.88)	(-0.64)	(5.83)	(-1.66)	(-7.78)
Year/Ind	Yes	Yes	Yes	Yes	Yes	Yes
N	1003	1003	1003	1093	1093	1093
R^2	0.28	0.09	0.10	0.32	0.13	0.25

注：*$p<0.1$，**$p<0.05$，***$p<0.01$。

（三）D&O 责任险、分析师关注度与银行限制性贷款行为

表5-7在区分分析师关注度的情况下，检验了 D&O 责任险对银行限制性贷款行为的影响。在分析师关注度高的样本中（High Analyst），列（1）至列（3），D&O_buy 前的系数分别为 -0.12、-0.06、0.11，并且分别在 1%、10%、10% 的水平下显著，列（4）至列（6），D&O_buy 前的系数分别为 -0.02、-0.09、-0.08，但是并不显著，这表明分析师关注度越高，公司信息透明度越高，信息质量越高，此时 D&O 责任险更可能发挥公司治理效应，降低了银行的风险感知度和谨慎度，继而会放松对上市公司的贷款限制，比如，对担保物、抵质押物的要求降低，调低贷款成本或者发放长期贷款。

表5-7 D&O责任险购买、分析师关注度与银行限制性贷款行为

Var	High Analyst			Low Analyst		
	(1)	(2)	(3)	(4)	(5)	(6)
D&O_buy	-0.12***	-0.06*	0.11*	-0.02	-0.09	-0.08
	(-5.47)	(-1.78)	(1.81)	(-0.55)	(-0.64)	(-0.62)
Size	-0.01	0.23**	0.09	-1.09***	-0.17	-0.10
	(-0.61)	(2.55)	(1.17)	(-9.43)	(-0.42)	(-0.73)
MV	-0.08	1.34***	-0.22	0.42***	0.26	0.17
	(-1.06)	(3.41)	(-0.64)	(2.70)	(0.46)	(0.92)
Lev	0.10	-0.56*	-0.14	-0.58***	-0.72	-0.15
	(1.44)	(-1.71)	(-0.48)	(-3.32)	(-1.15)	(-0.71)
CF	0.03**	-0.24***	-0.02	-0.06	0.26	0.15**
	(2.07)	(-2.88)	(-0.26)	(-1.05)	(1.21)	(2.09)
FA	0.04	0.63***	0.46***	-0.11**	-0.10	0.02
	(1.56)	(4.15)	(4.27)	(-2.03)	(-0.56)	(0.29)
Indep	0.15	1.40***	-0.56	-0.26	-2.78***	-0.38
	(1.43)	(2.78)	(-1.24)	(-0.97)	(-2.92)	(-1.20)
Board	0.06	-0.26	-0.05	0.24**	0.64*	0.06
	(1.38)	(-1.20)	(-0.29)	(2.51)	(1.84)	(0.50)
SOE	-0.59**	-0.39**	0.63*	-0.11	0.04	1.31**
	(-2.13)	(-2.49)	(1.68)	(-1.18)	(0.91)	(2.50)
Tloan	-0.15***	-0.08**	0.37***	-0.15***	0.01	0.01
	(-3.43)	(-2.26)	(3.64)	(-4.25)	(0.13)	(0.40)
CA	0.33***	-0.22***	-0.24***	0.05***	-0.11**	-0.05***
	(3.27)	(-3.86)	(-3.99)	(3.87)	(-2.53)	(-3.54)
LIQ	0.09***	-0.09***	-0.05***	0.02**	-0.01	-0.03***
	(3.30)	(-3.62)	(-4.53)	(2.47)	(-0.55)	(-3.98)
Constant	-2.37***	7.90***	-5.22***	5.78***	1.89	1.53*
	(-7.95)	(5.33)	(-3.99)	(7.41)	(0.67)	(1.65)
Year/Ind	Yes	Yes	Yes	Yes	Yes	Yes
N	1116	1116	1116	980	980	980
R^2	0.25	0.11	0.20	0.21	0.14	0.09

注：*$p<0.1$，**$p<0.05$，***$p<0.01$。

第五节 稳健性检验

一 Heckman 两阶段

考虑到样本自选择的问题，本书参考 Yuan 等（2016）的研究，本书首先构建了模型（5-2），继而将模型（5-2）中得出的 IMR 系数，代入模型（5-1）中进行重新估计。具体模型如下：

$$D\&O\_buy = \alpha_0 + \mu_1 Indep + \mu_2 Mahold + \mu_3 BH + \mu_4 Bala + \mu_5 SOE + \mu_6 Size + \mu_7 Lev + \mu_9 ROA + \mu_{10} Growth + \mu_{11} IndAvg\_D\&O + \mu_{12}\sum Year + \mu_{13}\sum Ind + \delta$$

（5-2）

模型（5-2）中，D&O_buy 表示上市公司是否购买 D&O 责任险，购买了 D&O 责任险则赋值为 1，否则为 0；Indep 表示独立董事规模；Mahold 表示管理层持股比例；BH 表示上市公司是否交叉持股；Bala 表示股权集中度；SOE 表示股权性质；Size 为公司规模；Lev 为公司财务杠杆；ROA 为公司业绩；Growth 为公司成长率；IndAvg_D&O 为行业层面 D&O 责任险平均覆盖率。

本章采用两阶段最小二乘法对模型进行了重新估计，回归分析结果列示在表 5-8 中，列（2）至列（4）中，D&O_buy 前的系数分别为 -0.05、-0.06、0.03，并且分别在 5%、10%、10% 的水平下显著，这表明本章的基本结论是比较稳健的。因此，本书的实证结果是可靠的。

表 5-8　　D&O 责任险购买与银行限制性贷款行为

First-step		Second-step			
Var	（1）	Var	（2）	（3）	（4）
Indep	0.21*** (3.56)	D&O_buy	-0.05** (-2.03)	-0.06* (-1.82)	0.03* (1.77)

续表

	First-step		Second-step		
Var	(1)	Var	(2)	(3)	(4)
Mahold	-0.43**	Size	-0.96***	0.80**	0.52**
	(-2.48)		(-9.56)	(2.10)	(2.04)
BH	0.14**	MV	0.40***	0.01	-0.27
	(2.48)		(2.99)	(0.02)	(-0.77)
Bala	0.01	Lev	-0.68***	0.10	0.79**
	(1.54)		(-4.47)	(0.17)	(2.02)
SOE	0.14**	CF	0.01	-0.10	0.18
	(2.48)		(0.22)	(-0.47)	(1.27)
Size	0.13**	FA	-0.10**	-0.01	0.03
	(2.26)		(-2.09)	(-0.05)	(0.25)
Lev	0.14***	Indep	-0.22***	-0.22	0.28***
	(3.55)		(-5.60)	(-1.51)	(2.78)
ROA	0.10*	Board	0.15*	0.20	-0.05
	(1.70)		(1.90)	(0.66)	(-0.25)
Growth	-0.43**	SOE	-0.07**	0.13	0.30**
	(-2.48)		(-2.08)	(0.78)	(2.30)
IndAvg_D&O	0.03**	Tloan	-0.15***	-0.14**	0.13***
	(2.05)		(-9.46)	(-2.21)	(3.11)
		CA	0.09***	-0.14***	-0.04
			(7.50)	(-3.14)	(-1.38)
		LIQ	0.03***	-0.04*	-0.03**
			(5.18)	(-1.78)	(-2.24)
		IMR	-0.37**	-1.90	-0.50**
			(-1.97)	(-1.23)	(-2.54)
Constant	4.29***	Constant	1.87***	5.36***	-1.01
	(3.40)		(4.99)	(4.07)	(-1.20)
Year/Ind	Yes	Year/Ind	Yes	Yes	Yes
N	3347	N	2096	2096	2096
R^2	0.15	R^2	0.16	0.14	0.11

注：*p<0.1，**p<0.05，***p<0.01。

二 倾向匹配得分法

本章采用最近邻倾向得分匹配为处理组（购买 D&O 责任险的公司）寻找相近的对照组（没有购买 D&O 责任险的公司）。匹配变量选择、匹配平衡性检验结果以及匹配前后的密度函数图与第四章一致。

本章利用倾向匹配得分法成功匹配后的样本重新估计了 D&O 责任险对银行限制性贷款行为的影响，回归分析结果列示在表 5-9、表 5-10、表 5-11 中，表 5-9 中，列（1）、列（3）D&O_buy 前的系数分别为 -0.10、0.04，并且在 5% 的水平下显著，这表明本章的基本结论是比较稳健的。本章还区分关联担保差异、分析师关注度差异，重新估计了 D&O 责任险对银行限制性贷款行为的影响，回归分析结果列示在表 5-10、表 5-11 中，主要的研究结论仍然存在。

表 5-9　D&O 责任险购买与银行限制性贷款行为（PSM）

Var	（1）	（2）	（3）
D&O_buy	-0.10**	-0.02	0.04**
	(-2.10)	(-0.88)	(2.19)
Size	-0.01	0.01	0.01
	(-1.61)	(1.22)	(0.67)
MV	-0.12***	0.14***	-0.08*
	(-4.14)	(4.84)	(-1.94)
Lev	-0.02	0.02	-0.01
	(-0.70)	(0.85)	(-0.24)
CF	0.01	-0.20***	-0.11
	(1.28)	(-3.42)	(-0.34)
FA	-0.02**	0.02*	-0.01
	(-2.16)	(1.94)	(-0.38)
Indep	-0.17***	0.03	0.12***
	(-3.84)	(0.60)	(4.04)

续表

Var	(1)	(2)	(3)
Board	0.02	0.07	-0.05**
	(1.16)	(0.05)	(-2.22)
SOE	-0.21***	0.01	0.59**
	(-3.89)	(1.04)	(2.13)
Tloan	-0.44***	-1.72***	0.09***
	(-3.70)	(-3.26)	(3.99)
CA	0.01	-1.95***	-0.15***
	(0.68)	(-4.42)	(-6.40)
LIQ	-0.05***	-0.93***	-0.17***
	(-4.26)	(-3.30)	(-4.49)
Constant	4.38***	6.65***	5.66***
	(4.38)	(8.44)	(4.61)
Year/Ind	Yes	Yes	Yes
N	4233	4233	4233
R^2	0.15	0.12	0.10

注：$*p<0.1$，$**p<0.05$，$***p<0.01$。

表 5-10　D&O 责任险购买、关联担保与银行限制性贷款行为（PSM）

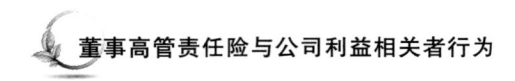

Var	High Coll_rel			Low Coll_rel		
	(1)	(2)	(3)	(4)	(5)	(6)
D&O_buy	0.18***	0.31	-0.09**	-0.02	1.44	0.57
	(2.99)	(1.26)	(-2.15)	(-0.61)	(1.19)	(0.84)
Size	-1.46***	-1.02	0.27	-1.17**	1.20*	1.97
	(-5.53)	(-0.92)	(0.33)	(-2.69)	(2.00)	(1.14)
MV	0.00	3.85**	0.60	1.42*	-1.18*	-4.39
	(0.01)	(2.12)	(0.45)	(1.72)	(-1.90)	(-1.34)
Lev	-1.31***	-3.35*	2.74**	0.68	-2.76	-2.89
	(-3.13)	(-1.91)	(2.13)	(0.59)	(-0.34)	(-0.63)
CF	-0.58***	1.33	0.53	0.54**	-1.12	1.73**
	(-2.74)	(1.51)	(0.83)	(2.62)	(-0.48)	(2.64)

续表

Var	High Coll_rel			Low Coll_rel		
	(1)	(2)	(3)	(4)	(5)	(6)
FA	-0.45***	0.67	-0.02	1.01***	-2.32	0.45
	(-3.38)	(1.21)	(-0.04)	(3.71)	(-1.20)	(0.41)
Indep	-1.46*	-1.19***	-0.85	0.45	-1.33*	-4.78
	(-1.77)	(-4.14)	(-0.34)	(0.47)	(-1.80)	(-1.26)
Board	0.42	1.36	0.56***	-0.71	1.92	0.49***
	(1.44)	(1.12)	(4.03)	(-1.64)	(0.62)	(4.28)
SOE	0.49**	1.42*	-0.09	0.07	-0.59**	-0.13
	(2.35)	(1.91)	(-0.18)	(1.37)	(-2.08)	(-0.82)
Tloan	-0.08***	-0.19**	0.02	-0.02**	0.12	0.42*
	(-4.32)	(-2.44)	(0.29)	(-2.46)	(0.28)	(1.84)
CA	0.02	-0.10	0.02***	-0.05	-0.07***	-0.05
	(1.58)	(-1.57)	(3.51)	(-0.81)	(-3.80)	(-0.19)
LIQ	0.10***	-0.06**	-0.01	0.05***	0.11***	0.05***
	(3.10)	(-2.00)	(-0.56)	(3.72)	(3.92)	(3.69)
Constant	1.83***	1.17***	-2.30	3.54	-2.76	-2.55*
	(7.14)	(2.79)	(-0.78)	(1.44)	(-0.73)	(-1.89)
Year/Ind	Yes	Yes	Yes	Yes	Yes	Yes
N	2540	2540	2540	1693	1693	1693
R^2	0.28	0.09	0.10	0.32	0.13	0.25

注：$*p<0.1$，$**p<0.05$，$***p<0.01$。

表5-11　D&O责任险购买、分析师关注度与银行限制性贷款行为（PSM）

Var	High Analyst			Low Analyst		
	(1)	(2)	(3)	(4)	(5)	(6)
D&O_buy	-0.04***	-0.05	0.07*	-0.02	0.08	0.04
	(-3.79)	(-0.69)	(1.79)	(-0.34)	(0.67)	(0.83)
Size	-0.29	0.06***	0.25	-0.29***	-0.26	-1.45***
	(-0.88)	(2.87)	(1.18)	(-3.79)	(-1.54)	(-3.12)

续表

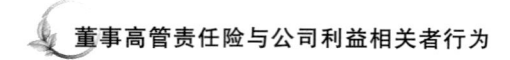

Var	High Analyst			Low Analyst		
	(1)	(2)	(3)	(4)	(5)	(6)
MV	-0.25	-1.41	-1.96	1.11**	1.84	1.73**
	(-0.44)	(-0.40)	(-1.54)	(2.08)	(0.79)	(2.35)
Lev	-1.76***	0.10	-1.53	-0.89	-1.05**	-0.44
	(-3.26)	(0.03)	(-0.50)	(-1.32)	(-2.07)	(-0.47)
CF	0.61**	-3.39*	2.35	0.13	0.47	0.90***
	(2.09)	(-1.84)	(1.42)	(0.52)	(0.44)	(2.64)
FA	0.16	1.09	1.67*	0.18	-0.99	-0.01
	(0.98)	(1.08)	(1.84)	(0.95)	(-1.20)	(-0.02)
Indep	0.86	1.62	-1.47	-0.24	-1.74***	-1.10
	(1.22)	(0.36)	(-1.61)	(-0.28)	(-3.98)	(-0.94)
Board	-0.03	2.46	1.58	0.35	2.04	0.16
	(-0.10)	(1.28)	(0.91)	(0.93)	(1.26)	(0.32)
SOE	-0.30**	0.67	1.31**	-0.07**	-0.00	-0.11
	(-2.30)	(1.48)	(2.50)	(-2.08)	(-0.01)	(-1.18)
Tloan	-0.08***	-0.07	0.31**	-0.05*	-0.11	-0.05
	(-2.93)	(-0.44)	(2.07)	(-1.92)	(-0.99)	(-1.28)
CA	0.09*	-0.21	0.06	-0.01	-0.05	-0.02
	(1.91)	(-0.74)	(0.25)	(-0.56)	(-0.57)	(-0.65)
LIQ	0.03***	0.04	0.06	-0.02	0.01	-0.02
	(3.06)	(0.06)	(0.99)	(-0.03)	(0.02)	(-1.30)
Constant	0.19	-4.98	-1.82***	1.25***	1.78**	3.59**
	(0.15)	(-0.61)	(-2.69)	(5.11)	(2.02)	(2.13)
Year/Ind	Yes	Yes	Yes	Yes	Yes	Yes
N	1580	1580	1580	2653	2653	2653
R^2	0.16	0.22	0.19	0.13	0.20	0.19

注：*$p<0.1$，**$p<0.05$，***$p<0.01$。

第六节 进一步分析

一 影响机制分析及检验：D&O 责任险契约内容视角

通过第三章理论分析章节的剖析，本章认为 D&O 责任险覆盖率会强化其激励效应，使 D&O 责任险的激励效应大于监督效应，更可能会推进高管的机会主义行为，这会使银行对上市公司的风险感知度提高，进而会收紧对公司的贷款限制，比如增加对担保物、抵质押物的要求，或者提供贷款成本，发放短期贷款等。D&O 责任险的告知义务条款越多，越有利于保险公司对上市公司进行监督，此时 D&O 责任险的监督效应越强，越有利于提高上市公司的风险管理水平。另外，D&O 责任险的告知义务条款越多，越有利于提升公司信息透明度，使得上市公司与债权人之间的信息不对称程度较低，银行可以较早地识别出公司的机会主义行为，即 D&O 责任险的告知义务条款越多，银行的风险感知水平越低，谨慎度降低，越倾向于放松对上市公司的贷款限制，比如，降低对担保物、抵质押物的要求或者降低贷款成本，向上市公司发放长期贷款等。D&O 责任险除外责任条款越多，其激励效应和监督效应越低，此时，银行的风险感知水平受到 D&O 责任险的激励效应和监督效应降低程度的影响，具体影响需要实证检验。

（一）模型构建

为了更好地理解 D&O 责任险对银行限制性贷款行为的影响，本章从 D&O 责任险内容视角进行了检验分析，并构建了模型（5-3）。具体如下：

$$Loan = \eta_0 + \eta_1 D\&O + \eta_2 Size + \eta_3 MV + \eta_4 Lev + \eta_5 CF + \eta_6 FA + \eta_7 Indep + \eta_8 Board + \eta_9 SOE + \eta_{10} Tloan + \eta_{11} CA + \eta_{12} LIQ + \eta_{13} \sum Year + \eta_{14} \sum Ind + \xi \quad (5-3)$$

在模型（5-3）中，被解释变量 Loan 为银行限制性贷款行为，分别由担保、抵质押贷款比率（Loan_coll），贷款成本（Loan_ cost)、贷款期限（Loan_time）量化。D&O 为 D&O 责任险契约内容，分别由 D&O 责任险覆盖率（D&O_cov）、D&O 责任险告知义务（D&O_tell）、D&O 责任险除外责任（D&O_ex）来衡量。参考彭韶兵等（2018）的研究，变量 D&O_cov 表示 D&O 责任险覆盖率，用赔偿限额/平均市场价值来衡量；变量 D&O_tell 表示 D&O 责任险的告知义务，用 D&O 合同中告知义务的条款数目来衡量；D&O_ex 表示 D&O 责任险的除外责任，用 D&O 合同中除外责任的条款数目来衡量。其他变量定义参见表 5-1。D&O 责任险契约内容相关数据的获取情况以及具体条款内容与第四章一致，在此不再赘述。

（二）D&O 责任险契约内容与银行限制性贷款行为

为了检验 D&O 责任险具体是怎样影响银行限制性贷款行为，本章对 D&O 责任险契约内容影响银行限制性贷款行为的回归模型（5-3）进行了检验，回归结果如表 5-12、表 5-13、表 5-14 所示。

表 5-12 列示了 D&O 责任险契约内容中的 D&O 责任险覆盖率条款（D&O_cov）对银行限制性贷款行为的影响，列（1）至列（3），D&O_cov 前的系数分别为 0.24、0.12、-0.13，并且分别在 5%、10%、5% 的水平下显著，说明 D&O 责任险覆盖率会强化其激励效应，使得 D&O 责任险的激励效应大于监督效应，更可能会推进高管的机会主义行为，这会使银行对上市公司的风险感知度增强，进而会收紧对公司的贷款限制，比如增加对担保物、抵质押物的要求，或者提高贷款成本，发放短期贷款等。

表 5-12　　D&O 责任险覆盖率与银行限制性贷款行为

Var	Loan_coll	Loan_cost	Loan_time
	（1）	（2）	（3）
D&O_cov	0.24**	0.12*	-0.13**
	(2.46)	(1.88)	(-2.28)
Size	-0.02	-0.08	-0.04
	(-0.91)	(-0.78)	(-0.70)

续表

Var	Loan_ coll (1)	Loan_ cost (2)	Loan_ time (3)
MV	-0.05 (-0.57)	0.50* (1.71)	0.04 (0.22)
Lev	0.29*** (3.85)	-0.80*** (-3.06)	0.07 (0.44)
CF	0.04 (1.42)	-0.03 (-0.39)	0.05 (0.88)
FA	-0.17*** (-6.46)	0.08 (0.89)	0.09 (1.57)
Indep	-0.05 (-0.35)	-0.72 (-1.56)	0.02 (0.07)
Board	0.05 (0.92)	0.23 (1.31)	-0.01 (-0.10)
SOE	0.10* (1.78)	0.03 (0.24)	0.50* (1.81)
Tloan	-0.17*** (-2.97)	-0.04 (-1.23)	0.12*** (3.29)
CA	0.13*** (2.91)	-0.16*** (-3.56)	-0.08*** (-3.50)
LIQ	0.05*** (4.41)	-0.06*** (-3.04)	-0.04*** (-3.07)
Constant	1.87*** (4.99)	5.36*** (4.07)	-1.01 (-1.20)
Year/Ind	Yes	Yes	Yes
N	790	790	790
R^2	0.29	0.04	0.11

注：$*p<0.1$，$**p<0.05$，$***p<0.01$。

表5-13列示了D&O责任险契约内容中的D&O责任险告知义务条款（D&O_ tell）对银行限制性贷款行为的影响，列（1）至列

(3)，D&O_ tell 前的系数分别为 -0.05、-0.03、0.03，并且分别在 1%、10%、1% 的水平下显著，这说明 D&O 责任险告知义务通过强化其监督效应，会使 D&O 责任险的监督效应大于激励效应，越有利于提高上市公司的风险管理水平。另外，D&O 责任险的告知义务条款越多，越有利于提升公司信息透明度，使上市公司与债权人之间的信息不对称程度较低，银行可以较早地识别出公司的机会主义行为，即 D&O 责任险的告知义务条款越多，银行的风险感知水平越低，谨慎度降低，越倾向于放松对上市公司的贷款限制，比如，降低对担保物、抵质押物的要求或者降低贷款成本，向上市公司发放长期贷款等。

表 5-13　　　D&O 责任险告知义务与银行限制性贷款行为

Var	Loan_ coll (1)	Loan_ cost (2)	Loan_ time (3)
D&O_ tell	-0.05***	-0.03*	0.03***
	(-2.95)	(-1.88)	(3.20)
Size	-0.02	-0.08	-0.04
	(-0.91)	(-0.78)	(-0.70)
MV	-0.05	0.50*	0.04
	(-0.57)	(1.71)	(0.22)
Lev	0.29***	-0.80***	0.07
	(3.85)	(-3.06)	(0.44)
CF	0.04	-0.03	0.05
	(1.42)	(-0.39)	(0.88)
FA	-0.17***	0.08	0.09
	(-6.46)	(0.89)	(1.57)
Indep	-0.05	-0.72	0.02
	(-0.35)	(-1.56)	(0.07)
Board	0.05	0.23	-0.01
	(0.92)	(1.31)	(-0.10)

续表

Var	Loan_coll (1)	Loan_cost (2)	Loan_time (3)
SOE	-0.15*** (-3.95)	-0.06* (-1.88)	0.06*** (3.20)
Tloan	-0.17*** (-2.97)	-0.04 (-1.23)	0.12*** (2.29)
CA	0.13*** (2.19)	-0.16*** (-4.56)	-0.08*** (-5.00)
LIQ	0.05*** (4.41)	-0.06*** (-3.04)	-0.04*** (-3.07)
Constant	2.16*** (3.86)	2.52*** (4.24)	-0.84 (-1.02)
Year/Ind	Yes	Yes	Yes
N	428	428	428
R^2	0.29	0.04	0.11

注：*$p<0.1$，**$p<0.05$，***$p<0.01$。

表5-14列示了D&O责任险契约内容中的D&O责任险除外责任条款（D&O_ex）对银行限制性贷款行为的影响，列（1）D&O_ex前的系数为0.11，并且在5%的水平下显著，说明D&O责任险除外责任虽同时弱化了其监督效应和激励效应，但此时激励效应仍大于监督效应，更可能会推进高管的机会主义行为，而保险机构的监督效应又被削弱，使银行对上市公司的风险感知度较高，谨慎度提升，继而会增加对上市公司的贷款限制，列（2）D&O_ex前的系数为0.15，但是并不显著，列（3）D&O_ex前的系数为0.06，但是并不显著，这表明D&O责任险除外责任对银行限制性贷款行为中贷款成本、贷款期限的影响较小。

表 5-14　　D&O 责任险除外责任与银行限制性贷款行为

Var	Loan_coll (1)	Loan_cost (2)	Loan_time (3)
D&O_ex	0.11**	0.15	0.06
	(2.37)	(0.88)	(0.84)
Size	-0.02	-0.08	-0.04
	(-0.91)	(-0.78)	(-0.70)
MV	-0.05	0.50*	0.04
	(-0.57)	(1.71)	(0.22)
Lev	0.29***	-0.80***	0.07
	(3.85)	(-3.06)	(0.44)
CF	0.04	-0.03	0.05
	(1.42)	(-0.39)	(0.88)
FA	-0.17***	0.08	0.09
	(-4.46)	(0.89)	(1.57)
Indep	-0.05	-0.72	0.02
	(-0.35)	(-1.56)	(0.07)
Board	0.05	0.23	-0.01
	(0.92)	(1.31)	(-0.10)
SOE	-0.10*	-0.04	0.13*
	(-1.73)	(-0.99)	(1.86)
Tloan	-0.17***	-0.04	0.12***
	(-2.97)	(-1.23)	(2.29)
CA	0.13***	-0.16***	-0.08***
	(2.19)	(-3.56)	(-4.00)
LIQ	0.05***	-0.06***	-0.04***
	(4.41)	(-5.04)	(-6.07)
Constant	1.87***	1.36***	-1.01
	(4.99)	(4.07)	(-1.20)
Year/Ind	Yes	Yes	Yes
N	428	428	428
R^2	0.29	0.04	0.11

注：*$p<0.1$，**$p<0.05$，***$p<0.01$。

二 调节效应分析及检验：D&O 责任险契约环境视角

（一）D&O 责任险、制度环境与银行限制性贷款行为

表 5-15 在区分制度环境的情况下，检验了 D&O 责任险对银行限制性贷款行为的影响。本章用实际控制人性质来衡量制度环境（SOE）。若上市公司实际控制人性质为国有上市公司则赋值为 1，否则赋值为 0。国有企业（SOE）中，列（1）、列（3），D&O_buy 前的系数分别为 -0.06、0.08，但是不显著；非国有企业（NSOE）中，列（4），D&O_buy 前的系数为 0.37，并且在 1% 的水平下是显著的，列（6），D&O_buy 前的系数为 -0.15，并且在 10% 的水平下是显著的，这说明 D&O 责任险的购买加剧了银行对非国有企业的贷款限制。这是因为 D&O 责任险的购买增大了非国有企业高管的机会主义行为，公司风险增大，然而非国有企业却缺乏政府的隐性担保，使银行对非国有企业的风险感知度更高，继而会收紧对非国有企业的贷款限制。比如增加对担保物、抵质押物的要求，提供短期贷款（减少长期贷款）。国有企业（SOE）中，列（2），D&O_buy 前的系数为 0.12，但是并不显著；非国有企业（NSOE）中，列（5），D&O_buy 前的系数为 0.04，但是并不显著，这说明对于购买了 D&O 责任险的非国有企业，银行可能不会通过提高贷款成本的方式来进行限制。

表 5-15　D&O 责任险、制度环境与银行限制性贷款行为

Var	SOE			NSOE		
	（1）	（2）	（3）	（4）	（5）	（6）
D&O_buy	-0.06	0.12	0.08	0.37***	0.04	-0.15*
	(-1.25)	(0.48)	(0.81)	(3.33)	(0.49)	(-1.81)
Size	-0.37***	0.12	0.28	-0.07**	0.05	0.11
	(-3.51)	(0.22)	(1.42)	(-2.36)	(0.50)	(0.04)
MV	0.24	-0.70	-0.29	-0.15*	0.87***	0.10
	(1.52)	(-0.90)	(-0.97)	(-1.68)	(2.78)	(0.43)

续表

Var	SOE			NSOE		
	(1)	(2)	(3)	(4)	(5)	(6)
Lev	−0.04	−0.58	0.02	0.15	−0.79**	0.82***
	(−0.26)	(−0.86)	(0.09)	(1.34)	(−2.10)	(3.01)
CF	−0.06	0.18	0.13	0.08***	−0.07	0.05
	(−1.22)	(0.74)	(1.34)	(2.95)	(−0.80)	(0.72)
FA	0.06	−0.07	0.00	−0.33***	0.23**	0.20**
	(1.29)	(−0.32)	(0.01)	(−5.54)	(1.97)	(2.29)
Indep	−0.21	−0.41	0.25	0.07	−1.24**	−0.25
	(−0.93)	(−0.38)	(0.60)	(0.47)	(−2.38)	(−0.66)
Board	0.10	0.30	−0.12	0.05	0.25	0.10
	(1.23)	(0.77)	(−0.82)	(0.84)	(1.14)	(0.65)
Tloan	−0.14***	0.08	0.07**	−0.12***	−0.08**	0.16***
	(−8.11)	(0.93)	(1.98)	(−4.43)	(−2.12)	(6.15)
CA	0.06***	−0.17***	−0.05***	0.23***	−0.10**	−0.03
	(6.03)	(−3.38)	(−2.83)	(4.44)	(−2.43)	(−1.07)
LIQ	0.04***	0.02	−0.01	0.07***	−0.08***	−0.05***
	(6.35)	(0.76)	(−0.31)	(4.38)	(−6.16)	(−5.33)
Constant	3.72***	−1.29	−1.72	−1.48***	6.29***	−2.57**
	(5.62)	(−0.39)	(−1.37)	(−2.93)	(3.67)	(−2.06)
Year/Ind	Yes	Yes	Yes	Yes	Yes	Yes
N	1314	1314	1314	782	782	782
R^2	0.15	0.07	0.07	0.16	0.06	0.14

注：$*p<0.1$，$**p<0.05$，$***p<0.01$。

（二）D&O 责任险、金融环境与银行限制性贷款行为

表 5-16 在区分金融环境的情况下，检验了 D&O 责任险对银行限制性贷款行为的影响。本章用金融景气度（FI）来衡量，它来自中国人民银行调查统计数据中的银行业景气指数。金融景气度采用扩散指数法计算，即首先剔除对此问题选择"不确定"的银行机构，然后计算各选项占比，并分别赋予各选项不同的权重（"很好"取1，"较

好"取0.75,"一般"取0.5,"较差"取0.25,"很差"取0),在此基础上求和计算出最终的景气度,即指数取值范围是0—100%,指数在50%以上,表示金融环境较好;指数低于50%,表示金融环境较差。在优势金融环境下(High FI),列(1)至列(3)中D&O_buy前的系数分别为-0.21、0.03、0.12,但是并不显著;在劣势金融环境下(Low FI),列(4)中D&O_buy前的系数为0.40,并且在1%的水平下显著,这表明劣势金融环境下,D&O责任险会强化其道德风险效应,保险机构的监督效应降低,担保效应弱化,这在一定程度上增强了银行对上市公司的风险感知,银行更倾向增加对担保物、抵质押物的要求。在劣势金融环境下(Low FI),列(5)中D&O_buy前的系数为0.13,但是并不显著,列(6)D&O_buy前的系数为0.23,但是并不显著,这说明劣势金融环境下,银行可能不会通过提高贷款成本、贷款期限来限制购买了D&O责任险的上市公司。

表5-16　D&O责任险、金融环境与银行限制性贷款行为

Var	High FI			Low FI		
	(1)	(2)	(3)	(4)	(5)	(6)
D&O_buy	-0.21	0.03	0.12	0.40***	0.13	0.23
	(-0.72)	(0.12)	(0.27)	(3.18)	(1.38)	(0.11)
Size	-0.02	0.06	-0.04	-0.06	-0.15	-0.09
	(-0.51)	(0.43)	(-0.47)	(-1.33)	(-1.19)	(-0.89)
MV	0.09	0.14	-0.18	-0.30**	1.25***	0.35
	(1.10)	(0.35)	(-0.90)	(-2.07)	(3.06)	(1.08)
Lev	0.39***	-0.54	-0.52**	0.12	-0.79**	0.45*
	(4.31)	(-1.24)	(-2.34)	(1.06)	(-2.50)	(1.81)
CF	0.08***	0.06	0.03	0.01	-0.13	0.08
	(3.01)	(0.46)	(0.42)	(0.31)	(-1.10)	(0.82)
FA	-0.04	0.01	-0.02	-0.28***	0.14	0.18**
	(-1.34)	(0.10)	(-0.21)	(-3.98)	(1.24)	(2.03)

续表

Var	High FI			Low FI		
	(1)	(2)	(3)	(4)	(5)	(6)
Indep	0.10	-1.37**	0.35	-0.23	-0.47	-1.36**
	(0.84)	(-2.42)	(1.22)	(-0.80)	(-0.57)	(-2.08)
Board	0.01	0.08	-0.42***	0.10	0.51*	0.65***
	(0.11)	(0.31)	(-3.38)	(1.09)	(1.86)	(2.98)
SOE	-0.10**	-0.15***	0.35	-0.11***	-0.24	0.02**
	(-2.19)	(-4.06)	(1.08)	(-4.01)	(-1.14)	(2.43)
Tloan	-0.14***	0.15***	0.14***	-0.18***	-0.11***	0.14***
	(-4.09)	(3.00)	(5.30)	(-4.43)	(-2.73)	(4.38)
CA	0.08***	-0.45***	-0.10*	0.11***	-0.13***	-0.06***
	(4.02)	(-4.44)	(-1.87)	(4.33)	(-5.05)	(-3.07)
LIQ	0.07***	-0.10***	-0.05***	0.03***	0.01	-0.02
	(4.61)	(-4.24)	(-4.83)	(4.06)	(0.48)	(-1.40)
Constant	1.01**	5.34***	-0.30	3.17***	4.77***	-2.86**
	(2.45)	(2.69)	(-0.29)	(5.00)	(2.62)	(-2.00)
Year/Ind	Yes	Yes	Yes	Yes	Yes	Yes
N	1010	1010	1010	1086	1086	1086
R^2	0.28	0.07	0.18	0.28	0.10	0.20

注：$*p<0.1$，$**p<0.05$，$***p<0.01$。

（三）D&O 责任险、信息环境与银行限制性贷款行为

表 5-17 在区分信息环境的情况下，检验了 D&O 责任险对银行限制性贷款行为的影响。本章利用应计盈余管理程度（aDA）来衡量，若上市公司的应计盈余管理程度越高，则信息环境越差（Low Info，aDA > mean）；若上市公司的应计盈余管理程度越低，则信息环境较好（High Info，aDA < mean）。高质量信息环境（High Info）下，列（1）、列（3）中 D&O_ buy 前的系数分别为 -0.35、0.34，并且分别在 5%、10% 的水平下是显著的；低质量信息环境（Low Info）下，列（4）、列（6）中 D&O_ buy 前的系数分别为 0.13、-0.01，但是并不显著，这说明在高质量信息环境下，D&O 责任险更倾向于发挥

公司治理效应，使银行的风险感知度降低，谨慎度下降，银行进而会放松对企业的贷款限制，比如减少对担保物、抵质押物的要求或者提供长期贷款。高质量信息环境（High Info）下，列（2）中 D&O_ buy 前的系数为 -0.15，但是并不显著；低质量信息环境（Low Info）下，列（5）中 D&O_ buy 前的系数为 0.02，但是并不显著，这说明无论高质量信息环境下还是低质量信息环境下，对于购买了 D&O 责任险的公司，银行都不会采取调整贷款成本的方式影响公司贷款。

表 5-17　D&O 责任险、信息环境与银行限制性贷款行为

Var	High Info			Low Info		
	(1)	(2)	(3)	(4)	(5)	(6)
D&O_ buy	-0.35**	-0.15	0.34*	0.13	0.02	-0.01
	(-2.20)	(-0.87)	(1.76)	(0.08)	(0.16)	(-0.12)
Size	-0.01	-0.17*	-0.12**	-0.38***	0.64*	0.55**
	(-0.28)	(-1.91)	(-2.31)	(-4.03)	(1.69)	(2.21)
MV	0.10	-0.16	-0.49**	0.06	0.43	0.11
	(0.81)	(-0.40)	(-2.04)	(0.41)	(0.72)	(0.28)
Lev	0.53***	-1.23***	-0.76***	-0.30*	-0.42	0.85**
	(3.67)	(-3.98)	(-3.93)	(-1.90)	(-0.65)	(2.04)
CF	0.03	0.05	0.10**	0.07	-0.24	0.00
	(1.43)	(0.68)	(2.05)	(1.01)	(-0.81)	(0.01)
FA	-0.33***	-0.08	0.12*	-0.02	0.38*	0.14
	(-3.34)	(-0.72)	(1.76)	(-0.38)	(1.70)	(0.94)
Indep	-0.15	-1.07**	0.05	0.12	-0.84	-0.30
	(-0.96)	(-2.10)	(0.16)	(0.47)	(-0.80)	(-0.43)
Board	0.15***	0.71***	-0.02	-0.04	-0.16	-0.01
	(2.59)	(3.69)	(-0.14)	(-0.41)	(-0.40)	(-0.11)
SOE	-0.25**	-0.15	0.18*	-0.11*	0.01	0.01
	(-2.25)	(-0.44)	(1.74)	(-1.89)	(1.33)	(0.58)
Tloan	-0.12***	0.10***	0.12***	-0.18***	-0.17**	0.15***
	(-4.15)	(2.95)	(5.81)	(-5.71)	(-2.23)	(2.98)

续表

Var	High Info			Low Info		
	(1)	(2)	(3)	(4)	(5)	(6)
CA	0.19***	-0.16***	0.02	0.11***	-0.19***	-0.10***
	(3.92)	(-3.07)	(0.59)	(5.59)	(-4.10)	(-3.16)
LIQ	0.06***	0.01	-0.02**	0.05***	-0.13***	-0.06***
	(4.80)	(0.69)	(-2.16)	(5.55)	(-4.86)	(-3.51)
Constant	-0.18	-0.72	-2.90***	3.03***	1.31***	-2.05
	(-0.36)	(-0.43)	(-2.77)	(4.00)	(3.65)	(-1.01)
Year/Ind	Yes	Yes	Yes	Yes	Yes	Yes
N	713	713	713	1383	1383	1383
R^2	0.17	0.04	0.10	0.14	0.11	0.15

注：*$p<0.1$，**$p<0.05$，***$p<0.01$。

三 经济后果分析及检验：公司治理效应视角

为了检验银行限制性贷款行为对公司治理的影响效应，同时也为了剖析D&O责任险的作用效应，本章从公司治理效应角度，检验分析了D&O责任险对银行限制性贷款行为影响的经济后果。本章参考韩晴和王华（2014）的研究，利用管理费用率（Fee）和ROA来量化公司治理效应。

表5-18列示了购买D&O责任险公司中，银行限制性贷款行为对公司治理效应影响的回归结果。当公司治理效应用Fee量化时，Loan_coll前的系数为-0.01，并且在5%的水平下显著；Loan_cost前的系数为-0.38，但是并不显著；Loan_time前的系数为-0.16，但是并不显著。这表明银行限制性贷款行为中担保、抵质押物要求变动会降低公司代理成本。当公司治理效应用ROA量化时，Loan_coll前的系数为0.02，并且在5%的水平下显著；Loan_cost前的系数为0.03，但是并不显著；Loan_time前的系数为0.01，并且在10%的水平下显著。这表明银行限制性贷款行为中的担保、抵质押物要求变动、贷款期限的调整能提升公司业绩，同时也说明D&O责任险通过影响银行限制性贷款行为发挥了公司治理效应。

表 5-18　D&O 责任险、银行限制性贷款行为与公司治理效应

Var	Fee			ROA		
	（1）	（2）	（3）	（4）	（5）	（6）
Loan_coll	-0.01**			0.02**		
	(-2.32)			(2.22)		
Loan_cost		-0.38			0.03	
		(-0.89)			(0.37)	
Loan_time			-0.16			0.01*
			(-0.46)			(1.90)
Top1	-0.01***	-0.01***	-0.01***	-0.01***	-0.01	-0.03**
	(-4.42)	(-5.23)	(-4.28)	(-3.12)	(-1.36)	(-2.40)
Bmeet	0.02***	0.02***	0.01**	-0.01*	-0.01	-0.01*
	(2.99)	(3.28)	(2.50)	(-1.75)	(-1.44)	(-1.94)
Attend	0.01	0.01	0.01	-0.01	-0.01	-0.00
	(1.04)	(1.11)	(1.04)	(-0.68)	(-0.62)	(-0.26)
Proxy	0.05	0.04	0.08**	0.11**	0.09**	0.06
	(1.40)	(1.16)	(2.17)	(2.29)	(2.03)	(1.45)
Absence	-0.02	-0.01	-0.02	0.05	0.05	0.03
	(-0.33)	(-0.23)	(-0.32)	(0.72)	(0.75)	(0.53)
Board	0.01***	0.04***	0.03**	0.01	0.01	0.01
	(4.04)	(3.14)	(2.37)	(0.66)	(0.55)	(0.93)
IsHold	-0.38***	-0.40***	-0.42***	-0.07	-0.12	-0.19
	(-3.39)	(-3.60)	(-3.73)	(-0.48)	(-0.86)	(-1.41)
Size	-1.46***	-1.28***	-1.53***	2.32***	2.68***	2.90***
	(-4.17)	(-3.76)	(-3.83)	(3.69)	(4.03)	(4.22)
Lev	-1.00***	-1.02***	-0.75***	-3.14***	-3.43***	-3.82***
	(-4.00)	(-4.04)	(-3.47)	(-4.04)	(-3.42)	(-3.00)
SOE	-0.03**	-0.56*	0.14	-0.11**	-0.10	0.02
	(-2.07)	(-1.71)	(0.48)	(-2.03)	(-0.56)	(0.29)
Constant	1.13***	1.39***	1.37***	-1.92***	-1.46***	-1.08***
	(3.96)	(4.43)	(4.67)	(-4.03)	(-4.28)	(-4.02)
Year/Ind	Yes	Yes	Yes	Yes	Yes	Yes

续表

Var	Fee			ROA		
	(1)	(2)	(3)	(4)	(5)	(6)
N	2096	2096	2096	2096	2096	2096
R^2	0.38	0.37	0.39	0.35	0.37	0.46

注：$*p<0.1$，$**p<0.05$，$***p<0.01$。

第七节 本章小结

本章分析并检验了 D&O 责任险对银行限制性贷款行为的影响。基于担保、抵质押贷款、贷款成本和贷款期限等数据，研究了 D&O 责任险购买对银行限制性贷款行为的影响，并分别从关联担保、分析师关注的视角进行了分组检验。进一步分析中，①在影响机制分析及检验部分，基于 D&O 责任险契约内容中的 D&O 责任险覆盖率条款、D&O 责任险告知义务条款、D&O 责任险除外责任条款分析并检验了 D&O 责任险对银行限制性贷款行为的影响；②在调节机制分析及检验部分，从制度环境、金融环境、信息环境三个角度分析并检验了 D&O 责任险契约环境对 D&O 责任险与银行限制性贷款行为之间关系的差异化影响；③在经济后果分析及检验部分，本章从公司治理效应视角剖析并验证了 D&O 责任险对银行限制性贷款行为影响产生的经济后果。

D&O 责任险与银行限制性贷款行为的实证检验发现，D&O 责任险的购买会使银行放松对上市公司的贷款限制。分析师关注度越高，D&O 责任险越会发挥公司治理效应，使银行风险感知度降低，谨慎度下降，继而银行会放松对上市公司的贷款限制。然而，公司关联担保程度越高，D&O 责任险则会引发道德风险问题，使银行风险感知度上升，谨慎度提高，继而银行会增加对上市公司的贷款限制。进一步分析中，①在影响机制分析及检验部分，通过实证检验 D&O 责任险契约内容对银行限制性贷款行为的影响，本章发现 D&O 责任险覆盖率通过强化其激励效应使其激励效应大于监督效应，银行的风险感知度提升，谨慎度提高，继而会增强对上市公司的贷款限制。D&O 责任险告知义务通过强化其监督效应，会使 D&O 责任险的监督效应大于激励效应，加之保险机构的担保效应，银行的风险感知度降低，谨慎度下降，继而会放松对公司的贷款限制。D&O 责任险除外责任虽同时弱化了其监督效应和激励效应，但此时激励效应仍大于监督效应，使银行的风险感知相对较高，进而会增加对上市公司的贷款限制。②在调节机制分析及检验部分，通过实证检验 D&O 责任险契约环境对银行限制性贷款行为的影响，本章发现民营企业中，没有政府的隐性担保，使 D&O 责任险激励效应对银行等债权人的损害更大，使银行的风险感知相对较高，进而会增加对上市公司的贷款限制。劣质金融环境下，D&O 责任险的监督效应相对较小，使银行的风险感知相对较高，进而会增加对上市公司的贷款限制。高质量信息环境下，D&O 责任险的监督效应相对较大，银行的风险感知度降低，银行可能会放松对企业的贷款限制。③在经济后果分析及检验部分，通过研究 D&O 责任险对银行限制性贷款行为影响产生的经济后果，本章发现，在购买了 D&O 责任险的上市公司中，银行限制性贷款行为有助于改善上市公司的业绩，这表明 D&O 责任险通过影响银行限制性贷款行为发挥了公司治理效应。

第六章

D&O 责任险与股东积极主义行为

为了考察 D&O 责任险对股东积极主义行为的影响，本章基于信任度、关注度视角，研究了 D&O 责任险购买对股东投票行为、股东沟通行为的影响，并分别从管理层权力和独立董事网络中心度视角进行了分组检验。进一步分析中，其一，在影响机制分析及检验部分，基于 D&O 责任险契约内容中的 D&O 责任险覆盖率条款、D&O 责任险告知义务条款、D&O 责任险除外责任条款分析并检验了 D&O 责任险对股东积极主义行为的影响；其二，在调节机制分析及检验部分，从制度环境、金融环境、信息环境三个角度分析并检验了 D&O 责任险契约环境对 D&O 责任险与股东积极主义行为关系的差异化影响；其三，在经济后果分析及检验部分，本章从公司治理效应视角剖析并验证了 D&O 责任险对股东积极主义行为影响产生的经济后果。

第一节 问题提出

股东积极主义同时涉及了"所有权和控制权分离"和"股东所有权和表决权相结合"两个公司治理核心概念（Hu and Black，2006），是公司金融领域中非常值得探讨的热门话题之一（Goranova and Ryan，2014），并且其价值也是得到了广泛的认可（Bebchuk，2004；Renneboog and Szilagyi，2009）。股东作为主要的利益相关者，在经营公司与管理者的关系中扮演着重要的角色。当公司高管的某些活动有损于公司声誉，或者高管不当行为而使公司面临损失时，股东会采取一定的手段进行制止（Harrison et al.，2010；Perez-Batres et al.，2012）。Kaplan 和 Zamora（2018）发现，当高管行为导致公司声誉受损或引发公众的负面关注时，股东会对高管薪酬方案投反对票以抑制高管的机会主义行为。但是，股东是怎样识别出高管的惰性行为或者私利行为却是不可知的（Keusch，2018）。另外，与西方发达国家相比，新兴资本市场中的股东积极主义行为研究是相当不足的，并且更多的文献是关注股东积极主义行为的经济后果（Kim and Yon，2014），股东积极主义行为影响因素的研究相对较少（Lee et al.，2018），主要关注公司基本特征（Bethel and Gillan，2002；Del Guercio et al.，2008；Grosse et al.，2017；De Falco et al.，2016）对股东积极主义行为的影响，这为本章的研究提供了空间和契机。D&O 责任险的作用效应一直存有争议，有些学者认为其能发挥积极的公司治理作用（Kalelkar and Nwaeze，2015），另一些学者则认为 D&O 责任险会增强高管的机会主义动机（Baker and Griffith，2010；Lin et al.，2011，2013），股东积极主义行为体现了股东对公司的不满意度（Denes et al.，2017）。因此，若 D&O 责任险发挥公司治理效应，则股东的不满意度降低，信任度增强，关注度降低，继而股东采取积极主义行为的可能性会降低；若 D&O 责任险强化了高管的机会主义行为，则股东对公司的不满意度会增加，信任度降低，关注度上升，股东采取积极主义行为的可能性会提高。

为了探索股东在采取积极主义行为时会考虑哪些因素，D&O 责任险是不是潜在的影响因素，本章研究了 D&O 责任险购买对股东投票行为、股东沟通行为的影响，并分别从管理层权力和独立董事网络中心度视角进行了分组检验。进一步分析中，第一，在影响机制分析及检验部分，基于 D&O 责任险契约内容中的 D&O 责任险覆盖率条款、D&O 责任险告知义务条款、D&O 责任险除外责任条款分析并检验了 D&O 责任险对股东积极主义行为的影响；第二，在调节机制分析及检验部分，从制度环境、金融环境、信息环境三个角度分析并检验了

D&O责任险契约环境对D&O责任险与股东积极主义行为关系的差异化影响；第三，在经济后果分析及检验部分，本章从公司治理效应视角剖析并验证了D&O责任险对股东积极主义行为影响产生的经济后果。

本章的研究贡献主要表现为以下几点：第一，本章的研究丰富了D&O责任险与股东积极主义行为的相关文献，拓展了股东积极主义行为的影响因素研究和D&O责任险作用效应研究。第二，本章的研究便于业界和理论界更好地认识D&O责任险契约条款，增强对监督激励问题的关注，以便完善D&O责任险契约内容，更准确地理解契约理论。第三，本章的研究强调了D&O责任险契约环境的重要性，剖析了D&O责任险契约环境对股东积极主义行为的影响，以便于更有效地保护股东利益。第四，从公司治理效应角度研究D&O责任险对股东积极主义行为影响的经济后果，既有利于分析检验股东积极主义行为的作用效应，也便于解决D&O责任险矛盾性作用效应的争论。

第二节 研究假设

一 D&O责任险与股东积极主义行为

股东积极主义行为是公司治理领域的重要话题，引起了学者的广泛关注（Choi et al., 2010）。当股东对上市公司存在不满时，会倾向于通过股东提案、股东沟通等积极主义行为来参与公司治理（Denes et al., 2017），以保护其利益。D&O责任险为高级管理人员的不当行为决策提供了避风港，减轻了高级管理人员的法律诉讼风险（Kalelkar and Nwaeze, 2015），促使高级管理人员采取更多的机会主义行为（Chung and Wynn, 2008），损害了股东利益（Baker and Griffith, 2010; Lin et al., 2011, 2013）。Zou等（2008）的研究也发现类似的结论，并认为D&O责任险在保护内部人利益的同时损害了外部股东的利益。D&O责任险更会促使高级管理人员为追求短期目标而缩减对公司长远发展有利的R&D项目的投入（Chen, 2016），D&O

责任险为高管的不当行为兜底,大大缓释了高级管理人员的风险厌恶度,继而采取较多有利于自己而非股东的高风险投资项目,使投资效率低下(Li and Liao,2014)。Chalmers 等(2002)则发现,D&O 责任险的公司在 IPO 后业绩下滑幅度更大,从侧面表明 D&O 责任险的购买是基于机会主义动机。D&O 责任险的公司在并购过程中讨价还价的动机不足,并购溢价较低,并且并购后的市场反应较差(Lin et al.,2011),D&O 责任险会导致公司财务重述行为增加(Kim,2018),损害公司盈余质量(Chung et al.,2013)和会计稳健性(Chung and Wynn,2008)。D&O 责任险还可能增加股权成本(Chen et al.,2016),增加审计费用(Chung et al.,2015),降低内部控制质量(Guang – Zheng and Edmund,2018),增加信息不对称,使股价暴跌风险上升(Yuan et al.,2016)。由此可见,D&O 责任险可能会加剧管理层与股东之间的代理冲突,股东对上市公司的不满意度增加,信任度降低,继而采取积极的投票行为。

股东对薪酬的关注逐渐成为重要的研究话题(Brandes et al.,2008)。Balsam 和 Yin(2016)发现,公司在上会之前会选择降低管理层的薪酬,以免受到股东的攻击。Lo 等(2014)的研究发现,如果管理层的薪酬水平过高,股东会表示不满意。Kimbro 和 Xu(2016)发现股东也很重视薪酬结构,当薪酬契约中股权激励或者期权激励水平较高时,股东会表现出一定关注度,会采取积极的沟通行为,这是因为股权性薪酬激励可能会给予高管更多机会谋取私利(Ertimur et al.,2012)。而 D&O 责任险是薪酬方案中的重要组成部分,与股权激励有着相似之处,即 D&O 责任险也会促使高管采取机会主义行为,这将会增加股东的关注度,继而使股东采取积极的沟通行为。基于上述分析,提出 H6.1。

H6.1:D&O 责任险通过弱化股东信任度、增强股东关注度使股东采取积极的投票行为和沟通行为。

二 D&O 责任险、管理层权力与股东积极主义行为

管理层权力一直是备受关注的热点话题(魏志华等,2017),上市公司存在所有者缺位、两职兼任、股权分散等问题,导致公司管

层拥有巨大的权力（赵刚等，2017），董事会常常被管理层俘获或受其影响，董事监督作用被大大削弱，管理层成功谋取私利的可能性更大（权小锋等，2010）。根据经济人假说，高管会追求自身利益的最大化，高管的权力越大，获取私有收益的能力越强，通过各种方式为自身获取更高收益（赵刚等，2017），那么，管理层权力是否会通过影响D&O责任险及其作用效应使高管获得超额私有收益？高管的超额私有收益将有损于股东利益，继而使股东采取积极投票行为和沟通行为（Keusch，2018；Denes et al.，2017）。鉴于此，下面本章将分析管理层权力是否以及怎样影响D&O责任险及其作用效应，以使高管谋取更多私利。

  D&O责任险增加了管理层获取私有收益的可能性，而管理层最终能否得到更高的私有收益，还取决于获取私有收益的能力。管理层权力越大时，D&O责任险使高管获取的私有收益越大。这是因为D&O责任险契约条款并没有统一的规定，富有个性化特征（胡国柳和胡珺，2017；王庆庆，2017），并且D&O责任险契约条款的签订是保险公司与上市公司共同商讨确定的，保险市场竞争激烈，保险公司并没有谈判优势（谭君强和林山君，2017）。管理层权力越大时，越有可能影响D&O责任险的契约内容，签订更有利于其谋取私利的D&O责任险契约条款，为其从事机会主义行为获取更多超额私人收益提供了便利的条件。比如，D&O责任险契约内容中覆盖率条款直接影响了D&O责任险对高管的激励作用，D&O责任险的赔偿限额越高，其激励效应越强；D&O责任险告知义务条款便于保险公司更有效地监督上市公司，告知义务条款越多，D&O责任险的监督效应越强（彭韶兵，2018），管理层权力越大时，高管能为自己争取更多的赔偿限额（甚至是超过董事、监事的赔偿限额），并尽可能地减少告知义务条款。因此，权力膨胀的管理层可能会充分利用D&O责任险给其提供的低风险承担的机会，从事机会主义行为。另外，D&O责任险的被保险人是董事、监事及其他高级管理人员，这使D&O责任险的作用效应与董事、监事及其他高级管理人员有着密切的关联，若董事、监事能有效地监督高级管理人员，那么D&O责任险更可能激励董事、监事、高级管理人员从股东利益出发进行行为决策，此时 D&O 责任险发挥公司治理效应；若董事、监事无法有效地监督高级管理人员，那么 D&O 责任险很可能沦为高级管理人员谋取私利的工具，这将大大损害股东利益，此时 D&O 责任险引发道德风险效应。管理层权力越大，董事的监督力度可能会被大大削弱（权小锋等，2010），使 D&O 责任险更可能引发道德风险效应。管理层权力越大，其资源配置权力越大（张军和王祺，2004），高管更可能利用手中的权力谋取私利，董事、监事可能会与高管合谋套取股东利益。综上所述，管理层权力越大，D&O 责任险使高管获取的超额私有收益越大，这将大大损害股东利益，使股东信任度降低，关注度提高，更可能采取积极的投票行为和沟通行为。基于上述分析，提出 H6.2。

H6.2：管理层权力越大，D&O 责任险越会弱化股东信任度、增强股东关注度，股东越可能采取积极的投票行为和沟通行为。

三 D&O 责任险、独立董事网络中心度与股东积极主义行为

D&O 责任险可以吸引优秀的独立董事的加入（胡国柳和胡珺，2017；郑志刚等，2011），借助其专业才能可以使公司做出更优的决策，从而有助于提升公司价值，保护股东利益。另外，独立董事也是 D&O 责任险的被保险人，独立董事对高管的监督，可促使高管从股东利益出发，减少其攫取私人利益。由此可见，独立董事的监督与建议职能有效发挥可以使 D&O 责任险发挥公司治理效应。然而，独立董事却由于不能有效地发挥监督与建议职能，而被称"花瓶"（梁婷和夏常源，2014），其原因主要有两方面，一方面是独立董事的不独立，另一方面是独立董事在信息和专业知识方面的专业胜任能力较弱。陈运森和谢德仁（2012）的研究认为，独立董事网络关系可以提升独立董事的独立性和专业胜任能力，进而使其更好地监督高管和提出优质的建议和决策。独立董事网络关系的存在使独立董事可以获取较多关于限制和监督高管的信息（Adams and Ferrera，2007），进而可以提升其监督效率。独立董事网中的信息可通过学习效应进行传播（Kang and Tan，2008），使独立董事还可以获取更详细的公司薪酬方案、公司经营战略、投融资项目决策等相关信息以及相关专业知识，

继而可以提出高质量的投融资建议和策略等（Duchin et al., 2010）。综上所述，独立董事网络中心度越高，独立董事作为D&O责任的被保险人越能有效地行使其监督与建议职能，使D&O责任险更好地发挥公司治理效应，便于提升公司价值，保护股东利益，这将会增大股东信任度，降低股东关注度，使股东采取积极投票和沟通行为等积极主义行为的可能性降低。基于上述分析，提出H6.3。

H6.3：独立董事网络中心度越高，D&O责任险越会发挥公司治理效应，股东采取积极投票行为和沟通行为的概率越低。

第三节　研究设计

一　样本选择与数据来源

本章选取2002—2017年上市公司作为研究样本。样本期间从2002年开始的原因：在2002年1月24日的平安保险机构董事责任险险种发布会上，万科企业股份有限公司与平安保险机构签订首份保单，成为"董事高管责任保险"的第一买主。D&O责任险购买的相关数据是通过阅读股东大会会议资料、董事会会议记录、招股说明书、公司章程并经手工整理获得。D&O责任险合同数据的获取：首先是在收集D&O责任险的购买相关数据的过程中，筛选出上市公司购买D&O责任险所投保的保险机构；其次借助百度等搜索引擎从相应保险机构等相关网站获取。股东投票行为数据中股东参与投票的数据来源于CCER数据库，股东沟通行为数据来自中国研究数据服务平台（CNRDS）。董事网络数据：首先，从CSMAR数据库中选取高管个人资料，收集公司董事会的所有独立董事任职资料作为基础信息；其次，必须确保独立董事的网络关系是真实的，所以对所有同名的独立董事进行了检查，区分出是否同一个人（如果不是同一个人，只是同名，那么计算就是错误的），对每一个独立董事赋予独一无二的ID；然后，构建"独立董事—独立董事"的一模矩阵，矩阵勾勒出不同董事之间的联结关系，如果他们在至少同一个公司任职，那么矩阵的值为 1，否则为 0。独立董事自己与自己的对角线取值为 0。通过大型社会网络分析软件 PAJEK 计算出四个网络中心度指标，进而构建公司层面的独立董事网络中心度指标。独立董事网络原始数据以及其他财务数据来自 CSMAR 数据库。本章的数据样本剔除了以下几种公司：金融保险类上市公司、ST 公司、变量存在缺失的公司。为防止极端值导致的结果偏误，对于主要连续变量在 1% 水平下进行了极端值的缩尾处理。

二 主要变量定义

（一）股东积极主义行为

股东投票行为用投票参与率来衡量。股东沟通行为用上市公司与股东互动的次数的自然对数来衡量。

（二）D&O 责任险购买状况

D&O_buy 表示 D&O 责任险购买情况，若本年度该公司购买了 D&O 责任险，则 D&O_buy 为 1，否则为 0。

（三）管理层权力

借鉴现有文献对管理层权力的度量（Grinstei and Hribar，2004；卢锐等，2008；权小锋等，2010），选择两职兼任、股权分散、高管长期在位三个单一维度定义管理层权力。两职兼任（Power1），即董事长、总经理两职合一取值为 1；否则取 0。股权分散（Power2），即若第一大股东持股比例除以第二至十大股东持股比例之和小于 1，则取值为 1；否则取 0。长期任职（Power3），若董事长或总经理在 IPO 之前就任职且 IPO 之后四年仍然在位，则取值为 1；否则取 0。设置虚拟变量 Power，即如果 Power1 + Power2 + Power3 $\geq$ 2，则取值为 1，否则取 0。

（四）独立董事网络中心度

借鉴谢德仁和陈运森（2011）介绍的网络中心度指标来衡量独立董事在上市公司董事网络中的不同位置。标准指标有四个：程度中心度、中介中心度、接近中心度和特征向量中心度，分别从不同视角刻画了网络中心度的特征，并构建了公司层面独立董事网络中心度指数。具体衡量方法参见表 6 – 17。

（五）控制变量

本章参考先前公司治理文献（Liu and Lu，2007；孔东民和刘莎莎，2017），主要控制了公司规模、资产负债率、经营现金流、两职合一、独立董事规模、董事会规模、机构投资者持股比例、股权制衡度、产权性质、是否发行 H 股或 B 股、分析师关注度。

表 6-1 变量定义

变量	变量名	计算方法
股东积极主义行为		
SH_pro	股东投票参与率	股东参与股东大会的比率
SH_Cnum	股东沟通频次	上市公司与股东沟通互动次数的自然对数
D&O 责任购买情况		
D&O_buy	购买 D&O 责任险	若本年度该公司购买了 D&O 责任险，则 D&O_buy 为 1，否则为 0
管理层权力		
Power	管理层权力	选择两职兼任、股权分散、高管长期在位三个单一维度定义管理层权力。三者相加之和大于 2，则 Power 赋值为 1，否则为 0
独立董事网络		
Network	独立董事网络中心度	借鉴谢德仁和陈运森（2011）具体衡量方式，见表 6-17
控制变量		
Size	公司规模	总资产的自然对数值
Lev	资产负债率	总负债/总资产
CF	经营现金流	企业经营现金流/总资产
Dual	两职合一	若上市公司的董事长和总经理为同一人，则取值为 1，否则为 0
Indep	独立董事规模	独立董事人数
Board	董事会规模	董事会人数的自然对数
Ins	机构投资者持股比例	机构投资者持股占上市公司总股份比例
Top2_10	股权制衡度	第二大股东至第十大股东持股比例
SOE	股权性质	若上市公司为国有企业则赋值为 1，否则为 0
HB	交叉上市	若发行 H 股或 B 股则取 1，否则为 0
Ana	分析师关注度	对公司预测的分析师人数取自然对数

三 研究模型

本章构建模型（6-1）检验了 D&O 责任险对股东积极主义行为的影响，本章还进一步检验了管理层权力、独立董事网络中心度是否会使得 D&O 责任险对股东积极主义行为产生差异化影响。具体模型如下：

$$SH = \chi_0 + \chi_1 D\&O\_buy + \chi_2 Size + \chi_3 Lev + \chi_4 CF + \chi_5 Dual + \chi_6 Indep + \chi_7 Board + \chi_8 Ins + \chi_9 Top2\_10 + \chi_{10} SOE + \chi_{11} HB + \chi_{12} Ana + \chi_{12} \sum Year + \chi_{13} \sum Ind + \varepsilon \qquad (6-1)$$

在模型（6-1）中，被解释变量 SH 为股东积极主义行为，分别由股东投票行为（SH_pro）和股东沟通行为（SH_Cnum）进行量化。若 χ_1 显著为正，则说明 D&O 责任险可能会弱化股东信任度，增强股东关注度，股东更可能采取积极投票行为和沟通行为。

第四节 实证结果与分析

一 描述性统计

表 6-2 列示了本章主要变量的描述性统计结果。SH_pro 的平均值和中位数分别是 0.51、0.52，SH_Cnum 的平均值和中位数分别是 4.39、4.71。由此可知，股东积极投票行为和股东沟通行为的平均值和中位数相差不大，这表明样本的分布比较合理。SH_pro、SH_Cnum 的标准差分别是 0.18 和 1.65。D&O_buy 的平均值为 0.64，说明研究样本有 64% 的上市公司购买了 D&O 责任险。

表 6-2　　　　　　　　　描述性统计

变量	平均值	标准差	最小值	中位数	最大值
SH_pro	0.51	0.18	0.00	0.52	1.00
SH_Cnum	4.39	1.65	0.00	4.71	8.49
D&O_buy	0.64	0.48	0.00	1.00	1.00

续表

变量	平均值	标准差	最小值	中位数	最大值
Size	22.38	1.61	16.01	22.16	28.10
Lev	0.52	0.30	0.00	0.53	10.43
CF	19.59	1.75	10.62	19.59	26.09
Dual	1.85	0.32	1.00	2.00	2.00
Indep	3.34	0.71	1.00	3.00	7.00
Board	9.44	1.93	4.00	9.00	17.00
Ins	0.10	0.69	0.05	0.07	0.34
Top2_10	0.21	0.14	0.00	0.20	0.66
SOE	0.67	0.26	0.00	0.56	1.00
BH	0.23	0.41	0.00	0.00	1.00
Ana	3.31	1.23	0.00	3.82	6.18

为初步检验购买了 D&O 责任险公司（D&O_buy=1）中股东积极主义行为与没有购买 D&O 责任险公司（D&O_buy=0）中股东积极主义行为是否存在差异，本章进行了均值差异 T 检验，如表 6-3 所示。根据表 6-3 可知，购买了 D&O 责任险公司（D&O_buy=1）中 SH_pro 的平均值（0.54）显著大于没有购买 D&O 责任险公司（D&O_buy=0）中 SH_pro 的平均值（0.45）；购买了 D&O 责任险公司（D&O_buy=1）中 SH_Cnum 的平均值（4.45）显著大于未购买 D&O 责任险公司（D&O_buy=0）中 SH_Cnum 的平均值（3.98），这初步表明 D&O 责任险可能会弱化股东信任度，增强股东关注度，股东更可能采取积极投票行为和沟通行为。

表 6-3 D&O 责任险和股东积极主义行为——均值差异 T 检验

变量	D&O_buy=1			D&O_buy=0			Difference
	平均值	最大值	最小值	平均值	最大值	最小值	(mean)
SH_pro	0.54	1.00	0.00	0.45	1.00	0.00	0.09***
SH_Cnum	4.45	8.49	0.00	3.98	7.06	0.00	0.47***

注：*p<0.1，**p<0.05，***p<0.01。

表 6-4 列示了主要变量的相关性分析结果。D&O_buy 与 SH_

表 6-4　主要变量相关系数

	(1)	(2)	(3)	(4)	(5)	(6)	(7)	(8)	(9)	(10)	(11)	(12)	(13)
SH_pro	1												
SH_Cnum	0.079***	1											
D&O_buy	0.139***	0.089***	1										
Size	0.072***	-0.029	-0.176***	1									
Lev	-0.023***	-0.128***	0.019	0.123***	1								
CF	-0.011*	0.030	0.004	-0.049***	0.047**	1							
Dual	0.022***	-0.103***	0.044**	0.144*	0.013	-0.019***	1						
Indep	0.038***	-0.045*	-0.025	0.363***	0.064***	-0.006	0.133*	1					
Board	0.072***	-0.062***	0.106***	0.265***	0.014	-0.035*	0.129***	0.684***	1				
Ins	0.016**	-0.022	-0.061***	0.271***	0.027***	-0.010	0.037	0.090***	0.053***	1			
Top2_10	0.080***	0.050*	0.026	0.124***	-0.040	-0.012**	-0.060*	0.102***	0.102***	-0.031	1		
BH	0.038	-0.137***	0.074*	0.458***	0.066***	-0.019***	0.102*	0.199***	0.156*	0.040	0.370***	1	
Ana	0.090***	-0.066***	-0.108***	0.186***	0.051	0.315***	0.020	0.100*	0.081*	0.155**	0.081***	0.147***	1

注：*$p<0.1$，**$p<0.05$，***$p<0.01$。

pro、SH_Cnum 之间的相关系数分别为 0.139 和 0.089，并且在 1% 的水平下显著，这初步证明了 D&O 责任险可能会弱化股东信任度，增强股东关注度，股东更可能采取积极投票行为和沟通行为。

二 回归分析

（一）D&O 责任险购买与股东积极主义行为

本章对 D&O 责任险购买影响股东积极主义行为的回归模型（6-1）进行了检验，回归结果如表 6-5 所示。本章主要从股东投票行为（SH_pro）和股东沟通行为（SH_Cnum）两个视角检验了 D&O 责任险购买对股东积极主义行为的影响，列（1），D&O_buy 前的系数为 0.16，并且在 1% 的水平下显著，说明 D&O 责任险购买可能会促进高管的机会主义行为，继而削弱股东信任度。为了维护自己的权益，股东会采取积极的投票行为，比如积极地参与股东大会投票等，支持了 H6.1。列（2），D&O_buy 前的系数为 0.08，并且在 1% 的水平下显著，说明 D&O 责任险购买可能会使高管采取更多的激进行为，这在一定程度上会增强股东的关注度。为了获取更多相关信息以保护个人利益，股东可能会采取积极的沟通行为，比如增加沟通频次等，支持了 H6.1。

表 6-5　　　　D&O 责任险购买与股东积极主义行为

Var	SH_pro	SH_Cnum
	（1）	（2）
D&O_buy	0.16***	0.08***
	(3.90)	(3.86)
Size	0.03***	0.07*
	(3.57)	(1.66)
Lev	-0.05***	-0.73***
	(-4.80)	(-3.49)
CF	-0.00**	0.02
	(-2.30)	(0.67)
Dual	0.10	-0.14
	(0.23)	(-0.38)

续表

Var	SH_pro	SH_Cnum
	(1)	(2)
Indep	-0.03***	0.09
	(-4.80)	(0.80)
Board	-0.02***	-0.04
	(-4.01)	(-0.96)
Ins	0.00	-0.01
	(0.21)	(-0.11)
Top2_10	0.35***	0.59*
	(4.21)	(1.69)
SOE	0.02**	-0.40***
	(2.23)	(-3.38)
BH	-0.05	-0.71***
	(-0.45)	(-5.49)
Ana	-0.01	-0.08**
	(-0.59)	(-2.02)
Constant	-0.36***	3.27***
	(-6.63)	(4.70)
Year/Ind	Yes	Yes
N	2646	1413
R^2	0.20	0.06

注：*p<0.1，**p<0.05，***p<0.01。

（二）D&O 责任险、管理层权力与股东积极主义行为

表 6-6 在区分管理层权力的情况下，验证了 D&O 责任险对股东积极主义行为的影响。高管理层权力样本（High Power）中列（1）至列（2）中，D&O_buy 前的系数分别为 0.18、0.05，并且在 5% 的水平下显著；低管理层权力样本（Low Power）中列（3）至列（4）中，D&O_buy 前的系数分别为 0.11、0.04，但是并不显著，这表明管理层权力越大时，D&O 责任险会使高管获取更多的超额私人收益，这大大损害了股东利益，继而使股东信任度降低，关注度增

加，股东更可能采取积极的投票行为和沟通行为，证实了 H6.2。

表 6-6　　D&O 责任险、管理层权力与股东积极主义行为

Var	High Power		Low Power	
	(1)	(2)	(3)	(4)
D&O_buy	0.18**	0.05**	0.11	0.04
	(2.30)	(2.07)	(1.24)	(1.54)
Size	0.04***	0.11***	0.02***	-0.06
	(4.43)	(4.35)	(5.90)	(-0.57)
Lev	-0.03**	-0.49***	-0.10***	-1.34***
	(-2.27)	(-3.88)	(-4.63)	(-2.95)
CF	-0.01***	0.07	0.01	0.10***
	(-3.57)	(0.11)	(0.49)	(3.34)
Dual	0.11	-0.04***	0.12**	-0.15
	(1.11)	(-3.55)	(2.23)	(-0.89)
Indep	-0.03***	-0.12	-0.02***	0.58**
	(-3.70)	(-0.86)	(-2.61)	(2.55)
Board	-0.03***	-0.08	0.01***	-0.10
	(-4.58)	(-0.02)	(4.46)	(-1.10)
Ins	0.01	0.05	-0.01	-0.18
	(1.02)	(0.77)	(-0.00)	(-1.50)
Top2_10	-0.35***	-0.68*	-0.32***	-0.61
	(-4.41)	(-1.75)	(-8.70)	(-0.70)
SOE	0.02	-0.45***	0.03**	-0.18
	(1.51)	(-3.46)	(2.01)	(-0.59)
BH	-0.06***	-0.73***	-0.03**	-0.50*
	(-4.40)	(-4.80)	(-2.40)	(-1.95)
Ana	-0.01	-0.12***	0.00	0.01
	(-1.42)	(-2.65)	(0.66)	(0.04)
Constant	-0.58***	3.39***	-0.15*	3.47**
	(-7.98)	(4.35)	(-1.93)	(2.17)
Year/Ind	Yes	Yes	Yes	Yes

续表

Var	High Power		Low Power	
	(1)	(2)	(3)	(4)
N	1238	723	1408	690
R^2	0.33	0.07	0.13	0.09

注：$*p<0.1$，$**p<0.05$，$***p<0.01$。

（三）D&O 责任险、独立董事网络中心度与股东积极主义行为

表 6-7 在区分独立董事网络中心度的情况下，验证了 D&O 责任险对股东积极主义行为的影响。高独立董事网络中心度样本（High Network）中，列（1），D&O_ buy 前的系数为 -0.14，并且在 5% 的水平下显著；低独立董事网络中心度样本（Low Network）中，列（3），D&O_ buy 前的系数为 -0.13，但是并不显著。高独立董事网络中心度样本（High Network）中，列（2），D&O_ buy 前的系数为 -0.05，但是并不显著；低独立董事网络中心度样本（Low Network）中，列（4），D&O_ buy 前的系数为 0.09，但是并不显著，这表明独立董事网络越高时，作为 D&O 责任险保险人的独立董事越能更好地行使其监督和建议职能，D&O 责任险更倾向于发挥公司治理效应，股东对上市公司的信任度增强，另外，积极主义行为是有成本的，因而，此时股东采取积极投票行为的概率降低，证实了 H6.3。

表 6-7　D&O 责任险、独立董事网络中心度与股东积极主义行为

Var	High Network		Low Network	
	(1)	(2)	(3)	(4)
D&O_ buy	-0.14**	-0.05	-0.13	0.09
	(-2.08)	(-0.17)	(-0.82)	(0.75)
Size	0.03***	0.06	0.02	0.10
	(3.48)	(1.39)	(0.35)	(0.38)
Lev	-0.05	-0.71***	-0.05***	-0.49
	(-0.52)	(-3.37)	(-5.29)	(-0.36)

续表

Var	High Network		Low Network	
	(1)	(2)	(3)	(4)
CF	-0.01***	0.01	0.01	0.32
	(-2.75)	(0.30)	(0.64)	(1.10)
Dual	0.02**	-0.40***	-0.01	-0.11
	(2.13)	(-3.37)	(-0.19)	(-0.15)
Indep	-0.00	0.13	-0.03***	1.28
	(-1.07)	(1.13)	(-5.19)	(1.30)
Board	-0.02***	-0.05	-0.03	-0.12
	(-4.40)	(-1.33)	(-0.16)	(-0.39)
Ins	0.03	0.02	0.05	0.10
	(0.56)	(0.31)	(0.05)	(0.46)
Top2_10	-0.35***	-0.72**	-0.54***	-4.64
	(-4.74)	(-2.05)	(-3.50)	(-1.67)
SOE	0.11**	0.13***	-0.05	-0.14
	(2.18)	(3.41)	(-0.32)	(-0.85)
BH	0.03	-0.82***	-0.05***	1.12
	(0.03)	(-6.19)	(-5.31)	(1.64)
Ana	-0.01	-0.07*	-0.01	-0.13
	(-0.15)	(-1.86)	(-0.97)	(-0.64)
Constant	-0.38***	3.67***	0.44**	-1.11***
	(-7.23)	(5.18)	(2.16)	(-3.99)
Year/Ind	Yes	Yes	Yes	Yes
N	1526	715	1120	698
R^2	0.25	0.07	0.27	0.16

注：*$p<0.1$，**$p<0.05$，***$p<0.01$。

第五节 稳健性检验

一 Heckman 两阶段

考虑到样本自选择的问题，参考 Yuan 等（2016）的研究，本章首先构建了模型（6-2），继而将模型（6-2）中得出的 IMR 系数，代入模型（6-1）中进行重新估计。具体模型如下：

$$D\&O\_buy = \alpha_0 + \mu_1 Indep + \mu_2 Mahold + \mu_3 BH + \mu_4 Bala + \mu_5 SOE + \mu_6 Size + \mu_7 Lev + \mu_9 ROA + \mu_{10} Growth + \mu_{11} IndAvg\_D\&O + \mu_{12} \sum Year + \mu_{13} \sum Ind + \delta$$

(6-2)

模型（6-2）中，D&O_buy 表示上市公司是否购买 D&O 责任险，购买了 D&O 责任险则赋值为 1，否则为 0；Indep 表示独立董事规模；Mahold 表示管理层持股比例；BH 表示上市公司是否交叉持股；Bala 表示股权集中度；SOE 表示股权性质；Size 为公司规模；Lev 为公司财务杠杆；ROA 为公司业绩；Growth 为公司成长率；IndAvg_D&O 为行业层面 D&O 责任险平均覆盖率。

本章通过采用两阶段最小二乘法对模型进行了重新估计，回归分析结果列示在表 6-8 中，列（2）、列（3）中，D&O_buy 前的系数分别为 0.17、0.09，并且分别在 5%、10% 的水平下显著，这表明本章的基本结论是比较稳健的。

表 6-8　　　　　　D&O 责任险购买与股东积极主义行为

	First-step		Second-step	
Var	(1)	Var	(2)	(3)
Indep	0.21***	D&O_buy	0.17**	0.09*
	(3.56)		(2.39)	(1.86)
Mahold	-0.43**	Size	0.03***	0.04
	(-2.48)		(3.22)	(0.97)
BH	0.14**	Lev	-0.05***	-0.47**
	(2.48)		(-4.66)	(-2.23)
Bala	0.01	CF	0.02**	0.03
	(1.54)		(2.44)	(0.89)
SOE	0.14**	Dual	-0.03***	-0.31***
	(2.48)		(-5.22)	(-2.59)

续表

First-step		Second-step		
Var	(1)	Var	(2)	(3)
Size	0.13**	Indep	0.02***	0.05
	(2.26)		(3.94)	(0.46)
Lev	0.14***	Board	0.01	-0.02
	(3.55)		(0.61)	(-0.42)
ROA	0.10*	Ins	0.30***	0.12***
	(1.70)		(4.04)	(6.30)
Growth	-0.43**	Top2_10	-0.04***	-0.02
	(-2.48)		(-3.85)	(-0.26)
IndAvg_D&O	0.03**	SOE	0.04	0.03**
	(2.05)		(0.76)	(2.24)
		BH	0.10	0.19
			(0.66)	(0.54)
		Ana	0.01	-0.59***
			(0.59)	(-4.55)
		IMR	0.10**	0.09**
			(2.39)	(2.24)
Constant	4.29***	Constant	-0.44***	-0.11***
	(3.40)		(-6.35)	(-2.77)
Year/Ind	Yes	Year/Ind	Yes	Yes
N	3347	N	2646	1413
R^2	0.15	R^2	0.20	0.06

注：*$p<0.1$，**$p<0.05$，***$p<0.01$。

二 倾向匹配得分法

本章采用最近邻倾向得分匹配为处理组（购买D&O责任险的公司）寻找相近的对照组（没有购买D&O责任险的公司）。匹配变量选择、匹配平衡性检验结果以及匹配前后的密度函数图与第四章一致。

本章利用倾向匹配得分法对匹配后的样本进行了重新估计，回归分析结果列示在表6-9中，列（1）至列（2），D&O_buy前的系数分别为 0.14、0.06，并且分别在 1%、5% 的水平下显著，这表明本章的基本结论是比较稳健的。本章还区分管理层权力差异、独立董事网络中心度差异重新估计了 D&O 责任险对企业委托理财行为的影响，回归分析结果列示在表 6 – 10、表 6 – 11 中，主要的研究结论仍然存在。

表 6 – 9　　D&O 责任险购买与股东积极主义行为（PSM）

Var	SH_pro	SH_Cnum
	（1）	（2）
D&O_buy	0.14***	0.06**
	(3.82)	(2.50)
Size	0.02***	0.43***
	(3.57)	(3.46)
Lev	-0.05***	-1.83***
	(-5.77)	(-5.57)
CF	-0.03***	-0.07***
	(-5.65)	(-2.81)
Dual	0.02	-0.06
	(0.63)	(-0.68)
Indep	-0.02***	0.52***
	(-3.76)	(5.68)
Board	0.01***	-0.38***
	(4.40)	(-6.29)
Ins	0.03	0.07*
	(0.26)	(1.65)
Top2_10	0.31***	1.75***
	(3.55)	(8.25)
SOE	0.05*	0.03*
	(1.71)	(1.66)
BH	-0.02**	-2.08***
	(-2.27)	(-3.64)

续表

Var	SH_pro	SH_Cnum
	(1)	(2)
Ana	0.07	0.06**
	(0.40)	(2.47)
Constant	-0.06	-1.50***
	(-1.45)	(-2.79)
Year/Ind	Yes	Yes
N	4479	4024
R^2	0.11	0.20

注：*$p<0.1$，**$p<0.05$，***$p<0.01$。

表6-10　D&O责任险、管理层权力与股东积极主义行为（PSM）

Var	High Power		Low Power	
	(1)	(2)	(3)	(4)
D&O_buy	0.14**	0.05*	0.13	0.01
	(2.54)	(1.76)	(0.38)	(0.07)
Size	0.02***	0.58***	0.02***	0.35***
	(3.80)	(4.47)	(4.39)	(4.19)
Lev	-0.04***	-1.99***	-0.10***	-1.39***
	(-3.29)	(-4.15)	(-5.47)	(-4.55)
CF	-0.00***	-0.14***	0.01	-0.03
	(-3.98)	(-3.52)	(1.36)	(-0.88)
Dual	-0.01	-0.35***	0.01	-0.62***
	(-1.19)	(-3.90)	(0.50)	(-4.89)
Indep	-0.02***	0.05	-0.02***	0.66***
	(-2.67)	(0.48)	(-3.54)	(3.95)
Board	0.02***	-0.11***	0.01***	-0.42***
	(4.32)	(-3.01)	(3.21)	(-4.34)
Ins	0.01	0.10	0.01	-0.01
	(1.43)	(1.55)	(0.91)	(-0.23)

续表

Var	High Power		Low Power	
	(1)	(2)	(3)	(4)
Top2_10	0.30***	0.24	0.29***	1.96***
	(4.50)	(0.73)	(4.75)	(7.28)
SOE	-0.01	0.06*	0.02	0.06*
	(-0.51)	(1.68)	(1.61)	(1.74)
BH	-0.01	-1.76***	-0.02	-2.06***
	(-0.51)	(-4.12)	(-1.61)	(-7.54)
Ana	0.08	-0.03	0.00	0.05*
	(0.59)	(-0.70)	(0.06)	(1.68)
Constant	-0.07	-3.29***	-0.09	-1.16*
	(-1.23)	(-3.10)	(-1.32)	(-1.78)
Year/Ind	Yes	Yes	Yes	Yes
N	2282	2157	2197	1867
R^2	0.13	0.07	0.10	0.17

注：$*p<0.1$，$**p<0.05$，$***p<0.01$。

表6-11 D&O责任险、独立董事网络中心度与股东积极主义行为（PSM）

Var	High Network		Low Network	
	(1)	(2)	(3)	(4)
D&O_buy	-0.13**	-0.72	0.03	0.25
	(-2.24)	(-0.35)	(1.33)	(1.49)
Size	0.02***	0.05	-0.02**	0.17***
	(3.52)	(0.68)	(-2.10)	(3.09)
Lev	-0.06***	-1.26***	0.01	-0.63**
	(-4.05)	(-3.63)	(0.20)	(-2.35)
CF	-0.00***	0.02	0.02	0.05
	(-4.12)	(0.33)	(1.56)	(1.00)
Dual	0.02	-0.38*	0.03	-0.43***
	(0.70)	(-1.84)	(0.10)	(-2.96)

续表

Var	High Network		Low Network	
	(1)	(2)	(3)	(4)
Indep	-0.02***	0.05	-0.05	0.23
	(-4.06)	(0.35)	(-1.38)	(1.34)
Board	0.01***	-0.04	0.02*	-0.07
	(3.80)	(-0.64)	(1.88)	(-1.19)
Ins	0.01	-0.02	-0.02	-0.05
	(0.29)	(-0.23)	(-1.08)	(-0.57)
Top2_10	0.32***	0.18	0.72***	-0.19
	(5.15)	(0.29)	(5.87)	(-0.42)
SOE	0.02	0.02*	0.05	-0.19
	(0.33)	(1.76)	(1.00)	(-0.42)
BH	-0.02**	-0.64***	-0.02	-0.65***
	(-2.15)	(-3.22)	(-0.74)	(-3.65)
Ana	0.07	-0.16***	0.09	-0.02
	(0.03)	(-2.64)	(0.06)	(-0.32)
Constant	-0.10**	4.16***	0.52***	0.87
	(-2.22)	(3.74)	(2.94)	(0.91)
Year/Ind	Yes	Yes	Yes	Yes
N	2165	2267	2314	1757
R^2	0.13	0.11	0.12	0.15

注：*$p<0.1$，**$p<0.05$，***$p<0.01$。

第六节 进一步分析

一 影响机制分析及检验：D&O 责任险契约内容视角

通过第三章的理论分析，本章认为 D&O 责任险覆盖率越高，责任赔偿限额越大，赔偿范围越大，其激励效应越强，公司高管可能为了个人私利而采取一些机会主义行为，这将有损于股东的利益。因此，股东对上市公司的信任度会降低，关注度会增强，继而会采取积极的投票行为与沟通行为。D&O 责任险的告知义务越多，其监督效应越强，在一定程度上可以遏制高管的机会主义动机，在一定程度上保护了股东的利益，股东对上市公司的信任度会增强，关注度会降低，采取积极投票行为与沟通行为的概率降低。D&O 责任险的除外责任条款越多，其激励效应和监督效应会被削弱，若此时 D&O 责任险的激励效应大于监督效应，那么股东采取积极投票行为与沟通行为的可能性较大，若此时 D&O 责任险的监督效应大于激励效应，那么股东采取积极投票行为与沟通行为的可能性较小，因而，D&O 责任险除外责任对股东积极主义行为的影响有待实证检验。

（一）模型构建

为了更好地理解 D&O 责任险对股东积极主义行为的影响机制，本章从 D&O 责任险内容视角进行了检验分析，并构建了模型（6-3）。

$$SH = \varphi_0 + \varphi_1 D\&O + \varphi_2 Size + \varphi_3 Lev + \varphi_4 CF + \varphi_5 Dual + \varphi_6 Indep + \varphi_7 Board + \varphi_8 Ins + \varphi_9 Top2\_10 + \varphi_{10} HB + \varphi_{11} Ana + \varphi_{12} \sum Year + \varphi_{13} \sum Ind + \xi \quad (6-3)$$

在模型（6-3）中，被解释变量 SH 为股东积极主义行为，分别由股东投票行为（SH_pro）和股东沟通行为（SH_Cnum）进行量化。D&O 为 D&O 责任险契约内容，分别由 D&O 责任险覆盖率（D&O_cov）、D&O 责任险告知义务（D&O_tell）、D&O 责任险除外责任（D&O_ex）来衡量。D&O 责任险契约内容相关数据的获取情况以及具体条款内容与第四章一致，在此不再赘述。

（二）D&O 责任险契约内容与股东积极主义行为

本章对 D&O 责任险契约内容影响股东积极主义行为的回归模型（6-2）进行了检验，回归结果如表 6-12 所示，列（1）中，D&O_cov 前的系数为 0.46，并且在 5% 的水平下显著，说明 D&O 责任险覆盖率会强化其激励效应，使 D&O 责任险的激励效应大于监督效应，更可能会推进高管采取机会主义行为，继而削弱股东信任度。为了维护自己的权益，股东会采取积极的投票行为，比如积极地参与股东大会投票等。列（2）中 D&O_ tell 前的系数为 -0.09，并且在 5% 的水平下显著，说明 D&O 责任险告知义务通过强化其监督效应，会使 D&O 责任险的监督效应大于激励效应，这在一定程度下可以抑制高管的机会主义行为，股东信任度增强，股东采取积极的投票行为的倾向性会降低。列（3）中 D&O_ ex 前的系数为 0.08，但是并不显著。列（4）中 D&O_ cov 前的系数为 0.04，并且在 10% 的水平下显著，说明 D&O 责任险覆盖率会强化其激励效应，使 D&O 责任险的激励效应大于监督效应，高管的勤勉程度增强，更可能会积极采取投融资行为，继而会增强股东关注度。为了获悉更多关于相关投融资项目相关信息，以维护自己的权益，股东会采取积极的沟通行为，比如增加沟通次数等。列（5）中 D&O_ tell 前的系数为 -0.01，并且在 10% 的水平下显著，说明 D&O 责任险告知义务通过强化其监督效应，会使 D&O 责任险的监督效应大于激励效应，这在一定程度上可以抑制高管的积极行为，股东关注度降低，股东采取积极沟通行为的倾向性会降低。列（6）中 D&O_ ex 前的系数为 0.06，并且在 10% 的水平下显著，说明 D&O 责任险除外责任虽同时弱化了其监督效应和激励效应，但此时激励效应仍大于监督效应，高管的勤勉程度增强，更可能会积极地采取投融资行为，继而会增强股东关注度。为了获悉更多关于相关投融资项目相关信息，以维护自己的权益，股东会采取积极的沟通行为。

表 6-12　　　　D&O 责任险契约内容与股东积极主义行为

Var	股东投票行为			股东沟通行为		
	（1）	（2）	（3）	（4）	（5）	（6）
D&O_ cov	0.46** (2.06)			0.04* (1.70)		
D&O_ tell		-0.09** (-2.41)			-0.01* (-1.79)	
D&O_ ex			0.08 (0.55)			0.06* (1.88)

续表

Var	股东投票行为			股东沟通行为		
	(1)	(2)	(3)	(4)	(5)	(6)
Size	0.02***	0.05***	0.04***	0.11**	0.08	0.07
	(4.43)	(4.53)	(4.07)	(2.41)	(0.85)	(0.77)
Lev	-0.05***	-0.33***	-0.33***	-0.74***	0.18	-0.45
	(-3.82)	(-4.00)	(-5.96)	(-3.54)	(0.26)	(-0.66)
CF	-0.02**	-0.03**	-0.02*	0.02	0.12	0.14*
	(-2.33)	(-2.13)	(-1.95)	(0.51)	(1.51)	(1.85)
Dual	0.03*	0.07**	0.07**	-0.37***	-1.43***	-1.39***
	(1.80)	(2.56)	(2.41)	(-3.13)	(-4.52)	(-4.43)
Indep	-0.04***	0.01	0.01	0.11	0.01	-0.07
	(-4.36)	(0.70)	(0.63)	(0.92)	(0.04)	(-0.27)
Board	0.02***	0.01	0.01*	-0.06	-0.09	-0.08
	(4.05)	(1.65)	(1.80)	(-1.42)	(-1.02)	(-0.91)
Ins	0.01	0.01	0.02	-0.01	-0.09	-0.10
	(0.13)	(0.23)	(0.24)	(-0.21)	(-0.79)	(-0.95)
Top2_10	0.43***	0.46***	0.39***	0.65*	-0.18	-0.93
	(4.41)	(4.36)	(4.76)	(1.89)	(-0.20)	(-1.10)
SOE	0.01**	0.04	0.01	0.03*	0.02	0.03
	(2.33)	(0.75)	(0.14)	(1.78)	(0.20)	(1.23)
BH	-0.05***	-0.08***	-0.08***	-0.76***	-0.85***	-0.45
	(-4.25)	(-3.50)	(-3.29)	(-5.84)	(-2.91)	(-1.49)
Ana	-0.01	-0.01**	-0.02**	-0.07*	0.25**	0.28***
	(-1.62)	(-2.08)	(-2.41)	(-1.80)	(2.54)	(2.85)
Constant	-0.03	-0.65***	-0.62***	3.03***	3.50**	4.44***
	(-0.42)	(-5.50)	(-5.23)	(4.23)	(2.48)	(3.15)
Year/Ind	Yes	Yes	Yes	Yes	Yes	Yes
N	741	380	380	741	380	380
R^2	0.18	0.24	0.14	0.05	0.20	0.21

注：*$p<0.1$，**$p<0.05$，***$p<0.01$。

二 调节效应分析及检验：D&O 责任险契约环境视角

（一）D&O 责任险、制度环境与股东积极主义行为

表 6-13 在区分制度环境的情况下，检验了 D&O 责任险对股东积极主义行为的影响。本章利用实际控制人性质来衡量制度环境。若上市公司实际控制人性质为国有企业则赋值为 1，否则赋值为 0。国有企业（SOE）中，列（1），D&O_buy 前的系数为 0.06，在 10% 的水平下显著；非国有企业（NSOE）中，列（3），D&O_buy 前的系数为 0.04，但是并不显著，这表明国有企业的隐性担保增加了 D&O 责任险的激励效应，股东与高管之间的矛盾更突出，股东信任度降低，更可能采取积极的投票行为。国有企业（SOE）中，列（2），D&O_buy 前的系数为 0.47，并且在 5% 的水平下是显著的；非国有企业（NSOE）中，列（4），D&O_buy 前的系数为 0.31，但是并不显著，这表明国有企业的隐性担保增加了 D&O 责任险的激励效应，公司与高管之间的矛盾更突出，股东关注度增加，更可能采取积极的沟通行为。

表 6-13　D&O 责任险、制度环境与股东积极主义行为

Var	SOE		NSOE	
	（1）	（2）	（3）	（4）
D&O_buy	0.06*	0.47**	0.04	0.31
	(1.71)	(2.41)	(0.75)	(0.63)
Size	0.03***	0.03	0.03***	0.30***
	(4.65)	(0.50)	(4.36)	(4.02)
Lev	-0.03***	-0.26	-0.10***	-0.97***
	(-2.70)	(-0.91)	(-4.81)	(-3.44)
CF	-0.00**	0.08*	-0.02	-0.03
	(-2.33)	(1.67)	(-0.19)	(-0.55)
Dual	0.01	-0.67***	0.04**	-0.00
	(0.53)	(-3.84)	(2.45)	(-0.02)
Indep	-0.03***	0.10	0.04	0.33
	(-4.61)	(0.76)	(0.12)	(1.34)

续表

Var	SOE		NSOE	
	(1)	(2)	(3)	(4)
Board	0.02***	-0.08	-0.02	-0.00
	(4.43)	(-1.63)	(-0.28)	(-0.06)
Ins	0.01	-0.04	-0.03	0.19
	(0.52)	(-0.66)	(-0.12)	(1.56)
Top2_10	0.28***	0.46	0.66***	-0.26
	(3.90)	(1.06)	(4.10)	(-0.46)
BH	-0.05***	-0.60***	-0.08**	-1.36***
	(-4.63)	(-4.11)	(-2.19)	(-3.37)
Ana	0.01	-0.01	-0.02	-0.20***
	(0.14)	(-0.18)	(-0.94)	(-3.55)
Constant	-0.30***	3.39***	-0.25**	-1.10
	(-4.79)	(3.77)	(-1.99)	(-0.82)
Year/Ind	Yes	Yes	Yes	Yes
N	1628	767	1018	646
R^2	0.19	0.05	0.29	0.12

注：$*p<0.1$，$**p<0.05$，$***p<0.01$。

（二）D&O 责任险、金融环境与股东积极主义行为

表 6-14 在区分金融环境的情况下，检验了 D&O 责任险对股东积极主义行为的影响效应。本章用金融景气度（FI）来衡量金融环境，它来自中国人民银行调查统计数据中的银行业景气指数。金融景气度采用扩散指数法计算，即首先剔除对此问题选择"不确定"的银行机构，然后计算各选项占比，并分别赋予各选项不同的权重（"很好"取 1，"较好"取 0.75，"一般"取 0.5，"较差"取 0.25，"很差"取 0），在此基础上求和计算出最终的景气度，即指数取值范围是 0—100%，指数在 50% 以上，表示金融环境较好；指数低于 50%，表示金融环境较差。在优势金融环境下（High Fin），列（1）中 D&O_buy 前的系数为 0.04，在 1% 的水平下显著；在劣势金融环境下（Low

Fin），列（3）中 D&O_buy 前的系数为 0.03，但是并不显著，这说明优势金融环境强化了 D&O 责任险与股东积极投票行为之间的正相关关系。即在优势金融环境下，D&O 责任险的公司更可能出于套利的目的采取激进的投融资项目，使股东风险损失的感知度上升，股东对上市公司信任度降低，这加剧了 D&O 责任险与股东积极主义行为之间的正相关关系。在优势金融环境下（High Fin），列（2）中 D&O_buy 前的系数为 0.30，并且在 5% 水平下显著；在劣势金融环境下（Low Fin），列（4）中 D&O_buy 前的系数为 -0.18，但是并不显著，这说明优势金融环境强化了 D&O 责任险与股东沟通行为之间的正相关关系。即在优势金融环境下，D&O 责任险增加了金融化投资的期望值和效价，更可能促使高管进行更多的金融化投资，甚至出现过度投资的现象，最终可能会损害公司利益，这在一定程度上会增加股东的关注度，继而股东会采取积极的沟通行为。

表 6-14　D&O 责任险、金融环境与股东积极主义行为

Var	High Fin		Low Fin	
	（1）	（2）	（3）	（4）
D&O_buy	0.04***	0.30**	0.03	-0.18
	(4.56)	(2.00)	(0.47)	(-0.34)
Size	0.03***	0.03	0.04***	0.08
	(5.34)	(0.41)	(6.09)	(1.09)
Lev	-0.05***	-0.85***	-0.07*	-0.64*
	(-4.52)	(-2.88)	(-1.66)	(-1.79)
CF	-0.01**	0.06	0.03	-0.06
	(-2.18)	(1.15)	(0.70)	(-0.99)
Dual	0.02**	-0.23	0.01	-0.72***
	(2.03)	(-1.43)	(0.55)	(-3.85)
Indep	0.02	0.10	-0.03***	0.33
	(0.84)	(0.67)	(-5.12)	(1.57)
Board	0.02***	-0.02	0.01	-0.08
	(5.24)	(-0.33)	(1.14)	(-1.25)

续表

Var	High Fin		Low Fin	
	(1)	(2)	(3)	(4)
Ins	0.01	0.01	0.01	-0.04
	(0.09)	(0.08)	(0.75)	(-0.35)
Top2_10	0.38***	0.94*	0.29***	-0.31
	(4.36)	(1.91)	(4.31)	(-0.52)
SOE	0.03	0.04*	0.03	0.04*
	(1.43)	(1.69)	(0.70)	(1.83)
HB	-0.05***	-0.83***	-0.08***	-0.58***
	(-4.47)	(-4.25)	(-3.59)	(-2.85)
Ana	0.01	-0.04	0.01	-0.17***
	(-1.26)	(-0.79)	(0.86)	(-2.59)
Constant	-0.30***	2.93***	-0.65***	6.39***
	(-4.79)	(2.81)	(-4.78)	(5.20)
Year/Ind	Yes	Yes	Yes	Yes
N	1063	635	1583	778
R^2	0.20	0.05	0.24	0.11

注：*$p<0.1$，**$p<0.05$，***$p<0.01$。

（三）D&O 责任险、信息环境与股东积极主义行为

表6-15在区分信息环境的情况下，验证了D&O责任险对股东积极主义行为的影响。本章利用应计盈余管理程度（aDA）来衡量，若上司公司的应计盈余管理程度越高，则信息环境越差（Low Info，aDA > mean）；若上司公司的应计盈余管理程度越低，则信息环境较好（High Info，aDA < mean）。高质量信息环境下（High Info），列（1）中 D&O_buy 前的系数为0.03，但是并不显著，低质量信息环境下（Low Info），列（3）中 D&O_buy 前的系数为0.07，并且在5%的水平下是显著的，这说明低质量信息环境强化了D&O责任险与股东积极投票行为之间的正相关关系。即在低质量信息环境下，D&O责任险更可能引发道德风险效应，这将进一步弱化股东信任度，使股

东采取积极的投票行为。高质量信息环境下（High Info），列（2）中 D&O_buy 前的系数为 0.38，但是并不显著，低质量信息环境下（Low Info），列（3）中 D&O_buy 前的系数为 0.52，并且在 5% 的水平下是显著的，这说明低质量信息环境强化了 D&O 责任险与股东积极沟通行为之间的正相关关系。即在低质量信息环境下，D&O 责任险更可能引发道德风险效应，高管采取积极主义行为的可能性较高，大股东也有可能与管理层合谋掏空公司，使股东对上市公司的关注度提高，继而积极地与上市公司沟通。

表 6-15　D&O 责任险、信息环境与股东积极主义行为

Var	High Info		Low Info	
	(1)	(2)	(3)	(4)
D&O_buy	0.03	0.38	0.07**	0.52**
	(0.74)	(1.46)	(2.16)	(2.10)
Size	0.03***	0.01	0.03***	0.10*
	(4.35)	(0.15)	(4.79)	(1.75)
Lev	-0.07***	-0.55	-0.04***	-0.80***
	(-3.04)	(-1.41)	(-3.69)	(-3.04)
CF	0.01	0.03	-0.01***	0.02
	(0.01)	(0.39)	(-2.63)	(0.44)
Dual	0.03	0.07	0.02*	-0.52***
	(1.25)	(0.26)	(1.84)	(-3.90)
Indep	-0.03**	-0.21	-0.03***	0.18
	(-2.16)	(-0.85)	(-4.29)	(1.34)
Board	0.02***	0.08	0.02***	-0.07
	(4.41)	(0.83)	(7.76)	(-1.53)
Ins	-0.05	0.07	0.04	-0.02
	(-0.11)	(0.49)	(0.29)	(-0.36)
Top2_10	0.37***	0.24	0.35***	0.64
	(4.18)	(0.28)	(3.84)	(1.64)
SOE	0.07	0.05*	0.04	0.07*
	(0.76)	(1.83)	(0.91)	(1.78)

续表

Var	High Info		Low Info	
	(1)	(2)	(3)	(4)
BH	-0.03	-0.61**	-0.05***	-0.75***
	(-1.54)	(-1.97)	(-4.17)	(-4.01)
Ana	0.04	-0.01	-0.11	-0.09**
	(0.31)	(-0.11)	(-0.74)	(-2.11)
Constant	-0.45***	3.40**	-0.33***	3.01***
	(-3.81)	(2.24)	(-5.45)	(3.67)
Year/Ind	Yes	Yes	Yes	Yes
N	1519	790	1127	623
R^2	0.23	0.04	0.20	0.07

注：$*p<0.1$，$**p<0.05$，$***p<0.01$。

三 经济后果分析及检验：公司治理效应视角

目前股东积极主义行为对公司治理效应的影响并没有得出一致的结论，支持者认为股东积极主义行为是解决公司治理问题的一种有效途径，便于提升公司治理水平，保护股东利益。而反对者认为股东参与公司治理的一些积极主义行为不仅不能改善公司治理，反而使好的决策方案不能尽快实施，有损于公司价值。中立者认为股东积极主义行为的主要表现为中小股东对公司的不满意行为，然而由于中小股东的持股比例较低，致使其积极主义行为可能被扼杀在摇篮中，不会影响公司治理。通过前面的理论分析及实证检验，本章发现 D&O 责任险会影响股东积极主义行为。为了检验股东积极主义行为对公司治理的影响效应，同时也为了剖析 D&O 责任险的作用效应，本章从公司治理效应角度，检验分析了 D&O 责任险对股东积极主义行为影响的经济后果。本章参考韩晴和王华（2014）的研究，利用管理费用率（Fee）和 ROA 来量化公司治理效应。

表 6-16 列示了购买 D&O 责任险公司中，股东积极主义行为对公司治理效应影响的回归结果。其中，列（1）和列（3）是股东投票行为对公司治理效应影响的回归结果；列（2）和列（4）为股东

沟通行为对公司治理效应影响的回归结果。列（1），SH_pro 前的系数为 -0.16，并且在 10% 的水平下显著。列（3），SH_pro 前的系数为 0.17，但是并不显著。这表明股东投票行为可以降低公司代理成本，也说明 D&O 责任险可以通过影响股东投票行为发挥公司治理效应。列（2），SH_Cnum 前的系数为 -0.03，并且在 10% 的水平下显著。列（4），SH_Cnum 前的系数为 0.04，但是并不显著。这表明股东沟通行为可以降低公司代理成本，也说明 D&O 责任险可以通过影响股东沟通行为发挥公司治理效应。

表 6-16　D&O 责任险、股东积极主义行为与公司治理效应

Var	Fee		ROA	
	(1)	(2)	(3)	(4)
SH_pro	-0.16*		0.17	
	(-1.76)		(0.79)	
SH_Cnum		-0.03*		0.04
		(-1.86)		(0.16)
Top1	-0.01***	-0.00***	0.00***	-0.00
	(-7.60)	(-4.33)	(4.31)	(-0.93)
Bmeet	0.02***	0.02***	0.01**	-0.01
	(4.98)	(5.28)	(2.03)	(-0.18)
Attend	-0.00	0.00	-0.01**	-0.01
	(-0.93)	(0.07)	(-2.00)	(-1.12)
Proxy	0.02	0.03	0.05**	0.06**
	(1.45)	(1.57)	(2.13)	(2.25)
Absence	0.06*	0.03	-0.13***	-0.11**
	(1.74)	(0.74)	(-2.86)	(-2.21)
Board	0.01**	0.02**	0.01	0.01
	(2.12)	(2.22)	(0.95)	(1.25)

续表

Var	Fee		ROA	
	(1)	(2)	(3)	(4)
IsHold	0.05	0.11	0.16**	-0.01
	(1.08)	(1.54)	(2.28)	(-0.08)
Size	-3.42***	-2.99***	2.12***	2.70***
	(-4.03)	(-3.97)	(5.17)	(4.39)
Lev	-0.58***	-0.36***	-2.71***	-2.88***
	(-4.40)	(-4.07)	(-3.08)	(-5.33)
SOE	0.04	-0.11**	0.05	0.06*
	(1.48)	(-2.42)	(0.93)	(1.90)
Constant	1.06***	1.44***	-1.98***	-1.50***
	(4.55)	(3.76)	(-3.85)	(-4.08)
Year/Ind	Yes	Yes	Yes	Yes
N	2646	1413	2646	1413
R^2	0.19	0.14	0.23	0.25

注：* $p<0.1$，** $p<0.05$，*** $p<0.01$。

第七节　本章小结

本章分析并检验了 D&O 责任险对股东积极主义行为的影响。基于信任度、关注度视角，本章研究了 D&O 责任险购买对股东投票行为、股东沟通行为的影响，并分别从管理层权力和独立董事网络中心度视角进行了分组检验。进一步分析中，①在影响机制分析及检验部分，本章基于 D&O 责任险契约内容中的 D&O 责任险覆盖率条款、D&O 责任险告知义务条款、D&O 责任险除外责任条款分析并检验了 D&O 责任险对股东积极主义行为的影响；②在调节机制分析及检验部分，本章从制度环境、金融环境、信息环境三个角度分析并检验了 D&O 责任险契约环境对 D&O 责任险与股东积极主义行为关系的差异化影响；③在经济后果分析及检验部分，本章从公司治理效应视角剖析并验证了D&O责任险对股东积极主义行为影响产生的经济后果。

　　D&O责任险与股东积极主义行为的实证检验发现，D&O责任险的购买会降低股东信任度，增强股东关注度，股东倾向于采取积极的投票行为和沟通行为。管理层权力越高，D&O责任险会引发道德风险问题，损害股东利益，股东更倾向于采取积极的投票行为和沟通行为。独立董事网络中心度越高，D&O责任险则会发挥公司治理效应，股东采取积极投票行为和积极沟通行为的可能性降低。进一步分析中，①在影响机制分析及检验部分，通过实证检验D&O责任险契约内容对股东积极主义行为的影响，本章发现D&O责任险覆盖率通过强化其激励效应，会使D&O责任险的激励效应大于监督效应，股东信任度降低，股东关注度增强，股东更倾向于采取积极的投票行为和沟通行为。D&O责任险告知义务通过强化其监督效应，会使D&O责任险的监督效应大于激励效应，股东信任度增强，股东关注度降低，股东采取积极投票行为和沟通行为的倾向性降低；D&O责任险除外责任虽同时弱化了其监督效应和激励效应，但此时激励效应仍大于监督效应，股东信任度降低，股东关注度增强，股东更倾向于采取积极的投票行为和沟通行为。②在调节机制分析及检验部分，通过研究D&O责任险契约环境对股东积极主义行为的影响，本章发现在国有企业中，D&O责任险与公司治理机制形成"恶性循环"的关系，D&O责任险的激励效应对国有企业股东的损害程度更大，股东信任度降低，关注度增强，更倾向于采取积极的投票行为和沟通行为。优势金融环境和低质量信息环境强化了D&O责任险与股东积极主义行为之间的正相关关系。③在经济后果分析及检验部分，通过研究D&O责任险对股东积极主义行为影响产生的经济后果，本章发现，在购买了D&O责任险的公司中，股东积极主义行为可以降低代理成本，这表明D&O责任险通过影响股东积极主义行为发挥了公司治理效应。

表 6-17　　　　　　　　独立董事网络中心度衡量方法

变量名	计算方式	备注
程度中心度	$Degree_i = \dfrac{\sum_j X_{ji}}{g-1}$	其中，i 为单个董事；j 为除了董事 i 之外的其他董事；如果董事 i 与董事 j 至少在一个公司董事会共事，则 X_{ji} 为 1；否则为 0。g 为董事的总人数，用 $(g-1)$ 来消除规模差异
中介中心度	$Betweenness_i = \dfrac{\sum_{j<k} \dfrac{g_{jk(n_i)}}{g_{jk}}}{\dfrac{(g-1)(g-2)}{2}}$	其中，g_{jk} 是董事 j 与董事 k 相联结必须经过的捷径数，$g_{jk(n_i)}$ 董事 j 与董事 k 的捷径路径中有董事 i 的数量
接近中心度	$Closeness_i = \left[\dfrac{\sum_{j=1}^{g} d(i,j)}{g-1}\right]^{-1}$	其中，$d(i,j)$ 为董事 i 到董事 j 的距离。如果董事不跟所有董事都有联系，那么这种非完全相连的关系无法准确计算接近中心度，在此情况下先除以该董事所直接接触的董事数量之和，再乘以其在整个董事网络数量的比例
特征向量中心度	$Eigenvector_i = \dfrac{1}{\lambda} \sum_j b_{ij} E_j$	其中，b_{ij} 是邻接矩阵，董事 i 和董事 j 如果在至少一个董事会共事，则 b_{ij} 为 1，否则为 0；λ 是 B 的最大特征值，E_j 是董事 j 中心度的特征值

具体数据处理过程为：第一，收集整个 A 股上市公司所有董事的个人资料，分年度整理成矩阵形式，计算每个董事的四个网络中心度指标；第二，选取独立董事数据，并以公司为单位来计算独立董事网络中心度的具体指标（取公司独立董事值的中位数或最大值）；第三，为了消除每个中心度指标量纲上的差别，降低异常值的影响以及更加突出指标的差异性，对第二步中计算的四个网络中心度具体指标进行分年度排序并分成十组，赋值 0—9，作为网络中心度排序指标；第四，对四个排序指标进行平均，计算得出综合的公司网络中心度指标（Network）。

第七章

研究结论

本章对本书的主要研究观点进行了总结,指出了研究展望与不足,并基于本书的研究内容与研究结论提供了可供参考的政策建议。

第一节 主要结论

为了研究D&O责任险对利益相关者行为的影响,本书首先剖析并检验了D&O责任险是否影响利益相关者行为,继而从D&O责任险契约内容视角分析并验证了D&O责任险作用于利益相关者行为的影响机制,其次分析并检验了D&O责任险契约环境差异是否会使D&O责任险与利益相关者行为之间的关系有所不同,最后从公司治理效应视角分析并检验了D&O责任险对利益相关者行为影响产生的经济后果。从D&O责任险契约方利益视角,本书将利益相关者行为分为D&O责任险主体利益行为和D&O责任险第三方利益行为,其中,D&O责任险主体利益行为是指企业委托理财行为,D&O责任险第三方利益行为是指银行限制性贷款行为和股东积极主义行为。

对应本书的研究内容,本书的研究发现主要包含以下三个方面:

第一,D&O责任险与企业委托理财行为的实证检验发现,购买D&O责任险的公司更倾向于采取委托理财行为,并偏好配置高风险理财产品。金融关联度越高,D&O责任险的"关系效应"越强,企业采取委托理财行为的倾向性越高，并偏好配置高风险理财产品。

进一步分析中，①通过实证检验 D&O 责任险契约内容对企业委托理财行为的影响，本书发现 D&O 责任险覆盖率通过强化其激励效应使得企业采取委托理财行为的倾向性更高，并偏好于配置高风险理财产品。D&O 责任险告知义务通过强化其监督效应，遏制了高管的私利行为，企业采取委托理财行为的倾向性降低，配置高风险理财产品的可能性降低。D&O 责任险除外责任虽同时弱化了其监督效应和激励效应，但由于此时其激励效应仍大于监督效应，使企业更倾向于采取委托理财行为。②通过实证检验 D&O 责任险契约环境对企业委托理财行为的影响，本书发现国有企业中，D&O 责任险的激励效应更强，企业采取委托理财行为的倾向性更高，并偏好于配置高风险理财产品。优质金融环境下，购买 D&O 责任险的公司对企业委托理财行为有着更高的期望值与效价，采取委托理财行为的倾向性更高，并偏好于配置高风险理财产品。高质量信息环境下，D&O 责任险会增强委托理财行为的期望值和效价，企业采取委托理财行为的倾向性更大。低质量信息环境下，D&O 责任险更可能会促进高管的机会主义行为，高管更倾向于配置高风险的理财产品，以谋求个人私利。③通过研究 D&O 责任险对企业委托理财行为影响产生的经济后果，本书发现在购买了 D&O 责任险的公司中，企业委托理财行为倾向性有利于提升公司业绩，然而企业高风险的理财产品配置行为却会提高代理成本，有损于公司业绩，因此本书认为，D&O 责任险通过影响企业委托理财行为倾向性发挥了公司治理效应，但是 D&O 责任险通过影响企业委托理财产品结构配置行为引发了道德风险问题。

第二，D&O 责任险与银行限制性贷款行为的实证检验发现，D&O 责任险的购买会使银行放松对上市公司的贷款限制。分析师关注度越高，D&O 责任险越会发挥公司治理效应，使银行风险感知度降低，谨慎度下降，继而银行会放松对上市公司的贷款限制。然而，公司关联担保程度越高，D&O 责任险越会引发道德风险问题，使银行风险感知度上升，谨慎度提高，继而银行会增加对上市公司的贷款限制。

进一步分析中，①在影响机制分析及检验部分，通过实证检验

D&O责任险契约内容对银行限制性贷款行为的影响，本书发现，D&O责任险覆盖率通过强化其激励效应使其激励效应大于监督效应，银行的风险感知度提升，谨慎度提高，继而会增强对上市公司的贷款限制。D&O责任险告知义务通过强化其监督效应，会使D&O责任险的监督效应大于激励效应，加之保险机构的担保效应，银行的风险感知度降低，谨慎度下降，继而会放松对公司的贷款限制。D&O责任险除外责任虽同时弱化了其监督效应和激励效应，但此时激励效应仍大于监督效应，使银行的风险感知相对较高，进而会增加对上市公司的贷款限制。②在调节机制分析及检验部分，通过实证检验D&O责任险契约环境对银行限制性贷款行为的影响，本书发现民营企业中，没有政府的隐性担保，使D&O责任险激励效应对银行等债权人的损害更大，银行的风险感知相对较高，进而会增加对上市公司的贷款限制。劣质金融环境下，D&O责任险的监督效应相对较小，银行的风险感知相对较高，进而会增加对上市公司的贷款限制。高质量信息环境下，D&O责任险的监督效应相对较大，银行的风险感知度降低，银行可能会放松对企业的贷款限制。③在经济后果分析及检验部分，通过研究D&O责任险对银行限制性贷款行为影响产生的经济后果，本书发现，在购买了D&O责任险的上市公司中，银行限制性贷款行为有助于改善上市公司的业绩，这表明D&O责任险通过影响银行限制性贷款行为发挥了公司治理效应。

第三，D&O责任险与股东积极主义行为的实证检验发现，D&O责任险的购买会降低股东信任度，增强股东关注度，股东倾向于采取积极的投票行为和沟通行为。管理层权力越大，D&O责任险会引发道德风险问题，损害股东利益，股东更倾向于采取积极的投票行为和沟通行为。独立董事网络中心度越高，D&O责任险越会发挥公司治理效应，股东采取积极投票行为和积极沟通行为的可能性降低。

进一步分析中，①在影响机制分析及检验部分，通过实证检验D&O责任险契约内容对股东积极主义行为的影响，本书发现D&O责任险覆盖率通过强化其激励效应，会使D&O责任险的激励效应大于监督效应，股东信任度降低，股东关注度增强，股东更倾向于采取积极的投票行为和沟通行为。D&O 责任险告知义务通过强化其监督效应,会使 D&O 责任险的监督效应大于激励效应,股东信任度增强,股东关注度降低,股东采取积极投票行为和沟通行为的倾向性降低;D&O 责任险除外责任虽同时弱化了其监督效应和激励效应,但此时激励效应仍大于监督效应,股东信任度降低,股东关注度增强,股东更倾向于采取积极的投票行为和沟通行为。②在调节机制分析及检验部分,通过研究 D&O 责任险契约环境对股东积极主义行为的影响,本书发现在国有企业中,D&O 责任险与公司治理机制形成了"恶性循环"的关系,D&O 责任险的激励效应对国有企业股东的损害程度更大,股东信任度降低,关注度增强,更倾向于采取积极的投票行为和沟通行为。优势金融环境和低质量信息环境强化了 D&O 责任险与股东积极主义行为之间的正相关关系。③在经济后果分析及检验部分,通过研究 D&O 责任险对股东积极主义行为影响产生的经济后果,本书发现,在购买了 D&O 责任险的公司中,股东积极主义行为可以降低代理成本,这表明 D&O 责任险通过影响股东积极主义行为发挥了公司治理效应。

第二节　研究展望与不足

D&O 责任险在我国还属于相对比较陌生的概念。我国关于 D&O 责任险治理效应的研究文献屈指可数,且观点并不一致,即 D&O 责任险发挥公司治理效应还是引发道德风险问题,现有文献并没有得出一致的结论。利益相关者行为的研究还处于初级阶段,仍有许多关键性问题亟待解决,比如利益相关者行为如何界定?利益相关者怎样看待及应对公司治理中的问题?不同的利益相关者是否会对公司治理中的问题有着不同的看法,进而采取不同的应对行为?鉴于此,本书提出了以下几个研究问题:D&O 责任险是否会影响利益相关者行为?D&O 责任险具体是怎样影响利益相关者行为?D&O 责任险与利益相关者行为之间的关系是否还会受到其他因素的影响?D&O 责任险对利益相关者行为影响产生的经济后果是怎样的？本书通过理论分析及实证检验以解决这些研究问题。但是，关于 D&O 责任险与利益相关者行为的研究还有巨大研究空间，值得进一步的探索与研究，主要表现为以下几个方面：

其一，D&O 责任险的契约内容可谓"丰富多彩"，本书考虑了 D&O 责任险的三大主要条款（覆盖率条款、告知义务条款、除外责任条款）对利益相关者行为的影响。D&O 责任险的其他条款对利益相关者行为的影响可进行拓展性研究。

其二，本书基于 D&O 责任险契约方利益视角构建了利益相关者行为的分析框架，将利益相关者行为界定为 D&O 责任险主体利益行为——企业委托理财行为、D&O 责任险第三方利益行为——银行限制性贷款行为、股东积极主义行为。利益相关者行为是否还有其他界定方式？D&O 责任险对这些利益相关者行为的影响是怎样的？后期可以进一步探索分析。

其三，从 D&O 责任险契约环境上来看，本书选取了制度环境、金融环境和信息环境来界定契约环境。D&O 责任险契约环境是否还有其他界定方式？D&O 责任险与利益相关者行为的关系是否会因这些契约环境差异而表现出差异性？后期可以进一步探索分析。

其四，在研究方法上，可以采用实验方法或者实地调研的方法，获取一手数据，以探索 D&O 责任险与利益相关者行为之间的因果关系。通过对董事、监事和其他高级管理人员，债权人，股东等利益相关者进行面谈，可以获悉利益相关者对 D&O 责任险的真实看法，知晓他们拟采取的应对措施等信息。这将更有利于厘清 D&O 责任险对利益相关者行为的影响机理。

本书研究主要存在以下不足：

第一，我国 D&O 责任险的发展还不成熟，购买 D&O 责任险的上市公司数量相对较少，使本书的研究样本也相对较少。D&O 责任险的信息披露是不规范的，相关信息遍布于股东大会会议资料、董事会会议记录、招股说明书、公司章程等公告之中，本书借助了 Python 相关软件，并经手工整理获得，但是仍不能保证数据百分之百精确。

第二,股东积极主义行为中投票行为更好地衡量方式是使用股东投反对票或者议案通过率,但由于数据获取问题,本书没有采用该衡量方式,后期本书会继续探索研究。

第三,我国银行贷款的契约条款并非公开的,这使本书在衡量银行限制性贷款行为时,采取了间接的衡量方式,后期本书会尝试进行实地调研的方式,通过进驻大型银行机构,并访谈其高管,获取银行限制性贷款行为的一手数据,继而展开进一步的分析与研究。

第三节 政策建议

基于本书的研究内容和研究结论,本书提出以下可供参考的政策建议。

第一,建立健全 D&O 责任险的信息披露制度。目前关于 D&O 责任险的相关信息的披露还不充分、不规范,致使学界和业界对 D&O 责任险缺乏应有的关注。通过实证检验,本书还发现,信息环境对 D&O 责任险的效应发挥有着重要的作用。在优质信息环境下,D&O 责任险倾向于发挥公司治理效应;而在劣质信息环境下,D&O 责任险倾向于引发道德风险问题。D&O 责任险信息披露制度的建立健全有利于营造优质信息环境,使 D&O 责任险成为更有效的公司治理机制,因此,建立健全 D&O 责任险信息披露制度是十分必要的。为完善 D&O 责任险信息披露制度,本书提出以下建议。①从上市公司层面讲,上市公司如果购买了 D&O 责任险,它应该在年度报告中予以披露,披露的信息应该尽可能详细,而不仅仅是告知公司购买了 D&O 责任险。上市公司在披露 D&O 责任险时应该详细说明承保人、承保期限、责任限额、保费、被保险人(包括董事、监事和高级管理人员的个人资料)以及一些不涉及商业机密的具体条款、赔付情况等。②从监管机构层面讲,监管机构应该加大对上市公司 D&O 责任险信息披露的监管,并尽可能统一格式,以便监管机构对过度购买 D&O 责任险公司增加监督力度。另外对于上市公司已购买 D&O 责任险但是并没有披露D&O责任险相关信息的,监管机构应该及时与上市公司沟通交流。对于上市公司没有按照统一格式规范披露D&O责任险相关信息的,监管机构可以要求上市公司改正。③从保险公司层面讲,保险公司作为承保机构同样应该对D&O责任险的相关信息予以披露,比如承保期限、责任限额、保费、被保险人(包括董事、监事和高级管理人员的个人资料)以及一些不涉及商业机密的具体条款、赔付情况等,以便与上市公司的相关信息披露进行对比分析。保险机构应该加大自身相关财务和非财务信息的披露,以提高D&O责任险的认可度,扩大D&O责任险的市场。

第二,控制和防范委托理财业务的风险。企业金融化的研究逐渐成为研究热点之一,然而委托理财产品作为企业金融化投资的重要组成部分相关披露还比较简略。通过实证检验,本书发现企业过多地配置高风险理财产品会有损于公司业绩,企业委托理财业务相关的风险不容忽视。优质的信息环境有利于抑制企业过度采取委托理财行为。为了更好地保护股东以及利益相关者的利益,也为了深入剖析企业金融化投资行为,本书建议上市公司除了及时以公告的形式予以披露,还应该在年报中规范披露委托理财产品的受托机构,具体的理财产品额度、类型、收益率、期限、具体的资金来源、理财产品到期收益情况、获取收益的资金走向等。监管机构应统一标准,督促上市公司进行相关披露。为防范和控制委托理财业务风险,上市公司还应构建风险补偿机制,以减少委托理财业务失败给公司带来的损失,本书认为适度地购买D&O责任险是可行的。委托理财的风险与受托机构的人员素质、管理机制、产品设计紧密关联,本书建议受托机构应该注重专业化,提高理财产品的收益稳定性,建立分工负责并相互制约的内部控制系统等监督制约机制。委托理财业务失败使公司严重受损的另一个原因是我国委托理财行为相匹配的法律还不健全,很多涉诉案件,由于不满足某些条件而被驳回,这增大了委托理财业务的风险,基于此,本书建议我国政府及相关部门应该加大对委托理财相关业务的关注,并逐步修改《中华人民共和国信托法》《中华人民共和国证券投资法》等颁布相关法律法规,规范委托理财业务。

第三，优化银行监督体系，提升银行契约的监管效应，改善公司治理。银行作为我国上市公司的重要债权人，对上市公司起到一定的监督作用，在一定程度上可以缓解代理冲突。为了增强银行对上市公司的监督效应，本书建议银行等金融机构改进监督体制，加大对事前、事中监督的重视，发挥事前、事中及事后监督的联动效应，即银行向上市公司发放贷款之前应该进行风险因素的识别，深入公司调查分析，进行风险评估，如果风险在可控的范围内，则向上市公司发放贷款之时，应将相关的风险因素考虑在内，签订限制性贷款条款，以约束公司的高风险行为。建立风险预警机制，有效实现风险信息的沟通与交流，提高风险管理水平。如果上市公司发生了事先约定的事项或者到达了银行规定的警戒值，则银行应与上市公司沟通，便于决定后续事宜。从上市公司角度讲，企业在采取行为决策时，应该充分考虑银行限制性贷款契约，提高自身信誉水平，便于获得更多、更持久的资金，这既有利于公司发展，也可以降低银行的监督成本，维护金融稳定。从监管机构角度，首先，应该完善金融监管的法律体系，补充修改《中华人民共和国银行业监督管理法》《中华人民共和国商业银行法》等，使金融监管有基本的法律依据。其次，政府部门或者相关监管机构还应该构建具有中国特色的金融监管框架，深化金融体制改革，提高金融服务实体的能力。最后，提高监管人员的监管意识，并采取适度的奖惩措施，提高其监督积极性，使金融监管措施能逐步落地，落到实处。

第四，积极调动股东参与公司治理的主动性，保护中小股东的利益。我国的代理冲突不仅仅体现为管理层与股东之间的代理问题，更表现为大股东与中小股东之间的代理问题，为了使中小股东的利益免受损害，本书认为首先应该建立健全相关的公司治理机制，发挥其监督制约作用，以便降低管理层、大股东等对中小股东的侵害；其次本书认为更重要的是中小股东的主动性，应从"用脚投票"转向"用手投票"，然而，此过程中可能存在来自管理层与大股东诸多阻挠，因此上市公司应该以规章制度的形式规定股东参与公司治理的程序，这既可以使中小股东有效地实现对股东的监督，也能阻止中小股东的无价值行为；再次，对于参与投票表决的股权比例条件可以适当放松，增大中小股东联合行动成功的可能性，减少大股东对上市公司的侵害行为；最后，拓展股东参与公司治理的方式，股东沟通便是一种成本较低、较快捷的股东积极主义行为的表现，并且本书的研究发现股东沟通行为确实在一定程度上降低了代理成本，提高了公司业绩，因此，本书建议上市公司应该积极建立股东沟通平台，比如网络平台等，便于增强股东与投资者、股东与管理层以及股东之间的沟通交流，若出现重大难以沟通解决的问题，可以提交董事会、股东大会讨论决定。

参考文献

卞江、李鑫：《非理性状态下的企业投资决策：行为公司金融对非效率投资行为的解释》，《中国工业经济》2009年第7期。

蔡明荣、任世驰：《企业金融化：一项研究综述》，《财经科学》2014年第7期。

陈俊、张传明：《操控性披露变更、信息环境与盈余管理》，《管理世界》2010年第8期。

陈丽荣等：《企业社会责任与高管变更交互影响研究》，《会计研究》2015年第8期。

陈胜蓝、马慧：《贷款可获得性与公司商业信用——中国利率市场化改革的准自然实验证据》，《管理世界》2018年第11期。

陈仕华等：《国有企业纪委的治理参与能否抑制高管私有收益？》，《经济研究》2014年第10期。

陈湘永、丁楹：《我国上市公司委托理财的实证分析》，《管理世界》2002年第3期。

陈运森、谢德仁：《董事网络、独立董事治理与高管激励》，《金融研究》2012年第2期。

程博等：《儒家文化、信息环境与内部控制》，《会计研究》2016年第12期。

褚剑、方军雄：《政府审计能够抑制国有企业高管超额在职消费吗？》，《会计研究》2016年第9期。

邓汉慧：《企业核心利益相关者利益要求与利益取向研究》，武汉出版社2008年版。

邓建平、曾勇：《金融生态环境、银行关联与债务融资——基于我国民营企业的实证研究》,《会计研究》2011 年第 12 期。

杜勇等:《融化对实体企业未来主业发展的影响:促进还是抑制》,《中国工业经济》2017 年第 12 期。

樊启荣:《保险契约告知义务制度论》,中国政法大学出版社 2004 年版。

韩晴、王华:《独立董事责任险、机构投资者与公司治理》,《南开管理评论》2014 年第 5 期。

何杰、曾朝夕:《企业利益相关者理论与传统企业理论的冲突与整合——一个企业社会责任基本分析框架的建立》,《管理世界》2010 年第 12 期。

何韧:《银企关系与银行贷款定价的实证研究》,《财经论丛》2010 年第 1 期。

何威风等:《大股东股权质押和企业风险承担研究》,《中国软科学》2018 年第 5 期。

贺建刚等:《利益输送、媒体监督与公司治理:五粮液案例研究》,《管理世界》2008 年第 10 期。

侯晓红:《掏空、支持与上市公司经营业绩关系研究》,《商业研究》2008 年第 6 期。

胡国柳、胡珺:《董事高管责任保险与企业风险承担:理论路径与经验证据》,《会计研究》2017 年第 5 期。

胡国柳、李少华:《董事责任保险能否改善企业投资效率?——基于中国 A 股上市公司的经验证据》,《湖南大学学报》2014 年第 2 期。

胡军、王甄:《微博、特质性信息披露与股价同步性》,《金融研究》2015 年第 11 期。

胡利琴等:《中国影子银行通道演变及风险形成机理研究——基于机构关联的视角》,《保险研究》2017 年第 10 期。

胡亚权、周宏:《高管薪酬、公司成长性水平与相对业绩评价——来自中国上市公司的经验证据》,《会计研究》2012 年第 5 期。

胡奕明、唐松莲:《我国商业银行贷款谈判力分析》,《上海金融》2007 年第 1 期。

胡元木、王琳：《信息不对称、公司风险与债务期限结构》，《管理评论》2008 年第 1 期。

花贵如等：《投资者情绪、管理者乐观主义与企业投资行为》，《金融研究》2011 年第 9 期。

黄俊、郭照蕊：《新闻媒体报道与资本市场定价效率——基于股价同步性的分析》，《管理世界》2014 年第 5 期。

黄兴等：《自主性创新与模仿性创新影响因素实证研究》，《中国软科学》2011 年第 2 期。

黄再胜：《试析行为合约激励理论研究的起源、发展与实践意蕴》，《外国经济与管理》2008 年第 3 期。

黄志忠：《股权比例、大股东"掏空"策略与全流通》，《南开管理评论》2006 年第 1 期。

贾生华、陈宏辉：《利益相关者的界定方法述评》，《外国经济与管理》2002 年第 5 期。

贾彦东：《金融机构的系统重要性分析——金融网络中的系统风险衡量与成本分担》，《金融研究》2011 年第 10 期。

姜付秀等：《管理者背景特征与企业过度投资行为》，《管理世界》2009 年第 1 期。

孔东民、刘莎莎：《中小股东投票权、公司决策与公司治理——来自一项自然试验的证据》，《管理世界》2017 年第 9 期。

李丹、王丹：《供应链客户信息对公司信息环境的影响研究——基于股价同步性的分析》，《金融研究》2016 年第 12 期。

李琳、张敦力：《分析师跟踪、股权结构与内部人交易收益》，《会计研究》2017 年第 1 期。

李维安、唐跃军：《上市公司利益相关者治理机制、治理指数与企业业绩》，《管理世界》2005 年第 9 期。

李维安、张耀伟：《中国上市公司董事会治理评价实证研究》，《当代经济科学》2005 年第 1 期。

李馨子、肖土盛：《管理层业绩预告有助于分析师盈余预测修正吗?》,《南开管理评论》2015 年第 2 期。

李洋、王辉:《利益相关者理论的动态发展与启示》,《现代财经》2004 年第 7 期。

李云鹤、李湛:《管理者代理行为、公司过度投资与公司治理:基于企业生命周期视角的实证研究》,《管理评论》2012 年第 7 期。

李增泉等:《掏空、支持与并购重组——来自我国上市公司的经验证据》,《经济研究》2005 年第 1 期。

李政等:《我国上市金融机构关联性研究——基于网络分析法》,《金融研究》2016 年第 8 期。

梁婷、夏常源:《独立董事治理效应的理论分析——基于社会关系网络的考察》,《经济学家》2014 年第 3 期。

林明:《国企高管团队任务断裂带、混合股权结构与创新绩效》,《科研管理》2018 年第 8 期。

林勋发:《论保险法上之告知义务》,台北,元照出版有限公司 1999 年版。

林毅夫、李志赟:《政策性负担、道德风险与预算软约束》,《经济研究》2004 年第 2 期。

蔺元:《我国上市公司产融结合效果分析——基于参股非上市金融机构视角的实证研究》,《南开管理评论》2010 年第 5 期。

刘怀珍、欧阳令南:《经理私人利益与过度投资》,《系统工程理论与实践》2004 年第 10 期。

刘小年、郑仁满:《公司业绩、资本结构与对外信用担保》,《金融研究》2005 年第 4 期。

卢锐:《管理层权力、在职消费与产权效率——来自中国上市公司的证据》,《南开管理评论》2008 年第 11 期。

罗党论、唐清泉:《市场环境与控股股东"掏空"行为研究——来自中国上市公司的经验证据》,《会计研究》2007 年第 4 期。

罗党论、唐清泉:《中国民营上市公司制度环境与绩效问题研究》,《经济研究》2009 年第 2 期。

罗琦、胡志强:《控股股东道德风险与公司现金策略》,《经济研究》2011 年第 2 期。

吕长江、张海平：《股权激励计划对公司投资行为的影响》，《管理世界》2011 年第 11 期。

吕长江、赵宇恒：《国有企业管理者激励效应研究——基于管理者权力的解释》，《管理世界》2008 年第 11 期。

马红、王元月：《金融环境、产融结合与我国企业成长》，《财经科学》2017 年第 1 期。

马微、惠宁：《金融结构对技术创新的影响效应及其区域差异研究》，《经济科学》2018 年第 2 期。

慕刘伟等：《金融监管中的道德风险问题》，《金融研究》2001 年第 11 期。

潘越等：《信息不透明、分析师关注与个股暴跌风险》，《金融研究》2011 年第 9 期。

彭韶兵等：《董事高管责任保险与投资效率——基于合同条款的实证检验》，《保险研究》2018 年第 3 期。

曲晓辉、毕超：《会计信息与分析师的信息解释行为》，《会计研究》2016 年第 4 期。

权小锋等：《管理层权力、私有收益与薪酬操纵》，《经济研究》2010 年第 11 期。

全怡、陈冬华：《多席位独立董事的精力分配与治理效应——基于声誉与距离的角度》，《会计研究》2016 年第 12 期。

沈炳熙：《努力完善金融环境》，《金融研究》2004 年第 7 期。

沈永建等：《信贷管制、隐性契约与贷款利率变相市场化——现象与解释》，《金融研究》2018 年第 7 期。

宋军、陆旸：《非货币金融资产和经营收益率的 U 形关系——来自我国上市非金融公司的金融化证据》，《金融研究》2015 年第 6 期。

宋力、韩亮亮：《大股东持股比例对代理成本影响的实证分析》，《南开管理评论》2005 年第 8 期。

宋全云等：《存款准备金率与中小企业贷款成本——基于某地级市中小企业信贷数据的实证研究》，《金融研究》2016 年第 10 期。

宋顺林：《股东积极主义的中国实践——来自股东大会投票的经验证据》，经济科学出版社 2016 年版。

宋一欣、孙宏涛：《董事责任保险与投资者权益保护》，法律出版社 2016 年版。

宋玉华：《商业银行对企业控制权配置研究》，《会计研究》2005 年第 11 期。

苏冬蔚、林大庞：《股权激励、盈余管理与公司治理》，《经济研究》2010 年第 11 期。

苏号明：《美国商法：制度、判例与问题》，中国法制出版社 2000 年版。

苏敬勤、林海芬：《基于核心管理者的管理创新三维引进决策模型构建》，《管理评论》2013 年第 4 期。

孙健等：《上市公司委托理财与盈余波动性》，《中国软科学》2016 年第 6 期。

谭君强、林山君：《中国财产保险市场之竞争测度与结构分析》，《保险研究》2011 年第 8 期。

唐雪松：《上市公司过度投资行为及其制约机制的实证研究》，《会计研究》2007 年第 7 期。

王聪、于蓉：《关于金融委托理财业演变的理论研究》，《金融研究》2006 年第 2 期。

王东静、张祥建：《利率市场化、企业融资与金融机构信贷行为研究》，《世界经济》2007 年第 2 期。

王国松：《中国的利率管制与利率市场化》，《经济研究》2001 年第 6 期。

王红建等：《实体企业金融化促进还是抑制了企业创新——基于中国制造业上市公司的经验研究》，《南开管理评论》2017 年第 1 期。

王红建等：《实体企业跨行业套利的驱动因素及其对创新的影响》，《中国工业经济》2016 年第 11 期。

王化成等：《监督还是掏空：大股东持股比例与股价崩盘风险》，《管理世界》2015 年第 2 期。

王克敏、王志超：《高管控制权、报酬与盈余管理——基于中国上市公司的实证研究》，《管理世界》2007年第7期。

王兰：《关系专用性投资、vc治理行为与技术创新绩效》，《科研管理》2017年第6期。

王茂林等：《管理层权力、现金股利与企业投资效率》，《南开管理评论》2014年第2期。

王庆庆：《保险合同个性化定制应用的探讨》，《上海保险》2017年第11期。

王伟：《董事责任保险制度研究》，知识产权出版社2016年版。

王亚平等：《信息透明度、机构投资者与股价同步性》，《金融研究》2009年第12期。

王彦超、陈思琪：《关联担保的债务风险转移》，《中国工业经济》2017年第8期。

王永齐：《FDI溢出、金融市场与经济增长》，《数量经济技术经济研究》2006年第1期。

王玉、王建忠：《分析师关注度、会计稳健性与过度投资》，《投资研究》2016年第12期。

王正位等：《互联网金融环境下投资者学习行为的经济学分析》，《数量经济技术经济研究》2016年第3期。

魏志华等：《关联交易、管理层权力与公司违规——兼论审计监督的治理作用》，《审计研究》2017年第5期。

吴德胜、李维安：《非正式契约与正式契约交互关系研究——基于随机匹配博弈的分析》，《管理科学学报》2010年第12期。

吴育辉、吴世农：《高管薪酬：激励还是自利？——来自中国上市公司的证据》，《会计研究》2010年第11期。

吴战篪、李晓龙：《内部人抛售、信息环境与股价崩盘》，《会计研究》2015年第6期。

肖作平、廖理：《大股东、债权人保护和公司债务期限结构选择》，《管理世界》2016年第11期。

肖作平：《债务期限结构和区域因素——来自中国上市公司的经

验证据》,《证券市场导报》2007年第11期。

肖作平:《行业类别和公司债务期限结构选择——来自中国上市公司的经验证据》,《证券市场导报》2009年第9期。

谢德仁、陈运森:《金融生态环境、产权性质与负债的治理效应》,《经济研究》2009年第5期。

谢家智等:《制造业金融化、政府控制与技术创新》,《经济学动态》2014年第11期。

谢佩洪、汪春霞:《管理层权力、企业生命周期与投资效率——基于中国制造业上市公司的经验研究》,《南开管理评论》2017年第1期。

谢晓非、徐联仓:《风险认知研究概况及理论框架》,《心理学动态》1995年第2期。

徐明东、陈学彬:《中国微观银行特征与银行贷款渠道检验》,《管理世界》2011年第5期。

徐向艺:《公司治理前沿问题研究》,经济管理出版社2012年版。

薛健等:《"惩一"能否"儆百"?——曝光机制对高管超额在职消费的威慑效应探究》,《会计研究》2017年第5期。

闫海洲、陈百助:《产业上市公司的金融资产:市场效应与持有动机》,《经济研究》2018年第7期。

杨爱萍:《论建立统一高效的客户关系管理体系》,《保险研究》2007年第11期。

杨畅等:《契约环境影响企业的投资行为吗——来自中国上市公司的经验证据》,《金融研究》2014年第11期。

杨德明、赵璨:《媒体监督、媒体治理与高管薪酬》,《经济研究》2012年第6期。

杨青等:《董事薪酬、CEO薪酬与公司业绩——合谋还是共同激励?》,《金融研究》2019年第6期。

杨光:《论保险公司的客户风险管理》,《保险研究》2007年第3期。

杨瑞龙、周业安:《论利益相关者合作逻辑下的企业共同治理机制》,《中国工业经济》1998年第1期。

杨志强、王华:《公司内部薪酬差距、股权集中度与盈余管理行为——基于高管团队内和高管与员工之间薪酬的比较分析》,《会计研究》2014年第6期。

叶康涛等:《独立董事能否抑制大股东的"掏空"?》,《经济研究》2007年第4期。

叶玲、王亚星:《管理者过度自信、企业投资与投资绩效——基于我国A股上市公司的实证检验》,《山西财经大学学报》2013年第1期。

袁蓉丽等:《金融机构投资者的持股和公司业绩:基于股东积极主义的视角》,《中国软科学》2010年第11期。

翟胜宝等:《媒体能监督国有企业高管在职消费么?》,《会计研究》2015年第5期。

张成思、张步昙:《中国实业投资率下降之谜:经济金融化视角》,《经济研究》2016年第12期。

张传财、陈汉文:《产品市场竞争、产权性质与内部控制质量》,《会计研究》2017年第5期。

张春霖:《存在道德风险的委托代理关系:理论分析及其应用中的问题》,《经济研究》1995年第8期。

张军、王祺:《权威、企业绩效与国有企业改革》,《中国社会科学》2004年第5期。

张军等:《金融改革是否缓解了中国企业的融资约束》,《中国金融评论》2008年第1期。

张伟华等:《纵向一体化、产权性质与企业投资效率》,《会计研究》2016年第7期。

赵刚等:《超募融资、管理层权力与私有收益——基于IPO市场的经验证据》,《会计研究》2017年第4期。

赵刚等:《会计稳健性与银行借款契约——来自中国上市公司的经验证据》,《会计研究》2014年第12期。

郑建明等:《关联担保、隧道效应与公司价值》,《中国工业经济》2007 年第 5 期。

郑志刚等：《公司章程条款的设立、法律对投资者权力保护和公司治理——基于我国 A 股上市公司的证据》，《管理世界》2011 年第 7 期。

郑志刚：《国企公司治理与混合所有制改革的逻辑和路径》，《证券市场导报》2015 年第 6 期。

周兵等：《金融环境视角下 FDI 流入与产业集聚效应的双门槛检验》，《中国软科学》2014 年第 1 期。

周桦、张娟：《偿付能力监管制度改革与保险公司成本效率——基于中国财险市场的经验数据》，《金融研究》2017 年第 4 期。

周建等：《独立董事个体有效监督的形成机理——面向董事会监督有效性的理论构建》，《中国工业经济》2016 年第 5 期。

周杰、薛有志：《治理主体干预对公司多元化战略的影响路径——基于管理者过度自信的间接效应检验》，《南开管理评论》2011 年第 1 期。

朱博文等：《货币政策与银行贷款行为——基于公司与银行的双向视角研究》，《财贸经济》2013 年第 12 期。

朱滔、丁友刚：《产权性质、领导权结构变化与公司业绩》，《会计研究》2016 年第 5 期。

祝继高等：《股权结构、信贷行为与银行绩效——基于我国城市商业银行数据的实证研究》，《金融研究》2012 年第 7 期。

祝继高等：《谁是更积极的监督者：非控股股东董事还是独立董事》，《经济研究》2015 年第 9 期。

Adams, R. B. and Ferreira, D., "A Theory of Friendly Boards", *The Journal of Finance*, Vol. 62, No. 1, 2007.

Aghion, P. and Bolton, P., "An Incomplete Contracts Approach to Financial Contracting", *The Review of Economic Studies*, Vol. 59, No. 3, 1992.

Aharony, J., et al., "Financial Packaging of IPO Firms in China", *Journal of Accounting Research*, Vol. 38, No. 1, 2000.

Akerlof, G. A. and Kranton, R. E., "Identity and the Economics of Organizations", *Journal of Economic Perspectives*, Vol. 19, No. 1, 2005.

Allen, F. and Santomero, A. M., "The Theory of Financial Intermediation", *Journal of Banking and Finance*, Vol. 21, No. 11, 1997.

Alles, M., et al., "Governance – Linked D&O: Market – Based Governance: Leveraging D&O Insurance to Drive Corporate Governanc", *International Journal of Disclosure and Governance*, Vol. 3, No. 2, 2006.

Almeida, H. V. and Wolfenzon, D., "A Theory of Pyramidal Ownership and Family Business Groups", *The Journal of Finance*, Vol. 61, No. 6, 2006.

Asquith, P., et al., "Performance Pricing in Bank Debt Contracts", *Journal of Accounting and Economics*, Vol. 40, No. 1 – 3, 2005.

Bailey, W., et al., "The Economic Consequences of Increased Disclosure: Evidence from International Cross – Listings", *Journal of Financial Economics*, Vol. 81, No. 1, 2006.

Baker, G P., et al., "Compensation and Incentives: Practice vs. Theory", *The Journal of Finance*, Vol. 43, No. 3, 1988.

Baker, H. K. and Nofsinger, J. R., "Psychological Biases of Investors", *Financial Services Review*, Vol. 11, No. 2, 2002.

Baker, T. and Griffith, S. J., "Predicting Corporate Governance Risk: Evidence from the Directors' and Officers' Liability Insurance Market", *The University of Chicago Law Review*, 2007, pp. 487 – 544.

Balsam, S., et al., "The Impact of Say – on – Pay on Executive Compensation", *Journal of Accounting and Public Policy*, Vol. 35, No. 2, 2016.

Barton, S. L. and Gordon, P. J., "Corporate Strategy and Capital Structure", *Strategic Management Journal*, Vol. 9, No. 6, 1988.

Berkman, H., et al., "Expropriation Through Loan Guarantees to Related Parties: Evidence from China", *Journal of Banking and Finance*, Vol. 33, No. 1, 2009.

Bhagat, S., et al., "Managerial Indemnification and Liability Insurance: The Effect on Shareholder Wealth", *Journal of Risk and Insurance*, Vol. 54, No. 4, 1987.

Ravenscraft, D. J., "Ownership and Control: Rethinking Corporate Governance for the Twenty – First Century", *Journal of Economic Literature*, Vol. 34, No. 4, 1996.

Bordere, X. J., et al., "What does 'Say on Pay' Say about Audit Risk?", *Current Issues in Auditing*, Vol. 9, No. 1, 2015.

Boubakri, N., et al., "Directors' and Officers' Liability Insurance and Analyst Forecast Properties", *Finance Research Letters*, Vol. 19, No. C, 2016.

Boubakri, N., et al., "Managerial Opportunism in Accounting Choice: Evidence From Directors' and Officers' Liability Insurance Purchases", *SSRN* 1109254, 2008.

Boyer, M. M., "Is the Demand for Corporate Insurance a Habit: Evidence from Directors and Officers Insurance", *Cirano Scientific Series*, Vol. 42, 2003.

Brandes, P., "Navigating Shareholder Influence: Compensation Plans and the Shareholder Approval Process", *Academy of Management Perspectives*, Vol. 22, No. 1, 2008.

Brandt, L. and Li, H., "Bank Discrimination in Transition Economies: Ideology, Information, or Incentives?", *Journal of Comparative Economics*, Vol. 31, No. 3, 2003.

Brick, I. E., et al., "CEO Compensation, Director Compensation, and Firm Performance: Evidence of Cronyism?", *Journal of Corporate Finance*, Vol. 12, No. 3, 2006.

Bryson, J. M., "What to do When Stakeholders Matter: Stakeholder Identification and Analysis Techniques", *Public Management Review*, Vol. 6, No. 1, 2004.

Burns, N. and Minnick, K., "Does Say – On – Pay Matter? Evidence from Say – On – Pay Proposals in the United States", *Financial Review*, Vol. 48, No. 2, 2013.

Cai, J. and Walkling. R, A., "Shareholders' Say on Pay: Does it Create Value?", *Journal of Financial and Quantitative Analysis*, Vol. 46, No. 2, 2011.

Cai, J. and Walkling, R. A., "Accounting and Litigation Risk: Evidence from Directors' and Officers' Insurance Pricing", *Review of Accounting Studies*, Vol. 19, No. 1, 2014.

Chalmers, J. M. R., et al., "Managerial Opportunism? Evidence from Directors' and Officers' Insurance Purchases", *The Journal of Finance*, Vol. 57, No. 2, 2002.

Chang, S. C., et al., "The Role of Information: When is Directors' and Officers' Insurance Value – Added?", *Journal of Banking and Finance*, Vol. 97, No. C, 2018.

Chen, G. Z. and Keung, E. C., "Directors' and Officers' Legal Liability Insurance and Internal Control Weaknesses", *Journal of International Accounting Research*, Vol. 17, No. 1, 2018.

Chen, T. J. and Li, S. H., "Directors' and Officers' Insurance, Corporate Governance and Firm Performance", *International Journal of Disclosure and Governance*, Vol. 7, No. 3, 2010.

Chen, T. J. and Chia – Hui, P., "An Analysis of Determinants of the Corporate Demand for Directors' and Officers' Liability Insurance", *NTU Management Review*, Vol. 18, No. 2, 2008.

Chen, Z., et al., "Directors' and Officers? Liability Insurance and the Cost of Equity", *Journal of Accounting and Economics*, Vol. 61, No. 1, 2016.

Chiang, H. T. and Lin, S. L., "Implications of Improved Information Disclosure and Corporate Governance for Directors' and Officers' Liability Insurance", *Investment Management and Financial Innovations*, Vol. 11, No. 4, 2017.

Chiang, H. T. and Cheng, Y. C., "Government Ownership and Corporate Performance: Evidence from Green Technology Industry in Taiwan", *Investment Management and Financial Innovations*, Vol. 10, No. 1, 2013.

Choi, S., et al., "The Power of Proxy Advisors: Myth or Reality", *Emory Law Journal*, Vol. 59, No. 4, 2010.

Christensen, H. B. and Nikolaev, V. V., "Capital Versus Performance Covenants in Debt Contracts", *Journal of Accounting Research*, Vol. 50, No. 1, 2012.

Chung, H. H., et al., "Litigation Risk, Accounting Quality, and Investment Efficiency", *Advances in Accounting*, Vol. 29, No. 2, 2013.

Chung H. H., et al., "Directors' and Officers' Legal Liability Insurance and Audit Pricing", *Journal of Accounting and Public Policy*, Vol. 34, No. 6, 2015.

Chung, H. H. and Wynn, J. P., "Managerial Legal Liability Coverage and Earnings Conservatism", *Journal of Accounting and Economics*, Vol. 46, No. 1, 2008.

Sisli-Ciamarra, E., "Monitoring by Affiliated Bankers on Board of Directors: Evidence from Corporate Financing Outcomes", *Financial Management*, Vol. 41, No. 3, 2012.

Clark, C. E., et al., "Firm Engagement and Social Issue Salience, Consensus, and Contestation", Business and Society, Vol. 56, No. 8, 2017.

Clarkson, M. B. E., *A Stakeholder Framework for Analysing and Evaluating Corporate Social Performance*, University of Toronto Press, 2016, pp. 243-274.

Coles, J. L., "Co-opted Boards", *The Review of Financial Studies*, Vol. 27, No. 6, 2014.

Core, J. E., et al., "Corporate Governance, Chief Executive Officer Compensation, and Firm Performance", *Journal of Financial Econom-*

ics, Vol. 51, No. 3, 1999.

Core, J. E., "On the Corporate Demand for Directors' and Officers' Insurance", *Journal of Risk and Insurance*, Vol. 64, No. 1, 1997.

Core, J. E., "The Directors' and Officers' Insurance Premium: An Outside Assessment of the Quality of Corporate Governance", *Journal of Law, Economics and Organization*, Vol. 16, No. 2, 2000.

Core, J. E., et al., "The Power of the Pen and Executive Compensation", *Journal of Financial Economics*, Vol. 88, No. 1, 2008.

Cotter, J., "Utilisation and Restrictiveness of Covenants in Australian Private Debt Contracts", *Accounting and Finance*, Vol. 38, No. 2, 1998.

Dalton, D. R., et al., "The Fundamental Agency Problem and Its Mitigation: Independence, Equity, and the Market for Corporate Control", *Academy of Management Annals*, Vol. 1, No. 1, 2007.

David, P., et al., "Investor Activism, Managerial Responsiveness, and Corporate Social Performance", *Strategic Management Journal*, Vol. 28, No. 1, 2007.

David, P. and Kochhar, R., "Barriers to Effective Corporate Governance by Institutional Investors: Implications for Theory and Practice", *European Management Journal*, Vol. 14, No. 5, 1996.

De Falco, S. E., et al., "Voting Dissent and Corporate Governance Structures: The Role of Say on Pay in a Comparative Analysis", *Corporate Ownership and Control*, Vol. 13, No. 4, 2016.

Del Guercio, D., et al., "Do Boards Pay Attention When Institutional Investor Activists 'Just Vote No'?", *Journal of Financial Economics*, Vol. 90, No. 1, 2008.

Demerjian, P. R., "Uncertainty and Debt Covenants", *Review of Accounting Studies*, Vol. 22, No. 3, 2017.

Demir, F., "Financial Liberalization, Private Investment and Portfolio Choice: Financialization of Real Sectors in Emerging Markets", *Journal of Development Economics*, Vol. 88, No. 2, 2009.

Demiroglu, C. and James, C. M., "The Information Content of Bank Loan Covenants", *The Review of Financial Studies*, Vol. 23, No. 10, 2010.

Den Hond, F. and De Bakker, F. G. A., "Ideologically Motivated Activism: How Activist Groups Influence Corporate Social Change Activities", *Academy of Management Review*, Vol. 32, No. 3, 2007.

Denes, M. R., et al., "Thirty Years of Shareholder Activism: A Survey of Empirical Research", *Journal of Corporate Finance*, Vol. 44, No. 1, 2017.

Duchin, R., et al., "When are Outside Directors Effective?", *Journal of Financial Economics*, Vol. 96, No. 2, 2010.

Dyck, A., et al., "The Corporate Governance Role of the Media: Evidence from Russia", *The Journal of Finance*, Vol. 63, No. 3, 2008.

Edmans, A. and Holderness, C. G., "Blockholders: A Survey of Theory and Evidence", *The Handbook of The Economics of Corporate Governance*, Vol. 1, No. 1, 2017.

EEesley, C. and Lenox, M. J., "Firm Responses to Secondary Stakeholder Action", *Strategic Management Journal*, Vol. 27, No. 8, 2006.

Eisenhardt, K. M. and Schoonhoven, C. B., "Organizational Growth: Linking Founding Team, Strategy, Environment, And Growth Among Us Semiconductor Ventures, 1978 – 1988", *Administrative Science Quarterly*, Vol. 35, No. 3, 1990.

Ertimur, Y., et al., "Reputation Penalties for Poor Monitoring of Executive Pay: Evidence from Option Backdating", *Journal of Financial Economics*, Vol. 104, No. 1, 2012.

Faff, R., et al., "On the Linkage Between Financial Risk Tolerance and Risk Aversion", *Journal of Financial Research*, Vol. 31, No. 1, 2008.

Fama, E. F. and Jensen, M. C., "Separation of Ownership and

Control", *The Journal of Law and Economics*, Vol. 26, No. 2, 1983.

Fama, E. F. and Jensen, M. C., "Say On Pay Votes and CEO Compensation: Evidence from the UK", *Review of Finance*, Vol. 17, No. 2, 2013.

Fich, E. M. and Shivdasani, A., "Are Busy Boards Effective Monitors?", *Journal of Finance*, Vol. 61, No. 2, 2006.

Finkelstein, S., "Power in Top Management Teams: Dimensions, Measurement, and Validation", *Academy of Management Journal*, Vol. 35, No. 3, 1992.

Finucane, M. L., et al., "The Affect Heuristic in Judgments of Risks and Benefits", *Journal of Behavioral Decision Making*, Vol. 13, No. 1, 2000.

Freeman, R. E., "Ethical Leadership and Creating Value for Stakeholders", *Business Ethics: New Challenges for Business Schools and Corporate Leaders*, 2016, pp. 94–109.

Freeman, R. E. and Reed, D. L., "Stockholders and Stakeholders: A New Perspective on Corporate Governance", *California Management Review*, Vol. 25, No. 3, 1983.

Friedman, E., et al., "Propping and Tunneling", *Journal of Comparative Economics*, Vol. 31, No. 4, 2003.

Garleanu, N. and Zwiebel, J., "Design and Renegotiation of Debt Covenants", *The Review of Financial Studies*, Vol. 22, No. 2, 2009.

Gärling, T., et al., "Psychology, Financial Decision Making, and Financial Crises", *Psychological Science in the Public Interest*, Vol. 10, No. 1, 2009.

Gentzkow, M. and Shapiro, J. M., "Media Bias and Reputation", *Journal of Political Economy*, Vol. 114, No. 2, 2006.

Gillan, S. L. and Panasian, C. A., "On Lawsuits, Corporate Governance, and Directors' and Officers' Liability Insurance", *Journal of Risk and Insurance*, Vol. 82, No. 4, 2015.

Goranova, M. and Ryan, L. V., "Shareholder Activism: A Multi-disciplinary Review", *Journal of Management*, Vol. 40, No. 5, 2014.

Grable, J. E. and Roszkowski, M. J., "Self-assessments of Risk Tolerance by Women and Men", *Psychological Reports*, Vol. 100, No. 3, 2007.

Graham, J. R., et al., "Corporate Misreporting and Bank Loan Contracting", *Journal of Financial Economics*, Vol. 89, No. 1, 2008.

Grosse, M., et al., "Shareholder Say On Pay and Ceo Compensation: Three Strikes and the Board is Out", *Accounting and Finance*, Vol. 57, No. 3, 2017.

Guan, Y., et al., "Analyst following along the Supply Chain", *Review of Accounting Studies*, Vol. 20, No. 1, 2015.

Chen, G. Z. and Keung, E. C., "Directors' and Officers' Legal Liability Insurance and Internal Control Weaknesses", *Journal of International Accounting Research*, Vol. 17, No. 1, 2018.

Gul, F. A., et al., "Ownership Concentration, Foreign Shareholding, Audit Quality, and Stock Price Synchronicity: Evidence from China", *Journal of Financial Economics*, Vol. 95, No. 3, 2010.

Harris, M. and Raviv, A., "Capital Structure and the Informational Role of Debt", *The Journal of Finance*, Vol. 45, No. 2, 1990.

Harrison, J. S., et al., "Managing for Stakeholders, Stakeholder Utility Functions, and Competitive Advantage", *Strategic Management Journal*, Vol. 31, No. 1, 2010.

Hartzell, J. C. and Starks, L. T., "Institutional Investors and Executive Compensation", *Journal of Finance*, Vol. 58, No. 6, 2003.

Hermalin, B. E. and Weisbach, M. S., "Endogenously Chosen Boards of Directors and Their Monitoring of the CEO", *American Economic Review*, 1998, pp. 96–118.

Hertzel, M. G. and Officer, M. S., "Industry Contagion in Loan Spreads", *Journal of Financial Economics*, Vol. 103, No. 3, 2012.

Hillman, A. J. and Dalziel, T., "Boards of Directors and Firm Performance: Integrating Agency and Resource Dependence Perspectives", *Academy of Management Review*, Vol. 28, No. 3, 2003.

Holderness, C. G., "Liability Insurers as Corporate Monitors", *International Review of Law and Economics*, Vol. 10, No. 2, 1990.

Holthausen, R. W. and Leftwich, R. W., "The Economic Consequences of Accounting Choice Implications of Costly Contracting and Monitoring", *Journal of Accounting and Economics*, Vol. 5, No. 1, 1983.

Hope, O. K., "Large Shareholders and Accounting Research", *China Journal of Accounting Research*, Vol. 6, No. 1, 2013.

Hu, H. T. C. and Black, B., "Empty Voting and Hidden (Morphable) Ownership: Taxonomy, Implications, and Reforms", *The Business Lawyer*, 2006, pp. 1011 – 1070.

Ittner, C. D., et al., "The Choice of Performance Measures in Annual Bonus Contracts", *The Accounting Review*, Vol. 72, No. 7, 1997.

Jensen, M. C., "Agency Costs of Free Cash Flow, Corporate Finance, and Takeovers", *The American Economic Review*, Vol. 76, No. 2, 1986.

Jensen, M. C. and Meckling, W. H., "Theory of the Firm: Managerial Behavior, Agency Costs and Ownership Structure", *Journal of Financial Economics*, Vol. 3, No. 4, 1976.

Jia, N. and Tang, X., "Directors' and Officers' Liability Insurance, Independent Director Behavior, and Governance Effect", *Journal of Risk and Insurance*, Vol. 85, No. 4, 2018.

Jiménez, G., et al., "Credit Supply and Monetary Policy: Identifying the Bank Balance Sheet Channel with Loan Application", *The American Economic Review*, Vol. 102, No. 5, 2012.

Johnson, S., et al., "Tunneling", *American Economic Review*, Vol. 90, No. 2, 2000.

Jones, T. M., et al., "Stakeholder Theory: The State of the Art",

The Blackwell Guide to Business Ethics, 2017, pp. 17 – 37.

Kahneman, D. and Tversky, A. , "Prospect theory: An Analysis of Decision Under Risk", Handbook of the Fundamentals of Financial Decision Making, 2013, pp. 99 – 127.

Kalelkar, R. and Nwaeze, E. T. , "Directors and Officers Liability Insurance: Implications of Abnormal Coverage", Journal of Accounting, Auditing and Finance, Vol. 30, No. 1, 2015.

Kang, E. and Tan, B. R. , "Accounting Choices and Director Interlocks: A Social Network Approach to the Voluntary Expensing of Stock Option Grants", Journal of Business Finance and Accounting, Vol. 35, No. 9, 2008.

Kaplan, S. E. and Zamora, V. L. , "The Effects of Current Income Attributes on Nonprofessional Investors' Say – On – Pay Judgments: Does Fairness Still Matter?", Journal of Business Ethics, Vol. 153, No. 2, 2018.

Kaplan, S. E. , et al. , "An Examination of the Effect of CEO Social Ties and CEO Reputation on Nonprofessional Investors' Say – On – Pay Judgments", Journal of Business Ethics, Vol. 126, No. 1, 2015.

Kaplan, S. E. and Zamora, V. L. , "The Effects of Current Income Attributes on Nonprofessional Investors' Say – On – Pay Judgments: Does Fairness Still Matter?", Journal of Business Ethics, Vol. 153, No. 2, 2018.

Kedia, S. , et al. , "Evidence on Contagion in Earnings Management", The Accounting Review, Vol. 90, No. 6, 2015.

Kent, M. L. and Taylor, M. , "Toward a Dialogic Theory of Public Relations", Public Relations Review, Vol. 28, No. 1, 2002.

Kent, M. L. and Taylor. M. , "Building Dialogic Relationships Through the World Wide Web", Public Relations Review, Vol. 24, No. 3, 1998.

Kim, I. , "Directors' and Officers' Insurance and Opportunism in Accounting Choice", *Accounting and Taxation*, Vol. 7, No. 1, 2015.

Kim, H. N. and Yon, K. H., "The Management Monitoring Effect of Institutional Investors' No Vote", *Korean Journal of Financial Studies*, Vol. 43, No. 1, 2014.

Kim, I. Y., "The Predictive Ability Of Directors' and Officers' Liability Insurance Coverage for Class Action Lawsuit Settlements", *Accounting and Taxation*, Vol. 10, No. 1, 2018.

Kimbro, M. B. and Xu, D., "Shareholders Have a Say in Executive Compensation: Evidence from Say – On – Pay in the United States", *Journal of Accounting and Public Policy*, Vol. 35, No. 1, 2016.

Kothari, S. P., et al., "Do Managers Withhold Bad News?", *Journal of Accounting Research*, Vol. 47, No. 1, 2009.

Krippner, G. R., "The Financialization of the American Economy", *Socio – economic Review*, Vol. 3, No. 2, 2005.

La Porta, R., et al., "Corporate Ownership Around the World", *The Journal of Finance*, Vol. 54, No. 2, 1999.

La Porta, R., et al., "Investor Protection and Corporate Governance", *Journal of Financial Economics*, Vol. 58, No. 1 – 2, 2000.

Landry, S. A., et al., "A Consensus Opinion Amongst Stakeholders as to Benefits of Obstructive Sleep Apnoea Treatment for Cardiovascular Health", *Respirology*, Vol. 24, No. 4, 2019.

Lee, J., et al., "Determinants of Shareholder Activism of the National pension Fund of Korea", *Asia – Pacific Journal of Financial Studies*, Vol. 47, No. 6, 2018.

Leiserowitz, A., "Climate Change Risk Perception and Policy Preferences: The Role of Affect, Imagery, and Values", *Climatic Change*, Vol. 77, No. 1, 2006.

Lenox, M. J. and Eesley, C. E., "Private Environmental Activism and The Selection and Response of Firm Targets", *Journal of Economics and Management Strategy*, Vol. 18, No. 1, 2009.

Li, K. F. and Liao, Y. P. , "Directors' and Officers' Liability Insurance and Investment Efficiency: Evidence from Taiwan", *Pacific – Basin Finance Journal*, Vol. 19, No. C, 2014.

Lin, C. , et al. , "Directors' and Officers' Liability Insurance and Loan Spreads", *Journal of Financial Economics*, Vol. 110, No. 1, 2013.

Lin, C. , et al. , "Directors' and Officers' Liability Insurance and Acquisition Outcomes", *Journal of Financial Economics*, Vol. 102, No. 3, 2011.

Liu, Q. and Lu, Z. J. , "Corporate Governance and Earnings Management in the Chinese Listed Companies: A Tunneling Perspective", *Journal of Corporate Finance*, Vol. 13, No. 5, 2007.

Logsdon, J. M. and Van Buren, H. J. , "Beyond the Proxy Vote: Dialogues Between Shareholder Activists and Corporations", *Journal of Business Ethics*, Vol. 87, No. 1, 2009.

Martin, K. J. and Thomas, R. S. , "When is Enough, Enough? Market Reaction to Highly Dilutive Stock Option Plans and the Subsequent Impact on CEO Compensation", *Journal of Corporate Finance*, Vol. 11, No. 1 – 2, 2005.

Mayers, D. and Smith, C. W. , "On the Corporate Demand for Insurance", *Foundations of insurance economics*, 1982, pp. 190 – 205.

Mayers, D. and Smith Jr, C. W. , "Corporate Insurance and the Underinvestment Problem", *Journal of Risk and Insurance*, Vol. 54, No. 1, 1987.

Mayers, D. and Smith Jr, C. W. , "On the Corporate Demand for Insurance: Evidence from the Reinsurance Market", *The Journal of Business*, Vol. 63, No. 1, 1990.

McDonnell, M. H. and King, B. , "Keeping up Appearances: Reputational Threat and Impression Management After Social Movement Boycotts", *Administrative Science Quarterly*, Vol. 58, No. 3, 2013.

McDougall, J. A. and Swaffield, J. A. , "Simulation of Building

Drainage System Operation Under Water Conservation Design Criteria", *Building Services Engineering Research and Technology*, Vol. 21, No. 1, 2000.

Mikalsen, K. H. and Jentoft, S., "From User – Groups to Stakeholders? The Public Interest in Fisheries Management", *Marine Policy*, Vol. 25, No. 4, 2001.

Minnis, M. and Sutherland, A., "Financial Statements as Monitoring Mechanisms: Evidence from Small Commercial Loans", *Journal of Accounting Research*, Vol. 55, No. 1, 2017.

Mishra, D. R., "Multiple Large Shareholders and Corporate Risk Taking: Evidence from East Asia", *Corporate Governance: An International Review*, Vol. 19, No. 6, 2011.

Mitchell, R. K., et al., "Toward a Theory of Stakeholder Salience in Family Firms", *Business Ethics Quarterly*, Vol. 21, No. 2, 2011.

Mitchell, R. K., et al., "Toward a Theory of Stakeholder Identification and Salience: Defining the Principle of Who and What Really Counts", *Academy of Management Review*, Vol. 22, No. 4, 1997.

Morck, R., "Alternative Mechanisms for Corporate Control", *American Economic Review*, Vol. 79, No. 4, 1989.

Morgan, A., et al., "Mutual Funds as Monitors: Evidence from Mutual Fund Voting", *Journal of Corporate Finance*, Vol. 17, No. 4, 2011.

Myers, S. C. and Majluf, N. S., "Corporate Financing and Investment Decisions When Firms have Information that Investors do not have", *Journal of Financial Economics*, Vol. 13, No. 2, 1984.

Myers, S. C., "Determinants of Corporate Borrowing", *Journal of Financial Economics*, Vol. 5, No. 2, 1977.

Nikolaev, V. V., "Scope for Renegotiation in Private Debt Contracts", *Journal of Accounting and Economics*, Vol. 65, No. 2 – 3, 2018.

O'Sullivan, N., "The Demand for Directors' and Officers' Insurance by Large UK Companies", *European Management Journal*, Vol. 20,

No. 5, 2002.

O'Sullivan, N., "Insuring the Agents: The Role Of Directors' and Officers' Insurance in Corporate Governance", *Journal of Risk and Insurance*, Vol. 64, No. 3, 1997.

Orhangazi, Ö., "Financialisation and Capital Accumulation in the Non - Financial Corporate Sector: A Theoretical and Empirical Investigation on the Us Economy: 1973 - 2003", *Cambridge Journal of Economics*, Vol. 32, No. 6, 2008.

Perez - Batres, L. A., et al., "Stakeholder Pressures as Determinants of CSR Strategic Choice: Why do Firms Choose Symbolic Versus Substantive Self - Regulatory Codes of Conduct", *Journal of Business Ethics*, Vol. 110, No. 2, 2012.

Piotroski, J. D. and Roulstone, D. T., "The Influence of Analysts, Institutional Investors, and Insiders on the Incorporation of Market, Industry, and Firm - Specific Information Into Stock Prices", *The Accounting Review*, Vol. 79, No. 4, 2004.

Quinn, M. S. and Levin, A. D., "Directors' and Officers' Liability Insurance: Probable Directions in Texas Law", *The Review of Litigation*, Vol. 20, No. 2, 2001.

Rajan, R. G., "Insiders and Outsiders: The Choice Between Informed and Arm's - Length Debt", *The Journal of Finance*, Vol. 47, No. 4, 1992.

Rajan, R. and Winton, A., "Covenants and Collateral as Incentives to Monitor", *The Journal of Finance*, Vol. 50, No. 4, 1995.

Ramnath, S., et al., "The Financial Analyst Forecasting Literature: A Taxonomy with Suggestions for Further Research", *International Journal of Forecasting*, Vol. 24, No. 1, 2008.

Ramsay, I. and Sidhu, B., "Accounting and Non - Accounting Based Information in the Market for Debt: Evidence from Australian Private Debt Contracts", *Accounting and Finance*, Vol. 38, No. 2, 1998.

Redington, W. C., "D&O Underwriting Implications of Sarbanes-Oxley", *International Journal of Disclosure and Governance*, Vol. 2, No. 2, 2005.

Rehbein, K., et al., "Understanding Shareholder Activism: Which Corporations are Targeted", *Business and Society*, Vol. 43, No. 3, 2004.

Reid, E. M. and Toffel, M. W., "Responding to Public and Private Politics: Corporate Disclosure of Climate Change Strategies", *Strategic Management Journal*, Vol. 30, No. 1, 2009.

Richardson, V. J., "Information Asymmetry and Earnings Management: Some Evidence", *Review of Quantitative Finance and Accounting*, Vol. 15, No. 4, 2000.

Riyanto, Y. E. and Toolsema, L. A., "Tunneling and Propping: A Justification for Pyramidal Ownership", *Journal of Banking and Finance*, Vol. 32, No. 10, 2008.

Roberts, M. R. and Sufi, A., "Renegotiation of Financial Contracts: Evidence from Private Credit Agreements", *Journal of Financial Economics*, Vol. 93, No. 2, 2009.

Romano, R., "The Shareholder Suit: Litigation without Foundation?", *Journal of Law, Economics, and Organization*, Vol. 7, No. 1, 1991.

Rundmo, T., "Safety Climate, Attitudes and Risk Perception in Norsk Hydro", *Safety Science*, Vol. 34, No. 1, 2000.

Shleifer, A. and Vishny, R. W., "A Survey of Corporate Governance", *The Journal of Finance*, Vol. 52, No. 2, 1997.

Shleifer, A. and Vishny, R. W., "Management Entrenchment: The Case of Manager-Specific Investments", *Journal of Financial Economics*, Vol. 25, No. 1, 1989.

Simon, M., et al., "Cognitive Biases, Risk Perception, and Venture Formation: How Individuals Decide to Start Companies", *Journal of Business Venturing*, Vol. 15, No. 2, 2000.

Sjöberg, L. and Engelberg, E., "Attitudes to Economic Risk Taking, Sensation Seeking and Values of Business Students Specializing in Finance", *The Journal of Behavioral Finance*, Vol. 10, No. 1, 2009.

Slovic, P. and Fischhoff, B., "Why Study Risk Perception?", *Risk Analysis*, Vol. 2, No. 2, 2010.

Slovic, P., "Perception of Risk", *Science*, 1987, pp. 280 – 285.

Smith Jr, C. W. and Warner, J. B., "On Financial Contracting: An Analysis of Bond Covenants", *Journal of Financial Economics*, Vol. 7, No. 2, 1979.

Smith, C. W. and Stulz, R. M., "The Determinants of Firms' Hedging Policies", *Journal of Financial and Quantitative Analysis*, Vol. 20, No. 4, 1985.

Smith, J. A. and Todd, P. E., "Does Matching Overcome LaLonde's Critique of Nonexperimental Estimators?", *Journal of Econometrics*, Vol. 125, No. 12, 2005.

Stiglitz, J. E. and Weiss, A., "Credit Rationing in Markets with Imperfect Information", *The American Economic Review*, Vol. 71, No. 3, 1981.

Stokes, A. Q. and Rubin, D., "Activism and the Limits of Symmetry: The Public Relations Battle between Colorado GASP and Philip Morris", *Journal of Public Relations Research*, Vol. 22, No. 1, 2010.

Stulz, R. M., "Managerial Discretion and Optimal Financing Policies", *Journal of Financial Economics*, Vol. 26, No. 1, 1990.

Stulz, R. M., "Financial Structure, Corporate Finance and Economic Growth", *International Review of Finance*, Vol. 1, No. 1, 2000.

Stulz, R. M., "Rethinking Risk Management", *Journal of Applied Corporate Finance*, Vol. 9, No. 3, 1996.

Al – Tamimi, H. A. H., "Financial Literacy and Investment Decisions of UAE Investors", *The Journal of Risk Finance*, Vol. 10, No. 5, 2009.

Taylor, M. and Kent, M. L., "Dialogic Engagement: Clarifying Foundational Concepts", *Journal of Public Relations Research*, Vol. 26, No. 5, 2014.

Uysal, N., et al., "Shareholder Communication and Issue Salience: Corporate Responses to Social Shareholder Activism", *Journal of Applied Communication Research*, Vol. 46, No. 2, 2018.

Villalonga, B. and Amit, R., "How are US Family Firms Controlled?", *The Review of Financial Studies*, Vol. 22, No. 8, 2009.

Wang, Y. and Chen, C., "Directors' and Officers' Liability Insurance and the Sensitivity of Directors' Compensation to Firm Performance", *International Review of Economics and Finance*, Vol. 45, No. C, 2016.

Watts, R. L. and Zimmerman, J. L., "Positive Accounting Theory: A Ten Year Perspective", *Accounting Review*, 1990, pp. 131 – 156.

Carlin, W. and Mayer, C., "Finance, Investment, and Growth", *Journal of Financial Economics*, Vol. 69, No. 1, 2002.

Wu, X. and Wang, Z., "Equity Financing in a Myers – Majluf Framework with Private Benefits of Control", *Journal of Corporate Finance*, Vol. 11, No. 5, 2005.

Yang, T. and Zhao, S., "CEO Duality and Firm Performance: Evidence from an Exogenous Shock to the Competitive Environment", *Journal of Banking and Finance*, Vol. 49, No. 12, 2014.

Yao, R., et al., "Decomposing the Age Effect on Risk Tolerance", *The Journal of Socio – Economics*, Vol. 40, No. 6, 2011.

Young, S. and Feigin, B., "Using the Benefit Chain for Improved Strategy Formulation", *Journal of Marketing*, Vol. 39, No. 3, 1975.

Yuan, R., et al., "Directors' and Officers' Liability Insurance and Stock Price Crash Risk", *Journal of Corporate Finance*, Vol. 37, No. C, 2016.

Zahra, S. A., "Entrepreneurial Risk Taking in Family Firms", *Family Business Review*, Vol. 18, No. 1, 2005.

Zajonc, R. B., "Feeling and Thinking: Preferences Need no Inferences", *American Psychologist*, Vol. 35, No. 2, 1980.

Zou, H., et al., "Controlling – Minority Shareholder Incentive Conflicts and Directors' and Officers' Liability Insurance: Evidence from China", *Journal of Banking and Finance*, Vol. 32, No. 12, 2008.

后　　记

未来的你，定会感谢现在拼命努力的自己。永远相信，越努力，越幸运，所有失去的，都会以另一种方式归来，踏实一些，你想要的，岁月统统都会给你。你要成长，绝处也能逢生。人生只要不自我设限，一切皆有可能。相信自己，你也可以"发光"。

出身贫寒的自己，尤知读书的重要性。由于家中兄妹比较多，本是一般的家境，更是雪上加霜。看着父母低三下四地去借钱，心中很不是滋味，那时便暗暗发誓，我要好好学习，让我的父母过上好日子。因而，可以说是"暗淡"的出身激励着我去改变，期待更美的明天。

踏上求学的征程，一路走到现在。回首过往，使我感触最深的是我的高中和博士生活。考入县重点中学，让我备感自豪，然而由于软硬件的差异，对于从镇上考过去的我，学习变得十分吃力，由原来的优等生变为了中等生，甚至一度落为差等生。因为我有很多没有学过的东西，我的高中同学早已知晓，老师的进度我也跟不上，而且优秀的人一直在努力。我的压力很大，但却不会调节，只是盲目地跟着别人的节奏走，殊不知，适得其反，疲惫的我并没有在高考中考出好成绩。然而我没有放弃自己，也不认为我人生就该这样，于是我一直在默默的努力中，度过了我的大学与硕士阶段。来到西财读博，让我再次体味了到高中时的境遇，大家懂的会的，我不但不会，甚至不知，加之博士毕业条件比较严苛，压力剧增，于是开始自我否定、孤独、迷茫、抱怨，所有的负能量似乎如洪水猛兽向我袭来，我恐惧，害怕，甚至有了想放弃的冲动，然而高中的生活经历惊醒了我，我不想让自己的博士生活重蹈覆辙，便想办法调整自己的心态。每天告诉自己一次，我真的很不错。不可能＝不，可能。如果我踩不过荆棘，那么便不配得到风光。如果我要堕落，神仙也救不了。如果我怕走崎岖路，便莫想登高峰。如果我要成长，绝处也能逢生。你该有怎么样的人生，是该你亲自去撰写的。最终我选择做最差的打算，做最大的努力，又开始了那些"战斗"的日子。

大学期间，我主攻自己的专业课，并辅修了心理学等自己感兴趣的课程，还考取了诸多证书，比如会计从业资格证、四六级证书、计算机二级（VF）、初级会计师等。为了减轻经济压力，也为了锻炼自己，克服恐惧，周末我选择去超市做促销员，这使害羞的我也敢于在众人面前开口讲话。暑假期间，我参与了社会调研，虽晒的只剩一口白牙，但这段经历却让我受益颇丰，感知了成功背后的心酸，也鞭策着自己更加努力。硕士阶段，我开始了科学研究。新疆财经大学的高严老师是我的启蒙人，我们每周都会有一次读书会，或者报告自己的想法，或者共享顶级期刊，并探讨一些研究问题。硕士阶段的课程相对轻松，空闲时间，我便去新疆职业技术学院担任代课老师，这使我对"传道、授业、解惑"有了更深刻的理解，让我与我的学生可以共同成长，如此殷实的硕士生活很快就过去了。博士阶段，深知短板的我，在学好学校要求的相关专业课的同时，坚持每天读文献，记笔记，学习计量软件，积极参与各种学术会议。在导师彭韶兵老师的指导下，我开始自主思考一些研究问题，并想办法解决问题，视野开阔了很多。实证相关问题去寻求彭俊伟等老师的帮助，使我有了很大的进步。另外，我还担任过黎仁华老师的科研助理，张力老师的会计学课程教学助理，曾参加高水平学术会议并报告文章。十分感激彭韶兵老师、彭俊伟老师、黎仁华老师、张力老师以及会计学院的其他老师们给予我的帮助和指导。

勤奋是你生命的密码，能译出一部壮丽的史诗。忙于采集的蜜蜂，无暇人前高谈阔论。只有不快的斧，没有劈不开的柴。想一下造出大海，必须先由小河川开始。做一个比昨天更好的人，是给自己最好的礼物。上帝不会忘记垂青那些努力的人。攻读学业期间的奖励大大鼓励了我，使我增加了自信心。在此我十分感谢国家的各项奖励政

后　记

策，学校的诸多资助，老师的谆谆教诲，同学间的互相扶持，家人的后盾支撑。

昨天已经过去，曾经战胜过多少生活的磨难，留下多少的点点滴滴记忆，品赏过多少的酸甜苦辣咸，昨天是历史，记录着我们生活的轨迹，成功和失败，光荣和耻辱，经验和教训，萎靡和辉煌。今天，潮涨潮落，高峰低谷，你该如何把握？人不怕磨难，只怕失去希望。在我们的人生中，总是会遇见这样那样的不堪。失败是成功的积累，我们要学会在被伤害中原谅那些过往的错误，学会体谅宽容他人和自己，抵御住诱惑，脚踏实地走好人生每一步，让自己的人生变得更加美好。马上走出校门的我，将会面临怎样的明天我是不清楚的，但是我可以做好我自己，时刻准备着，不敢松懈，相信明天也不会亏待这样的自己。

王　玉
2021 年 7 月 27 日